알기 쉬운 **인간행동과 사회환경**

알기 쉬운

인간행동과 사회환경

유미림 · 탁수연 · 김윤배 저

동문사

Preface

머리말

현대사회는 빠른 속도로 변화하고 있다. 정보통신과 교통수단의 발달로 인해 전 세계적으로 사람, 지식, 상품 등이 지속적으로 이동하고, 사회는 변화하고 있다. 빠른 속도로 변화하는 사회환경 속에 인간에 대한 이해는 점점 중요해지고 있다. 인간을 이해하기 위해 기본적으로 인간의 행동과 인간을 둘러싸고 있는 사회환경에 대한 이해가 필요하다.

인간행동과 사회환경(Human Behavior and Social Environment)

이 책은 대학에서 주로 사람이 사람을 돕는 '휴먼서비스'분야에서 공부하는 학생들을 대상으로, 강의를 위한 교재로 활용하고자 초점을 맞추고 집필하였다. 인간의 심리행동 특성과 사회환경에 대한 연구는 주로 심리학 분야의 발달심리학, 성격심리학, 사회심리학 분야에서 주로 연구되고 있다. 인간에 대한 이해, 사회환경에 대한 이해, 더 나아가 인간과 사회환경이 어떻게 상호작용을 하는지 이해해야 한다. 이와 같은 내용을 담아 총 3부 13장으로 책을 구성하였다.

1부에서는 인간과 생애주기별 발달에 관한 내용이다. 인간의 성장, 성숙, 노화라고 하는 역동적인 변화과정을 발달이라고 정의한다. 수정에서부터 죽음까지의 시간적인 의미에서의 두드러진 특징이 나타나는 결정적 시기를 기점으로 태아기, 영아기, 유아기, 아동기, 청소년기, 청년기, 중년기, 노년기로 구분하고 전 생애 발달을 이해한다. 시간적인 흐름에 따른 인간의 특징을 종적으로 확인하며, 발달단계의 특징을 이해하고, 단계별 실천과제를 알아보겠다.

2부에서는 인간행동의 이해를 돕는 주요이론에 관한 내용이다. 많은 성격이론이 있지만 그 중에서도 중요한 정신분석이론, 행동주의이론, 인지발달이론, 인본주의이론을 중심으로 학습한다. 각 이론을 주장한 학자별 생애와 이론에 대한 기본 개념 그리고 성격의 형성과 특징을 이해한다. 인간행동의 심리적, 인지적, 정서적 요소가 제시하는 인간행동의 원인을 이해한다.

3부에서는 사회환경의 이해와 적용에 관한 내용이다. 인간을 둘러싸고 있는 사회환경에 대한 사회체계, 생태학적 관점, 사회문제, 가족, 교육 등을 학습한다. 대표적인 이론을 통하여 사회환경에 대한 전반적인 내용을 이해하고 적용을 돕는 내용으로 구성하였다.

이 책을 출간하기 위해 많은 학자와 연구자들의 자료를 활용하였으며, 선행 연구를 하신 연구자에게 감사드린다. 그리고 책 출판을 위해 수고를 아끼지 않으신 동문사 이중수 사장님과 관계자 여러분께 감사를 표하고자 한다.

2024년 7월

저자 일동

Contents

차례

PART 02 인간행동의 이해를 돕는 주요이론

PART 01

인간과 생애주기별 발달

CHAPTER 01

인간의 행동과 성격

학습목표

1. 인간의 발달심리와 성격특성을 이해한다.
2. 성격의 개념과 성격 형성의 과정을 이해한다.

1 인간행동의 근거

인간의 행동을 이해하기 위한 가장 기초적인 접근은 발달을 통한 변화와 성격형성에 대한 탐구로 시작된다. 인간의 삶은 시간에 따라 신체적·심리적·정서적으로 변화되며, 따라서 시간적 변화에 대한 특성을 이해하는 것은 인간의 행동을 이해하는 데 아주 유용하게 쓰이고 있다. 발달이란 인생의 시작과 끝, 탄생과 죽음, 즉 수정에서 죽음까지 전 생애에 걸친 변화의 특징을 살펴보는 것이다.

발달은 연속적이어서 한 시간에 머리카락이 얼마나 자라는지, 키가 얼마나 컸는지 눈으로 확인할 수는 없지만 한 달 후, 1년 후에는 확실히 변화된 것을 알 수 있다. 또한 나이가 들면 눈이 침침해지고 흰머리가 나오고 기억력이 예전과 같지 않은 것도 발달이라고 할 수 있다. 태어나서 10대, 20대, 30대 이렇게 시간이 지나면서 자신이 알든 모르든, 원하든 원치 않든 변화가 정지하는 일은 죽음밖에는 없을 것이다. 어떤 시기에서 신체적 · 인지적 · 정서적 · 사회적 변화가 급격하게 일어나는데, 이렇게 일정한 시기에 현저하게 보이는 특징을 설명하고자 많은 학자들이 발달단계를 구분하여 그 특징을 규명하였다(오세진 외, 2014).

발달을 연구하는 분야에서는 보통 세 가지 핵심질문이 있다.

첫째, 발달은 연속적인 것일까? 점진적인 것일까?

둘째, 발달의 근원은 유전적인 것일까? 환경적인 것일까?

셋째, 발달의 개인차의 특성과 원인이 무엇인가?

이런 세 가지 견해를 비롯하여 발달단계에 대한 용어와 연령 시기의 구분은 학자에 따라서, 정책을 수행하는 기관에 따라서도 조금씩 다르다. 본 교재에서는 “태내기, 영아기, 유아기, 아동기, 청년기, 성년기, 중년기, 노년기”의 8단계로 구분하여 제시하고자 한다.

인간의 발달하는 시기에 따라 변화의 특징적인 요소를 찾아내기 위하여 많은 학자들이 연구한 주장에 기초하여 이론을 이해해야 한다. 이러한 이론들을 공부하다 보면 결국 발달이라는 주제로 공부할 때, 신체적인 측면의 외현적인 특성도 있지만 성격의 발달, 특히 학습으로 인한 인지발달, 태도나 정서의 발달도 접하게 된다. 따라서 인간의 심리학 전반에서 인간행동에 대한 이해를 커다란 이론적 사조를 통하여 평생을 연구한 위대한 학자들의 생애와 그들이 주장한 이론들과 만날 수 있다.

프로이트는 성적 에너지의 집중 부위에 따른 “성적 성격발달”을 연구했다. 에릭슨은 프로이트의 발달단계를 기본으로 하여 핵심 에너지를 사회환경으로 보고 8단계의 "심리사회적 성격발달이론"을, 아들러는 우월감은 열등감의 보상심리로 "출생순위의 성격형성"을 주장하였다. 융은 "분석심리학"을 통해 성격발달의 기초적인 요소를 제시하였고, 무의식과 개성화로 후학들의 연구에 영향력을 주었다. 피아제는 인지적 변화를 통한 "인지발달"에 대표적인 학자이며, 도덕성 발달이론의 콜버그와 인지주의보다는 구성주의로 분류되는 비고츠키는 러시아 최초의 심리학자로서 언어와 부모, 문화의 중요성을 강조한 바 있다. 행동주의 학자들은 위의 학자와 같이 성격발달단계에 대한 이론을 제시하지는 않았으나 학습의 조건화로 인하여 성격 및 심리특성이 형성되는 것을 동물실험을 통하여 확인한 바 있다. 고전적 행동주의자는 파블로프, 왓슨, 손다이크가 대표적이며, 조작적 조건화 이론은 스키너로 잘 알려져 있다. 행동주의 학자들은 강화의 원리를 통해 성격심리특성뿐만 아니라 학습이론의 교육영역과 문제행동수정의 심리치료분야, 광고심리학 등 아주 많은 영역에서 활용이 되고 있다. 또한 인본주의에서는 매슬로우, 로저스가 대표적인 학자인데 인간은 본능적으로 자아실현의 욕구가 있다는 점에서 같은 맥락을 형성한다. 매슬로우는 욕구위계설로, 로저스는 상담분야의 거장으로서 인간중심 상담이론으로 언급되고 여기에 에릭 번의 교류분석이론과 듀세이의 에고그램을 추가하였다.

이와 같이 심리학 분야에서 발달심리와 성격특성의 가장 대표적인 학문적 사조는 정신분석이론, 인지주의, 행동주의, 인본주의의 네 가지 사조가 대표적이며, 최근에는 구성주의의 중요성이 강조되고 있으나, 교육학 분야의 학습이론에서 다루어지고 있고, 성격특성이론과는 다소 상이한 바가 있어서 본 과정에서는 다루지 않았다. 학자별, 이론별 발달단계에 대한 구분과 이론에 맞게 특징들을 주장하는 내용들로 인하여 미래에 대한 예측과 행동에 대한 원인들을 살펴보는 것은 인간행동의 이해에 많은 도움을 준다.

2 성격의 이해

인간행동은 개인의 성격에 의해서 결정되므로 인간행동을 이해하기 위해서는 인간의 성격을 이해하여야 한다. 인간이 왜 그렇게 각각 다른지, 그렇게 행동하는 원인이 무엇인지를 알 수 있도록 도움을 준다. 인간의 성격을 이해하게 되면 인간행동을 기술하고 그 원인을 설명할 수 있게 되며, 미래의 행동을 예측하게 되고, 문제 행동에 대한 통제를 할 수 있는 방안을 찾을 수 있게 된다.

1) 성격의 개념

성격(性格)이란 영어의 personality로서 per는 '~를 통하여(through)', sonare는 '말하다(speak)'라는 뜻이고, 그리스어로는 페르소나(persona)에서 유래한 단어로써 원래 그리스 연극에서 배우들이 쓰던 가면을 일컫는 말이다. 즉, personality란 사회라는 커다란 무대에서 사람들이 나타내는 외현적인 행동 양상인 것이다. 이러한 사실은 영어의 personality와 우리말의 성격이란 말의 의미가 다소 다르다는 사실을 보여주는 것이기도 하다.

성격에 대한 접근방법과 견해가 너무나 다양하기 때문에 성격에 대한 정의를 내리는 것은 쉽지 않지만 다양한 견해를 종합하여 정리하면 다음과 같이 정의할 수 있다. 즉, '성격이란 개인이 환경에 따라 반응하는 특징적인 양식으로서, 타인과 구별되게 하는 독특하고 일관성 있는 사고, 감정 및 행동방식의 총체'라고 할 수 있다(김현택 외, 1996). 이러한 정의에는 몇 가지 중요한 의미가 함축되어 있다. 예를 들어, 어떤 사람이 몇 년 동안 단 한 번 난폭한 행동을 했다고 해서 우리는 그를 난폭한 성격의 소유자라고 말하지는 않는다. 즉, 성격은 그 개인에게 있어서 특징적이다. 아울러 성격은 관찰되는 것이 아니라, 관찰된 행동이나 사고들을 토대로 하여 추리된 경향성을 뜻한다. 둘째, 성격은 독특성을 지니고 있다. 이것은 문화와도 연결지어 설명할 수 있다. 각 나라와 기후에 따라 풍습이 다르고 인사법이 다른 것을 이해할 수 있다. 셋째, 성격은 상황의 변화나 시간의 흐름에도 불구하고 행동과 사고에서 비교적 일관성 있게 나타나는 것이다. 끝으로 성격은 수많은 성격특징들의 단순한 조합이 아니라, 개인이 그 특징들을 조직하여 총체적으로 나타나는 양상이라고 할 수 있다. 성격에 대한 정의를 좀 더 살펴보면 올포트(Allport, 1937)는 "개인으로 하여금 세상에 나름대로 적응하게 만드는 개인에 내재하는 정신체계의 역동적 조직"이라고 하였다. 퍼빈(Pervin, 1996)은 "상황에 대한 일관된 반응양식을 설명해 주는 사람의 특징"이라고 했다. 캐버와 샤이에(Carver & Scheier, 2000)는 "인간의 행동, 사고, 감정의 특징적 유형을 창조하는 정신·신체적 체계인 인간 내부의 역동적 조직"이라고 하였다. 메디(Maddi, 1980)는 "사람들의 사고, 감정, 행동과 같은 심리적 행동에 있어서 시간적으로 연속성이 있으며, 그 순간의 사회 및 생물학적 압력만의 결과로 쉽게 이해될 수 없는 공통성 및 차이를 결정하는 특징 및 경향의 안정된 집합"이라고 하였다.

성격이론이란 사람들의 일반적인 행동방식에서의 차이를 묘사하고 설명하려는 체계적인 시도이다. 성격이론가들은 성격이론을 통해서 어떤 성격특질이 가장 중요한지, 특질 간에 있을 수 있는 관계 및 양상들을 각 개인들이 가지게 되는 과정은 무엇인지 그리고 이러한 특질들을 바꿀 수 있는 방법 등에 대해 설명하려 한다. 심리학의 다른 영역들과 달리, 성격이론의 경우 인간 전체가 관심의 대상이기 때문에 매우 넓은 영역에 걸쳐 있고, 아마도 심리학에서 가장 포괄적이라고 할 수 있다.

대부분의 성격이론들은 다음과 같은 네 가지 요소들을 포함하고 있다.

첫째, 행동의 기저에 깔려 있는 동기력(motivating force)이나 추동(drive), 둘째, 환경을 해석하고 행동을 결정하게끔 하는 정신구조나 정신의 구성요소, 셋째, 개인의 성격이 동기와 정신구조에 있어서 타인과 구별될 수 있는 방식, 넷째, 그러한 차이가 태어나면서부터 성인기까지 발달하는 방식이 그것이다. 따라서 완벽한 성격이론이란 동기, 인지, 개인차, 그리고 발달이론 이런 모든 것들이 하나로 합쳐져 있는 것이다.

2) 성격의 특성과 기능

성격의 정의에 근거해서 볼 때 성격은 다음과 같은 다섯 가지 특징이 있다(민경환, 2004).

첫째, 성격은 내적 속성이다.

둘째, 성격은 정신 · 신체적 체계들의 통합과정이다.

셋째, 성격은 개인마다 고유성을 가진다.

넷째, 성격은 일관성을 가진다.

다섯째, 성격은 역동성을 가진다.

이러한 특성을 가진 성격은 다음과 같은 기능을 가진다.

첫째, 개인이 부분적이고 비조직적으로 기능하지 않으며, 통합적이고 조직적으로 기능할 수 있게 해 준다.

둘째, 인간관계를 형성, 유지하거나 도모하고 환경적 요구에 적응할 수 있는 기반을 제공해 준다.

셋째, 각 개인을 독특한 존재로서 규정해 줌으로써 다른 사람과 구별지어준다.

넷째, 실제로 각 개인이 어떤 사람인가 하는 인간 본성을 이해할 수 있는 기반을 제공해 준다.

3) 성격의 구성요소

(1) 특질이론

특질이론은 다른 시간, 다른 상황에서 우리가 다르게 행동할지라도 성격특질이 언제나 존재하고 있음을 주장한다. 올포트(G. Allport)와 카텔(R. Cattell)이 대표적인 특질이론가들이다.

올포트(1897~1967)에게 있어서 특질(traits)은 개인으로 하여금 여러 다른 자극 또는 상황에 대해 유사한 방식으로 반응하도록 이끄는 준비된 상태로서 개인의 생각, 행동 및 감정을 결정짓는 데 중요한 역할을 하는 성격구조이다. 따라서 특질은 성격 개인차의 기초가 된다. 올포트는 개인의 독특성을 강조하기 위해 개인적 성향과 일반적 특질을 구분하였다. 개인적 성향(personal disposition)은 각 개인에게만 독특한 것으로써 개인들 간에 비교할 수 없는 특성을 의미하며, 일반적 특질(common traits)이란 여러 개인들이 유사하게 가지고 있는 공통된 특성으로 개인 간 비교가 가능한 특질을 의미한다. 따라서 개인적 성향을 알아보기 위해선 그 개인의 독특한 생활흔적을 찾아봐야 하고 일반적 특질을 알아보기 위해선 객관적 검사를 통해 각 개인이 받은 점수의 양적 차이를 비교하는 방법을 사용해야 한다고 주장하였다.

또한 올포트는 행동에 미치는 영향력의 정도에 따라 개인적 성향을 다시 기본성향, 중심성향 그리고 2차적 성향으로 구분하였다(김동기 외, 1994). 기본성향(cardinal disposition)은 한 개인의 삶을 완전히 지배하는 마치 정열과 같은 것으로 행동을 통해 명백히 드러나 있고, 극소수의 사람들에게만 관찰된다. 예를 들어, 돈이나 권력욕에 사로잡혀 있는 사람이 하는 모든 행동은 자신의 욕구추구와 관련 있는 것과 같다. 중심성향(central disposition)은 기본성향보다 행동에 미치는 영향력은 적지만 비교적 보편적이고 일관된 영향을 주는 것으로 우리가 보통 한 개인을 기술할 때 사용하는 특성들이다. 예를 들어, 어떤 사람을 시간을 잘 지키고, 용의주도하고, 신용이 있다고 기술했다면 그의 중심성향을 기술한 것이다. 2차적 성향(secondary disposition)은 중심특질보다도 덜 일관성 있고 덜 보편화되어 있는 것으로 제한된 상황에서만 개인에게 영향을 미치는 특성이다. 예를 들어, 어떤 사람이 직장에서는 부지런하지만 주말의 자기 집에서는 게으름뱅이일 수 있는 것과 같다.

올포트는 이러한 성격특성을 통합하고 일생동안 방향을 제시하는 전반적인 성격구조라 할 수 있는 '고유자아(proprium)'라는 용어를 만들어 사용했다. 고유자아는 자신을 중요하게 느끼는 인식된 자아를 뜻하는 것으로서, 자신의 내적 통일감, 장기적 목표 수립, '나'라는 존재를 형성케 한다. 고유자아는 유아기로부터 청년기에 이르기까지 일곱 가지 자아단계 - 신체적 자아, 자아 정체감, 자아 존중, 자아 확장, 자아상, 합리적 적응체로서의 자아, 고유자아 추구 - 를 거쳐 발달한다고 보았다(박아청, 2001).

카텔(Raymond Cattell, 1905~1998)에게 있어서 특질이란 한 개인으로 하여금 여러 상황과 시간에서 일관성 있게 행동하려는 성향을 부여하는 정신적 구조를 의미한다. 그러나 카텔은 올포트와는 달리 특질을 성격의 구조로 보기보다는 성격구조를 형성하는 요인으로 보았다. 카텔은 개인의 특징적 행동을 설명할 수 있느냐를 근거로 해서 특질을 세 가지 방식으로 분류하고 있다(노안영 · 강영신, 2003). 우선 첫 번째 분류는 일반적 특질(common trait)과 독특한 특질(unique trait)로 분류하는 것이다. 두 번째 분류는 능력특질(ability trait), 기질특질(temperament trait), 역동적 특질(dynamic trait)로 분류하는 것이다. 세 번째 분류는 특질의 안정성과 영속성에 따라 표면특질(surface traits)과 원천특질(source traits)로 분류하는 것이다. 여기서는 세 번째 분류인 표면특질과 원천특질에 대해 살펴보기로 한다.

표면특질은 표면적으로 함께 속하는 일련의 행동들로 나타난다. 예를 들어, '친절성'의 표면특질에는 미소 짓는 것, 악수하는 것 그리고 도와

주는 것 등의 행동이 속하기 때문에 이런 행동들이 관찰될 때, 우리는 그 개인을 친절하다고 기술한다. 그러나 표면특질은 대인관계 등 일상생활에서 쉽게 관찰될 뿐만 아니라, 특정한 환경적 압력에 쉽게 변화하기 때문에 행동들 간의 상관적 경향을 나타낼 뿐 설명적 역할은 할 수가 없다. 이에 비해 원천특질은 개인의 행동이나 생각 및 감정에 영향을 주는 것으로써 성격의 핵심을 이루는 특질이다. 따라서 각 개인이 보여주는 행동의 일관성을 결정짓는다. 하나의 원천특질은 여러 표면특질에 영향을 주는데, 예를 들어 '친절성'과 '공격성' 특질에 속하는 일련의 행동들을 나타내는 사람의 저변에는 '정서적 불안'이라는 원천특질이 존재할 수 있다는 것이다. 카텔에 의하면 원천특질은 표면특질과는 달리 일상생활에서 쉽게 관찰되지 않는다고 말하고 있다.

카텔은 수많은 질문지, 객관적 검사 및 생활사로부터 얻은 자료를 통계적 및 수학적으로 분석함으로써 16개의 주요 성격요인(16 personality factor, 16 PF)들을 찾아내었다. 엄격한 방법론을 바탕으로 다양한 양적 연구를 통해 밝혀낸 카텔의 이론은 성격연구에 있어서 과학적 접근방법의 대표적 사례라 할 수 있다.

앞서 살펴본 바와 같이 특질이론은 다양한 인간의 행동을 설명해 줄 수 있는 기본적인 성격특성들을 확인하려는 이론이다. 그러나 이러한 특질이론은 극도로 복잡한 인간을 설명하기에는 좀 단순하다는 것과 안정된 성격특성이 과연 존재할 수 있느냐는 측면에서 의문이 제기되고 있다.

(2) 기질특성이론

기질특성이론가들은 인간이 생물·사회적인 존재이기 때문에 기질과 성격을 분리시킬 수가 없다고 주장한다. 이는 생물학적 발달에 대한 고려 없이 성격발달을 생각해 볼 수가 없다는 것을 의미한다.

인간의 기질특성에 관한 고려는 기원전 히포크라테스(Hippocrates, B.C. 460~B.C. 377) 때부터 시작되었다. 히포크라테스는 인간을 엠페도클레스(Empedocles, B.C. 490~B.C. 430)의 네 가지 기본요소 - 공기, 물, 불, 흙 - 에 상응하는 네 가지 기본적 기질유형으로 분류할 수 있다고 주장하였다. 이러한 생각은 갈레누스(Galenus, 130~200)에 의해 계승되었으며, 히포크라테스-갈레누스 유형론은 기질특성을 다혈질, 점액질, 담즙질 및 흑담즙질로 분류하여 그 특징을 각각 다음과 같이 기술하였다. 다혈질형(sanguine)은 혈액이 더 우세한 사람으로 항상 유쾌하고 사교적인 특징을 나타낸다고 하였다. 점액질형(phlegmatic)은 점액이 더 우세한 사람으로 항상 침착하고 조용하며 인내심이 강한 특징을 보여준다고 하였다. 또한 담즙질형(choleric)은 황담즙이 더 우세한 사람으로 쉽게 분노하며 성미가 급한 특징을, 그리고 흑담즙질형(melancholia)은 흑담즙이 더 우세한 사람으로 쉽게 우울해지며 항상 조용한 특징을 보여준다고 하였다.

또 다른 초기 성격이론 중의 하나가 신체유형과 성격이 서로 상관있다는 체격이론이다. 쉘던(W. H. Sheldon)은 신체유형을 내배엽(endomorphy), 중배엽(mesomorphy) 및 외배엽(ectomorphy)의 세 가지로 분류하였다. 이중 내배엽형은 둥글고 부드러운 체격과 큰 배를 가진 신체적 특징을 보인다. 중배엽형은 강한 뼈와 근육을 가지고 있으며 건장하고 곧은 체격을, 그리고 외배엽형은 마르고 가느다란 체격을 특징적으로 보여준다고 하였다. 또한 쉘던은 성격을 세 가지로 나누었는데, 내장형은 음식과 사람 그리고 편안함을 좋아하고 사회성이 높은 것이 특징이라고 하였다. 그리고 투사형은 신체적 모험과 활기찬 활동을 좋아하며, 두뇌형은 자의식이 강하며 비밀을 좋아하는 특징을 가지고 있다고 하였다.

쉘던은 살찐 내배엽형은 내장형의 성격과, 근육이 잘 발달한 중배엽형은 투사형의, 그리고 외배엽형은 두뇌형의 성격과 관련성이 높다고 하면서 성격유형은 신체유형에 기인한다고 하였다. 그러나 대부분의 현대 심리학자들은 성격과 신체유형 간에 어떤 상관이 있다고 하더라도 그 관계성이 약하고, 또 인종차별적 이데올로기를 과학적으로 합리화할 위험성이 내포되어 있다고 비판하고 있다. 하지만 쉘던의 이론과 연구방법이 비록 비난받고 있다 하더라도 신체와 성격 간에 어떤 관계가 있음을 간과해서는 안 된다. 즉, 특별한 성격을 만들어내는 것은 아니지만 신체가 성격형성에 어떤 역할을 할 수 있다는 것이다. 그 이유는 신체가 성격을 직접적으로 결정해서가 아니라 한 개인이 외부세계로부터 어떻게 취급받느냐 하는 점에 있어서는 그의 신체가 상당한 영향을 주기 때문이다(김동기 외, 1994; Hall & Lindzey, 1978).

히포크라테스-갈레누스 유형론이나 쉘던의 유형론과는 달리, 기질특성의 양적 차이에 관심을 가진 성격이론가는 아이젠크(H. J. Eysenck, 1916~1997)이다. 아이젠크(1970)는 성격을 '환경에 대한 개인의 독특한 적응에 영향을 끼치는 인격(character), 기질(temperament), 지성(intellect), 그리고 신체(physique)적 요소들이 안정적으로 그리고 영속적으로 조직화된 것'이라고 정의하였다. 여기서 인격이란 의지와 관련되며, 기질은 정서와, 지성은 지능과, 그리고 신체는 신체적 외형 및 내분비적인 특성과 관련되는 것이다. 아이젠크는 광범위한 수집 자료에 대한 요인분석을 바탕으로 내·외향성, 신경증적 경향성 그리고 정신병적 경향성의 세 가지 특성들이 서로 독립적인 차원을 이루며 각기 생물학적 기초가 있고 또 정상 모집단 내에서 연속성을 보여준다고 주장하였다.

아이젠크에 의하면, 외·내향성(extro-introversion)은 개인의 각성수준을 평가해 주는 차원으로 조건반사 형성과 관련이 있다는 것이다. 이 척도의 점수가 낮은 내향성의 사람은 감각의 예민성과 주의력이 증진되어 있어 조건반사형성이 용이하다고 한다. 반면에 이 척도점수가 높은 외향성의 사람은 각성수준이 낮아 조건반사형성이 어렵고 조건반사가 이루어져도 곧 소거된다고 한다.

성격이론에 관하여 정리하면 다음과 같다.

성격심리학은 크게 두 종류로 나눌 수 있고, 그중 하나는 성격을 단편적인 상태로 이해하려는 연구들로 이러한 연구들은 성격이 어떻게 형성되고 발달하는가보다는 현재 어떤 종류의 성격유형이 있는지에 관심이 더 많다. 대표적인 이론으로는 특성이론(character theory)이 있는데, 이는 다시 유형론과 특질론으로 나뉜다. 또 다른 하나는 성격이 어떻게 형성되고 어떻게 발달하며, 그러한 성격이 생활하는 데 어떤 기능을 하는지를 이해하고자 하는 과정이론(processing theory)이다. 과정이론에는 무의식과 어린 시절의 경험을 강조하는 정신분석, 개인과 환경의 상호작용을 강조하는 행동주의적 관점의 이론, 개인의 주관적 경험과 자기실현을 강조하는 인본주의 이론 등이 있다.

① 유형론

유형론은 히포크라테스, 크레치머, 쉘던, 융이 대표적이고 그 내용을 표 1-1과 같이 제시하였다.

표 1-1 유형론의 학자별 비교

학자	이론	분류	성격유형	성격 특징
히포크라테스	체액론	혈액 점액 흑담즙 담즙	다혈질 점액질 흑담즙질 담즙질	다정하다, 유쾌하다 느긋하다, 동작이 느리다 우울하다, 슬프다 민첩하다, 화를 잘 낸다
크레치머	체격론	마르고 큰 키 뚱뚱함 근육질	세장형 비만형 근육형	꼼꼼하다, 신경질적, 깔끔하다 사교적, 변덕 심함, 활발하다 활동적, 모험적이다
쉘던	체격론	내배엽형 중배엽형 외배엽형	내장 긴장형 신체 긴장형 대뇌 긴장형	사교적, 애정과 내장 기관 중시 모험적, 신체 활동과 권력 추구 감각적, 예민, 사람을 회피
융	심리유형론		내향성 외향성	갈등 회피, 고독을 즐김 사교적, 진취적, 모험적

② 특질론

특질론은 올포트, 카텔, 아이젠크가 대표적인 학자로 분류되며 그 내용을 표 1-2에 정리하였다.

표 1-2 특질론의 학자별 비교

학자	분류	성격 유형	성격 특징	보기
올포트	공통 특질 개별 특질	공통 특질 중심 성향 기본 성향 이차적 성향	사회생활에 공통된 성격 특질 사람이면 누구나 갖는 특질 개인 생활을 지배하는 특질 개인차를 나타내는 특질	본능적 특질 동기와 정서 권위주의 특정 색 신호
카텔	원천 특질 표면 특질 내 · 외향성 안정성 차원	내향성 외향성	행동을 결정하는 기본 특질 개인차를 나타내는 특질 조용, 내성적, 신중, 질서 추구 사교적, 충동적, 모험적	성본능 동성/이성애
아이젠크	정신병 차원	신경증적 경향성 정신병적 경향성	쉽게 흥분하고 불안정함 공격적이고 냉정, 충동적	

4) 성격검사

(1) 객관적 성격검사

면접기법이나 관찰자의 해석적 능력에 영향받지 않는 측정도구를 고안하기 위해서 심리학자들은 객관적 검사를 만들어냈다. 대부분의 검사는 지필검사이며, 표준절차에 따라 점수화되는 질문지이다. 일반적으로 객관적 검사는 구조화되어 있기 때문에 피검사자는 단지 '예'와 '아니오'의 반응 중에서 또는 여러 개의 반응 중에서 하나의 답만을 선택하도록 되어 있다. 객관적 검사는 실시방법 및 점수화 절차가 표준화되어 있으므로 검사결과는 검사자의 편견이나 절차변화에 영향을 덜 받는다. 성격특질을 정확히 측정하려고 노력하는 특질이론가들이 이러한 객관적 성격검사를 즐겨 사용한다.

① MMPI(Minnesota Multiphasic Personality Inventory)

MMPI는 미국의 심리학자인 S. 해서웨이(Hathaway)가 이끄는 미네소타 대학 연구팀이 개발한 다면적 인성검사법이다. 대학생들의 성격검사와 기업체에서의 인사관리 등에 쓰이고 있다. 우리나라에서는 한국임상심리학회가 우리의 실정에 맞게 22종의 세분화된 표준집단을 통해 제작하였다. 원래 정신의학적 장애를 진단하기 위해 개발된 검사였다. EPQ는 아이젠크의 성격이론을 기초로 하여 개발된 성격차원 검사로써 외-내향성(E), 신경증적 경향성(N), 정신병적 경향성(P) 및 허위척도(L)의 네 개의 하위 척도들로 구성되어 있다.

② MBTI(Myers-Briggs Type Indicator)

1920년대에 마이어스(Myers)와 브리그스(Briggs)가 문헌 및 여러 사람을 관찰한 결과를 토대로 하고, 융(C. Jung)의 성격유형이론과 접목하여 MBTI 검사를 개발하였고, 인간행동의 다양성을 1여섯 가지 유형으로 분류하여 개인의 인식과 판단에 대한 선호방식으로 설명하고자 하였다.

③ 에니어그램

다양한 행동양식에 따른 개인의 심리 특성, 장단점 이해를 위한 성격검사도구로써 9가지 성격유형을 구분하였다. 주요 개념으로는 기본성격유형, 힘의 중심, 날개, 통합과 퇴화 방향 등이 있다.

그 외에도 캘리포니아 성격검사(CPI, 국내판: KPI, Korea Psychological Inventory), 16성격요인검사(16PF), NEO 성격검사 등이 있다.

(2) 투사적 성격검사

모든 투사적 성격검사(projective personality test)는 피검사자의 반응을 제한하지 않는 비교적 간단한 비구조적 과제로 구성되어 있다. 이러한 검사는 피검사자에게 기본적으로 의미를 찾기가 곤란하거나 애매한 그림을 제시해 주고, 그 자료들이 무엇을 의미하는지를 대답하도록 한다. 이때 검사자는 응답에 영향을 주는 어떤 단서도 피검사자에게 주어서는 안 된다. 투사적 검사는 피검사자가 대답을 고안하는 데 있어서 자신의 성격을 그 검사자료에 투사할 것이라는 가정하에 만들어진 검사이다(Murphy & Davidshofer, 1991; Kaplan & Saccuzzo, 1993).

투사적 검사에는 몇 가지 장점이 있다. 첫째, 융통성이 있고 게임처럼 취급될 수 있기 때문에 긴장감이나 부담 없이 편안한 분위기에서 실시할 수 있다. 둘째, 검사의 진정한 목적이 드러나 있지 않기 때문에 반응이 위조될 가능성이 적다. 예를 들면, 상상력을 측정하는 검사라고 피검사자에게 알려주면서 그의 잠재적 성문제와 같은 무의식적 생각이나 환상 등을 털어놓게 할 수도 있다. 그러나 투사적 성격검사는 검사자의 능력이나 편견에 강력한 영향을 받기 때문에 해석의 정확성이 침해받을 위험이 있다. 이것이 투사적 검사의 단점이다.

투사적 검사는 정신분석적 성격이론가들이 특히 많이 사용하는데, 대표적인 투사적 성격검사(projective personality test)로는 로르샤하 검사(Rorschach Test)와 주제통각 검사(Thematic Apperception Test, TAT)를 들 수 있다. 로르샤하 검사는 개인의 지각과정을 통하여 행동이나 정서적 반응을 예측할 수 있다는 가정 아래 1921년, 스위스의 정신과 의사인 로르샤하(H. Rorschach)가 10개의 표준화된 잉크반점(ink blot) 카드를 제작한 것에서 비롯된다. 로르샤하 검사에 포함되어 있는 한 장의 잉크반점 카드이다. 10장의 카드는 한 번에 하나씩 정해진 순서로 피검자에게 제시되며 피검사자는 각 잉크반점 카드에서 무엇을 보고 있는지를 대답해야 한다. 이때 피검사자는 카드를 돌려서 어떤 각도로든 각 잉크반점을 볼 수 있으며, 각 잉크반점에 대해 제한 없이 여러 가지 반응을 할 수 있다.

주제통각 검사(TAT)는 1935년 하버드대학의 모건(C. Morgan)과 머레이(H. Murray)에 의해 처음으로 소개된 이후 로르샤하 검사보다 더 널리 쓰이고 있는데, 한 명 이상의 사람의 모습이 그려져 있는 20장의 카드로 구성되어 있다. TAT의 과제는 검사자가 카드를 한 장씩 제시해 주면 피검사자는 그 장면이 무엇을 묘사하고 있는지, 그 장면에 나오는 인물이 그 순간에 무엇을 하고 있는지 또는 그 인물의 생각과 감정이 무엇인지 등에 대해 완성된 이야기를 만들어내는 것이다. 그러나 TAT에서 제시되는 카드들은 피검자의 연령과 성별에 따라 다르다. TAT 자료를 해석하기 위해서는 여러 점수체계가 요구되지만 중요한 것은 검사자는 피검사자의 응답을 항상 피검사자 자신의 개인적 입장에서 해석해야 한다는 것이다.

이외에 투사적인 기법으로 로터와 윌러먼(J. Rotter & B. Willerman)의 문장완성검사(Rotter Incomplete Sentences Blank: RISB), 마코버(K. Machover)의 사람그리기 검사(Draw-a-Person Test: DAP), 벅(J. Buck)의 집-나무-사람 그리기 검사(House-Tree-Person Test: HTP), 로젠츠바이크(S. Rosenzweig)의 그림 좌절 검사(Picture-Frustration Study: P-F Study) 등이 있다(오세진 외, 1995; Anastisi, 1988).

성격검사를 비롯한 심리검사는 개인의 특성을 좀 더 과학적인 근거에 의하여 확인하고 보다 객관적인 정보를 통하여 상담이나 진로진학 장면에서 많이 활용되고 있다. 이런 심리검사를 통하여 자신의 성격을 알고 심리특성을 활용하여 진로나 직업 등 인생 전반에 도움을 받고자 하는 목적으로 활용될 수 있는데, 검사 결과를 너무 맹신하거나 마치 점성술처럼 이용하는 것은 바람직하지 않다. 또한 최근 들어 인터넷과 언론에서 무분별하게 떠도는 심리검사가 많은데 출처가 없이 상업적으로 떠도는 검사도구를 사용하는 것을 주의해야 한다. 이는 마치 성분도 모르고 확인되지 않은 음식을 먹는 것과 같다. 신뢰도와 타당도를 통하여 학문적으로 검증된 검사도구를 사용하는 것이 바람직하다. 또한 결과 해석이나 적용에 있어서 보다 객관적이고 맹신하는 것은 바람직하지 않음을 다시 한번 강조한다.

쉬어가기 인디언 명언

〈두 늑대 이야기〉

한 인디언 추장이 자신의 손녀에게 '두 늑대 이야기'를 들려줍니다.
"내 마음 안에서는 싸움이 벌어지고 있단다. 그건 아주 끔찍한 싸움이지.
두 늑대 사이에서 벌어지는…. 한 마리는 악한 늑대란다. 그 늑대는 화, 슬픔, 욕심, 죄책감, 열등감, 거짓말로 이루어져 있어. 또 다른 늑대는 선한 늑대이지. 그 늑대는 기쁨, 평화, 사랑, 희망, 평온함, 겸손, 친절, 자비, 공감, 너그러움, 진실이야.
이런 똑같은 싸움이 너의 마음속에서도 일어나고 있단다."
할아버지의 이야기를 듣던 손녀가 물었습니다.
"할아버지, 그러면 어떤 늑대가 이겨요?"
할아버지는 대답했습니다.
"네가 먹이를 주는 늑대가 이긴단다."

출처: 인디언 명언 〈두 늑대 이야기〉

http://blog.naver.com/PostView.nhn?blogId=wlswh9tn&logNo=220456076948

학습정리

- 인간행동을 이해하기 위해 발달단계별 특성에 대한 이해와 여러 학자들의 이론을 통해 성격, 인지, 심리에 대한 이해가 필요함
- 성격과 성격이론

- 성격
  - 내적 요소
    - 특성: 선천적인 심리 요소에 초점
    - 기질: 성격을 결정하는 선천적 기반 요소에 초점
  - 외적 요소

- 성격 이론
  - 특성이론
    - 유형론
      - 체액론: 히포크라테스
      - 체격론: 크레치머, 쉘던
    - 특질론: 올포트, 카텔, 아이젠크
  - 과정이론
    - 정신분석
      - 정신분석: 프로이트
      - 신정신분석: 아들러, 융
    - 행동주의: 조건형성이론, 사회학습이론
    - 인본주의: 현상학적이론 – 로저스, 매슬로우

출처: 윤길근 외(2009).

생각해보기

1. 인간의 행동의 요소는 무엇이 있는지 생각해 보시오.
2. 인간행동을 이해하기 위한 접근에는 어떤 이론들이 있는지 열거해 보시오.

CHAPTER 02

생애주기별 발달의 이해 I

학습목표

1. 인간발달의 개념과 원리, 발달단계와 과업을 이해한다.
2. 인간행동에 관한 지식이 어떻게 활용할 수 있을지를 설명한다.
3. 태내기, 영아기 발달에 따른 이슈를 탐색한다.

1 생애주기별 발달의 개념

1) 발달의 개념과 원리

발달은 수정의 순간에서부터 숨이 멎는 순간까지 인간의 전 생애를 통해 이루어지는 것을 의미한다. 발달은 인간의 삶의 연속선상에서 일어나는 변화로 개체가 가지고 태어나는 선천적인 여러 요인, 즉 유전(heredity)과 후천적 영향, 즉 환경(environment)의 상호작용의 결과이다. 인생의 초기단계에서 발달의 중요성에 대해서는 발달심리학자들마다 일치되는 견해를 보이고 있다. 발달은 성장(growth)과 성숙(maturation) 및 학습을 모두 포함시킨다. 성장은 신체적이고 양적인 변화를 의미하고, 성숙은 생물학적인 발달과정에 의한 변화이며, 학습은 경험의 결과로 나타나는 잠재적 능력이나 특성이나 변화를 의미한다(민영순, 2004).

발달은 고대 프랑스어의 '아니다'의 의미 'des'와 '감싸다'의 의미 'veloper'가 합쳐진 'devolper'에서 유래된 용어로써 '풀다', '펴지다', '나타내 보이다'의 의미로 유기체에 잠재되어 있던 본질이나 가능성이 점차 모습을 드러내는 현상이다(강봉규, 1994). 코프카(Koffka, 1957)는 유기체와 그 기관이 양에 있어서 증대하고, 구조에 있어서 정밀화하고, 기능에 있어서 유능화할 때 이것을 발달이라고 하였다. 수정된 순간에서부터 인간 생명체는 성의 구분, 유전적 특성과 정상성 여부 등 전 생애에 큰 영향을 미치는 여러 가지 발달적 특성을 갖게 된다.

여기에서는 먼저 이와 같은 발달의 원리를 살펴보고, 인간발달의 각 단계별 특징에 대해 알아보기로 한다.

2) 발달의 원리

인간은 몇 가지 원리를 바탕으로 발달하게 되는데 이것은 모든 환경적 요인을 초월하여 모든 인간들에게서 발견되는 공통적인 현상이다. 이러한 발달의 원리는 다음과 같다(문은식 외, 2007).

(1) 발달의 상호작용

발달은 유전과 환경의 상호작용에 의해 이루어진다. 아동이 부모로부터 받은 유전인자는 환경이라는 제한된 범위 안에서 그 잠재력을 발휘할 수 있으며, 환경 또한 아동이 지닌 유전인자의 본질이 제한하는 범위 안에서 발달에 영향을 주게 된다. 따라서 발달을 이해할 때 유전과 환경을 분리해서 보아서는 안 될 것이다.

(2) 발달의 순서와 방향성

발달은 개인에 따라 속도나 상태가 일정하지 않으나 그 순서는 일정하다. 즉 위에서 아래로, 중심에서 말초 방향으로 그리고 전체 운동에서 세분된 특수운동으로 발달하게 된다. 아기가 처음에는 머리를 들고, 그다음에 가슴을 들며, 그 후로 앉고, 일어서고, 걷게 되는 현상이 한 예가 된다. 그러나 이러한 발달의 순서는 일정하지만 발달의 속도에 개인차가 있다.

(3) 발달의 결정적 시기

발달에는 환경에 민감하게 반응하는 최적의 중요한 시기가 있다는 개념으로, 이 시기를 결정적 시기(critical period)라고 한다. 이 시기에 적절한 발달이 이루어지지 못하거나 부정적인 영향을 받게 되면 치명적이고 심각한 결손을 가져오게 된다.

(4) 발달의 개인차

발달에는 보편적인 순서가 있으나 발달의 속도와 양상은 아동마다 제각기 다르다. 어떤 아동은 1세부터 배변통제가 가능하고, 어떤 아동은 4세에도 잘되지 않는 경우가 있다. 이는 아동 개개인의 유전적 배경이 다르고 개인이 처한 환경적 요인 등이 달라서 나타나는 현상이다.

(5) 발달의 내적인 관련성

발달의 각 영역은 각기 독립적으로 발달하지 않으며, 영역 상호 간에 서로 밀접하게 관련되어 있다. 즉 신체, 인지, 성격, 사회성 등의 발달영역은 상호 간의 발달을 가능하게 하거나 지체시키면서 영향력을 행사하게 된다. 병약한 아동에게서 원만한 인지발달이 이루어지지 않으며, 신체적으로 건강한 아동은 성격적으로 건강한 것이 일반적인 현상이다.

(6) 발달의 분화성

발달은 분화와 통합에 의한 구조의 과정이다. 미분화, 전체적인 반응에서 분화, 부분적·특수적 반응으로 이행한다. 신생아의 신체 일부에 자극을 주면 몸 전체가 움직이고 운동을 한다.

(7) 발달의 연속성

발달은 미숙한 단계에서 점차 높은 수준의 단계로 진행하며, 각 단계의 발달은 이전의 발달을 기초로 하여 진행되며, 연속적인 관계를 보인다. 발달은 시간이 지남에 따라 점진적이며 연속적으로 이루어진다.

이상의 내용을 요약하면 인간발달의 원리는 첫째, 발달은 유전과 환경에 의해 상호작용에 의해 이루어진다. 둘째, 발달은 전 생애에 걸쳐 이루어진다. 셋째, 발달에는 민감기 또는 결정적 시기가 있다. 넷째, 발달에는 일정한 순서와 방향이 있는데 상부 또는 두부, 하부 또는 미부의 방향으로 중심 부위에서 말초 부위로 진행된다. 다섯째, 발달은 연속 또는 불연속 과정을 거쳐 이루어진다. 여섯째, 발달은 점성적 원리를 따른다. 일곱째, 발달의 속도는 일정하지 않으며 개인차가 존재한다.

3) 생애주기별 발달단계의 구분

발달심리학자들은 인간발달 시간의 흐름에 따라 달라지는 인간의 특징을 근거로 하여 전체 발달과정을 세분화하였다. 일반적으로 대부분 기준은 연령이며, 그 연령에 나타나는 신체·심리·사회적 특징들을 중심으로 구분하였다. 전 생애의 발달단계를 구분한 비교 분류를 표 2-1에 제시하였다.

표 2-1 발달단계 비교

<table>
<tr><th colspan="2">이 책의 발달단계 분류</th><th colspan="2">피아제</th><th colspan="2">프로이트</th><th colspan="2">에릭슨</th><th colspan="2">하비거스트</th></tr>
<tr><th>발달단계</th><th>연령</th><th>발달단계</th><th>연령</th><th>발달단계</th><th>연령</th><th>발달단계</th><th>연령</th><th>발달단계</th><th>연령</th></tr>
<tr><td>태내기</td><td>수정~ 출생 전</td><td></td><td></td><td></td><td></td><td></td><td></td><td></td><td></td></tr>
<tr><td>영아기</td><td>출생~ 3세</td><td>감각 운동기</td><td>0~1세</td><td>구강기</td><td>0~2세</td><td>신뢰감 대 불신감</td><td>0~2세</td><td rowspan="3">아동 초기</td><td rowspan="3">0~ 5, 6세</td></tr>
<tr><td rowspan="2">유아기</td><td rowspan="2">3~6세</td><td rowspan="2">전조작기</td><td rowspan="2">2~7세</td><td>항문기</td><td>2~4세</td><td>자율성 대 수치감</td><td>2~4세</td></tr>
<tr><td>남근기</td><td>4~6세</td><td>주도성 대 죄책감</td><td>4~6세</td></tr>
<tr><td>아동기</td><td>7~13세</td><td>구체적 조작기</td><td>7~13세</td><td>잠복기</td><td>6~13세</td><td>근면성 대 열등감</td><td>6~13세</td><td>아동 중기</td><td>5, 6~ 12, 13세</td></tr>
<tr><td>청년기</td><td>14~ 20세</td><td>형식적 조작기</td><td>14세~</td><td>생식기</td><td>14세~</td><td>자아정체감 대 역할혼미</td><td>14~22세</td><td>청년기</td><td>12, 13~ 18세</td></tr>
<tr><td>성년기</td><td>20~ 40세</td><td></td><td></td><td></td><td></td><td>친밀감 대 고립감</td><td>22~34세</td><td>성인 초기</td><td>18~ 35세</td></tr>
<tr><td>중년기</td><td>40~ 65세</td><td></td><td></td><td></td><td></td><td>생산성 대 침체감</td><td>34~ 60세</td><td>성인 중기</td><td>35~ 60세</td></tr>
<tr><td>노년기</td><td>65세 이상</td><td></td><td></td><td></td><td></td><td>통정성 대 절망감</td><td>60세~</td><td>성인 후기</td><td>60세~</td></tr>
</table>

발달단계의 구분은 정책을 결정하고 지원하는 단체나 조직에 따라서도 다 다르다. 우선, 영아기와 유아기는 「영유아보육법」을 근거로 구분하였다. 「영유아보육법」에서는 6세까지를 영유아로 규정하지만 3세 미만과 3세 이상의 보육 교직원 배치 기준에서 2배 이상의 큰 편차를 보이고 있는데, 이는 3세 이전의 영아와 3~7세 유아의 발달적 차이를 반영한 것이다. 아동기와 청년기는 국내의 학교교육 편제에 따른 것으로 초·중등학교 교육 연한과 「청소년보호법」에서 19세 미만으로 규정하고 있는 점에 근거를 두고 구분하였다(권중돈, 2014).

청소년의 연령을 「청소년보호법」에서는 19세 미만으로 구분하며, 우리나라 「청소년기본법」에서는 9~24세로 규정짓고 있다. 이는 정부에서 지원하는 정책을 고려한 결과라고 볼 수 있으며, 따라서 이 책에서의 발달단계 구분은 연령에 따라 확실하게 차이가 나는 특징적인 부분을 고려하여 구분한 것으로 다른 학자의 이론도 비교 설명하여 이해를 돕고자 하였다.

청년기에 대한 규정도 학자마다 이론마다 다양하다. 이 책에서는 우리나라의 교육제도의 특성에 맞게 고등학교를 졸업하는 시기인 19세부터 취직하고 결혼 전까지의 연령을 30세로 보고, 19~30세까지를 청년기(성인 전기)로 보고자 한다. 성년기(성인 후기)의 정의는 30~40세까지로 설정하였다. 직장생활을 하고 결혼하여 개인 및 가정생활의 안정을 위해 역동적으로 살아가는 시기로써 인생에서 가장 왕성하게 삶을 살아내는 시기로 보았다.

중년기는 40~65세까지, 노년기는 65세 이후로 설정하였는데, 대체적으로 중년기의 연령 구분은 많은 학자가 일치되는 부분이었고, 현재 우리나라가 고령화 사회로 들어서면서 노년기 연령 구분에 대한 논의가 많다. 따라서 이 책에서는 노년기를 노인 전기와 후기로 나누어 노인 전기는 65~75세로, 노인 후기는 75세 이상으로 규정하였다.

2 태내기, 영아기

1) 태내기의 발달

남자의 정자와 여자의 난자가 만나 수정이 이루어지면 인간의 발달이 시작된다고 본다. 수정 후부터 약 280일(약 10개월) 동안 태아는 모체의 체내에서 자란다. 이 기간 동안 태아는 여러 신체기관이 형성되고 기능이 시작되며 기관의 크기와 무게가 급속히 증가한다. 태내기는 다시 배포기(수정~약 2주간), 배아기(수정 후 2~8주), 태아기(수정 후 3개월~출산)의 세 단계로 구분된다. 배포기에는 수정체가 자궁벽에 착상함으로써 전 태내발달과정을 통해 지속될 모체와의 의존적 관계가 시작되는 시기로 10~14일 정도의 기간을 의미한다(정옥분, 2006).

수정란의 착상이 이루어진 후부터 배아기가 시작된다. 수정 후 2주부터 8주까지의 기간을 의미한다. 배아기 동안에는 태아의 신체계통(호흡기, 소화기, 신경계)과 각 기관의 발달이 가장 급속하게 이루어지는 시기이다. 8주 정도가 되면 배아의 길이는 약 2.5cm, 무게는 약 14g 정도이다(송인섭 외, 2008).

태내발달의 마지막 단계인 태아기는 신체의 각 기관이 형성되는 8주부터 출생할 때까지 시기이다. 배아기에 형성된 각 기관의 구조가 더욱 정교화되며, 기능이 보다 원활해지는 등 빠른 발달을 보인다. 근육발달도 급격히 이루어지며, 출생 후 몇 년이 지나서야 완성되지만 중추신경계도 이 기간 동안에 빨리 발달한다. 태내발달은 모체 내에서 이루어지지만 다른 어느 시기 못지않게 환경의 영향을 크게 받으며 또한 그 영향은 치명적일 수 있다. 따라서 모체의 영양상태, 모체의 질병 및 정서상태, 산모의 연령 그리고 흡연이나 알코올 및 약물복용 등은 산모가 특별히 주의를 기울이고 태아에 대한 세심한 주의를 이해하는 것은 정상적인 태내 발달에 매우 중요한 사항이라고 할 수 있다.

표 2-2 임신 8주 이후 출생까지의 특징

시기	특징
12주경	인간의 형체 닮기 시작, 팔과 다리의 움직임이 나타나며, 태아의 성별 구분
16주경	어머니가 태동을 느낄 수 있고, 태아의 성장에 주목하여 애착 형성
20주경	태아의 움직임이 활발하게 나타나며, 이때의 활동들이 출생 이후에 사용될 반사능력의 기초가 된다. 태반은 이 시기에 와서야 안정된다. 태반의 한쪽은 어머니의 자궁과 연결되어 있으며, 다른 한쪽은 태아의 탯줄로 연결되어 있다. 이를 통해 태아는 모체로부터 산소와 영양분을 공급받고, 몸속에 생긴 탄산가스와 노폐물을 배출한다.
28주경	태아가 미숙아로 태어나도 인큐베이터에서 양육 가능할 정도로 성장한다. 마지막 3개월 동안에 태아의 체중은 급격히 증가하는데, 이는 지방층의 발달에 기인한다.
36주경	태아의 머리가 아래쪽 위치로 정착하게 된다.

2) 영아기의 발달

(1) 신생아기의 발달

신생아는 출생 후 2~4주까지를 지칭하고 있으며, 신생아의 평균 신장은 약 50cm, 평균 체중은 3kg 정도이다. 우리나라의 경우 평균 신장은 남아가 51.4cm, 여아가 50.5cm이며, 남아의 평균 체중은 3.4kg, 여아가 3.24kg이다(송인섭 외, 2008). 신생아의 머리는 신장의 1/4 정도이며, 뇌의 무게는 350g이다. 골격은 부드럽고 연해서 출생 과정에서 일어날 수 있는 마찰을 방지하여 준다. 두개골도 완전한 구조를 형성하지 못하고 있기 때문에 6개의 숫구멍(fontanel)을 가지고 있다. 전두의 숫구멍은 2년 후에 뼈로 굳어진다.

신생아는 출생 시에 여러 가지 놀랄만한 운동반응을 보이는데, 이런 것들은 선천적이고 반사적인 것이다. 이러한 반사는 어떤 특정한 자극에 대한 반응으로써 예측이 가능하며 학습된 것은 아니고 자동적이고 비의도적인 반응행동이다. 이러한 반사기능은 인간의 생존에 필요하며 지속적으로 유지되는 생존반사와 종 특유의 반사기능이면서도 생후 일정 기간이 지나면 사라지는 원시반사인 바빈스키반사(Babinski reflex), 모로반사(Moro reflex), 파악반사(grasping reflex)로 구분된다.

생존반사에는 숨 쉬는 호흡반사, 갑작스런 자극이 다가오면 눈을 감는 눈 깜박이기 반사, 광선의 강도에 반응하는 동공반사, 자극을 주는 쪽으로 입을 돌리는 입술 내밀기 반사, 빨기 반사, 삼키기 반사 등이 포함된다.

(2) 영아기의 발달

생후 2주에서 24개월까지의 아기를 영아(infant)라 한다. 이 시기의 아기들은 유전적 요인과 외부의 환경적 요인에 의해 빠르게 성장한다. 신장은 1년 동안 1.5배, 체중은 3배 정도 증가하며, 두 돌 무렵이 되면 신장은 성인의 절반, 체중은 출생 시 체중의 4배이다. 영아의 골격은 성인의 골격보다 크기가 작고 수도 적을 뿐만 아니라 매우 유연하고 부드럽다. 골격과 마찬가지로 근육조직도 영아기에는 작고 약하며, 근육조직은 청년기까지 꾸준히 발달하는데, 점점 두꺼워지고 단단해진다. 치아의 발달은 젖니의 수는 모두 20개이고 영구치의 수는 모두 32개이며, 생후 6개월경에 젖니가 아래 앞니부터 나기 시작하여 1년이 되면 6~8개의 앞니가 나고, 24~30개월경에는 20개의 젖니가 모두 나게 된다. 모든 영아의 성장은 일정한 순서를 따라 이루어지나 성장속도는 영아에 따라 큰 차이가 있다. 이때의 뇌와 신경계통의 발달은 지능에 큰 영향을 줄 뿐 아니라 정서적 · 사회적 적응에도 많은 영향을 미치게 된다.

① 언어 발달

영아기는 감각을 통해 획득한 정보를 조직하고 환경적 자극에 반응하는 도식(schema)을 형성함으로써 인지적 발달이 일어난다. 즉, 피아제의 감각운동기에 해당되며, 이 시기의 인지발달은 지능과 이해력, 논리 및 지식의 성장을 의미한다. 감각운동기에 일어나는 중요한 인지발달적 변화의 하나는 대상영속성(object permanence) 개념의 발달이다. 영아기에 획득되는 가장 큰 능력 중의 하나가 언어능력이다. 출생 후 모든 의사를 울음으로 나타냈던 아기들은 미소를 띠고 옹알이를 하게 되면서부터 점차 분화된 의사표현을 하게 된다. 옹알이는 생후 6~8개월에 절정에 이르렀다가 대개 생후 1년 이내에 점차 감소한다. 6개월 이후에는 아기들이 상대방의 반응에 따라 자신의 소리를 수정하는 모방도 하게 된다. 그리고 보통 생후 9개월 정도가 되면 한마디 말을 사용하기 시작한다. 영아가 15개월이 되면 두 단어를 결합하여 말을 하게 된다. 약 18개월경부터는 산출언어능력은 급격히 늘어나서 20개월경에는 약 50개의 어휘능력을 갖게 되고, 2세 전후가 되면 250개 이상의 어휘를 획득하게 된다. 이처럼 언어획득 속도가 급격히 일어나는 2세 전후를 언어의 폭발적인 팽창기라고 한다.

② 사회 정서적 발달 – 애착의 형성

영아기 발달에서 중요한 요인인 정서·사회성 발달을 살펴보면, 영아기 정서는 특히 욕구와 결부되는데, 즉 배고픈 영아는 공복에 의해 생기는 정서를 경험한다. 공복의 상태라는 욕구가 충족되지 않을 경우 영아의 행동의 양은 증가한다. 팔, 다리를 버둥댈 뿐 아니라 울어댄다.

초기 아동의 사회성 발달은 '애착'의 형성을 통해 설명된다. 생후 6개월이 되면 아기와 엄마 사이에 특별한 관계가 형성되는데, 이것을 애착(attachment)이라 한다. 애착은 한 개인이 자신과 가장 가까운 사람에 대해서 느끼는 강한 감정적 유대관계를 뜻한다. 애착이 형성된 대상에 대해서는 가까이 다가가고 싶고 근접해 있고 싶은 욕구를 갖게 된다(이경화 외, 2003). 6개월 정도의 영아는 엄마를 보면 옹알거리면서 반응하고, 엄마가 사라지면 우는 반응을 보인다. 7개월에는 낯선 사람이 접근하면 울고 소리를 지르는 등의 낯가림 행동을 보인다(송인섭 외, 2008).

애착은 불안을 감소시키는 역할을 하며 이후 아이가 애착대상이 있는 곳을 떠나서 외부 환경을 탐색할 수 있게 된다. 보울비(Bowlby, 1973)는 결정적 시기의 중요성을 강조하면서 유아기에 애착을 형성하지 못한 사람이 성인이 되었을 때 다른 사람과의 관계를 맺는 것에 어려움 겪는다고 하였다(송인섭 외, 2008). 애착형성을 위해서는 생리적 욕구보다는 신체적 접촉이 더 큰 영향을 준다는 것은 해로우(Harrow, 1970)의 원숭이 대리모 실험을 통해 밝혀진 바 있다. 철사로 만든 대리모와 부드러운 천으로 만든 대리모를 둔 방에 새끼 원숭이를 집어넣고 관찰한 결과 새끼 원숭이는 우유를 먹을 때뿐 아니라 많은 시간을 천으로 만든 대리모에게 더 많은 시간을 보내는 것으로 나타났다(송명자, 1998).

그림 2-1
해로우(Harrow, 1970)의 원숭이 대리모 실험

또한 에인스워스(Ainsworth)의 낯선 상황에서 어머니가 사라지거나 낯선 사람이 나타났을 때 영아의 반응을 통해 안정애착, 불안정애착, 불안정회피애착 및 저항애착으로 구분하였다. 우리나라의 정옥분(2008)의 연구에서는 영아의 61.8%가 안정애착유형으로 나타났고, 불안정회피애착이 25%로 나타났다. 2세가 되어갈 무렵 영아는 엄마와 늘 붙어 있고자 하는 욕구가 조금 줄어들기 시작하고, 놀이와 탐색에 대한 흥미가 증가한다. 잘 걸을 수 있게 되며 이행능력으로 인해 아기는 주변 환경을 더 많이 탐색할 수 있다. 걸음마가 시작되면서 독립에 대한 욕구가 증가하는 데 에릭슨은 이를 자율성에 대한 추구로 보았다.

쉬어가기 애착의 유형과 애착반응

〈애착의 유형〉

① 안정애착형: 주위를 탐색하기 위해 어머니로부터 쉽게 떨어지지만 어머니에게 확실한 관심을 보이며 밀접한 관계를 유지하고자 한다.
② 회피애착형: 어머니에게 반응을 보이지 않으며 낯선 사람에게도 같은 반응을 보인다.
③ 저항애착형: 어머니가 방을 떠나기 전부터 불안해하고, 방을 떠나면 심한 분리불안을 보인다. 어머니가 돌아와서 안아주어도 안정감을 얻지 못하고 분노를 표출한다.
④ 혼란애착형: 불안정애착의 가장 심한 형태로 회피애착과 저항애착이 결합된 것이다.

〈애착반응〉

① 낯가림: 영아가 익숙해 있는 얼굴과 낯선 얼굴의 불일치에 대해 보이는 현상으로 첫 돌 이후에 서서히 감소한다. 영아의 기질이나 환경적 요인에 따라 다르게 나타난다. 어머니가 수용적인 태도일 때 어머니와의 애착이 잘 이루어지고, 애착형성이 잘 될수록 유아는 대상에 대한 개념형성이 빨라져서 나타난다.
② 분리불안: 영아가 부모나 애착을 느끼는 대상과 분리될 때 느끼는 불안

출처: 정옥분(2008). 발달심리학-전생애 인간발달. 학지사.

학습정리

1. 발달: 수정의 순간에서부터 숨이 멎는 순간까지 인간의 전 생애를 통해 이루어지는 것
2. 발달의 원리:
   첫째, 발달은 유전과 환경에 의해 상호작용에 의해 이루어진다.
   둘째, 발달은 전 생애에 걸쳐 이루어진다.
   셋째, 발달에는 민감기, 또는 결정적 시기가 있다.
   넷째, 발달에는 일정한 순서와 방향이 있다.
   다섯째, 발달은 연속 또는 불연속 과정을 거쳐 이루어진다.
   여섯째, 발달은 점성적 원리를 따른다.
   일곱째, 발달의 속도는 일정하지 않으며 개인차가 존재한다.

생각해보기

인간의 생애 발달의 특징에 근거하여 자신의 인생 곡선(life circle)을 그려보시오.

CHAPTER 03

생애주기별 발달의 이해 Ⅱ

학습목표

1. 유아기, 아동기 발달에 따른 이슈를 탐색한다.
2. 청년기, 성년기 발달에 따른 이슈를 탐색한다.
3. 중년기, 노년기 발달에 따른 이슈를 탐색한다.

1 유아기, 아동기

1) 유아기의 발달

유아기는 인간의 전체적인 능력이 크게 발달하는 시기이다. 영아기에 비해 성장하는 속도는 느려지지만 꾸준한 성장이 이루어지는 시기이며, 신체가 발달함에 따라 운동능력 역시 발달하게 된다. 유아기 때는 또한 인지능력의 발달도 증가하며 주변 환경에 대한 호기심도 크게 증가하고 많은 어휘의 향상을 통해 다른 사람과의 의사소통 역시 활발해진다. 유아는 놀이를 통하여 이렇게 습득한 능력들을 실제로 적용해 보며 발달시킨다. 이 시기에는 성에 대한 인지능력도 나타나게 되는데 이로써 자신의 주변 사람에 대한 성별에 관심을 보이기도 하고 질투를 느끼기도 한다. 유아기 때 형성된 태도나 가치관은 후의 초자아가 형성될 수 있는 기반을 마련하게 된다.

(1) 신체 및 운동 발달

3~6세 정도의 시기를 유아기(early childhood)라고 한다. 영아기와는 신체적 · 지적 · 사회적으로 현저하게 다른 시기로써 적극적인 활동과 탐색, 발견이 이 시기의 특징이다. 신장과 체중은 꾸준한 증가하고 유전과 영양, 건강관리에 가장 큰 영향 받는 시기이다. 걸음마기를 지나 초등학교에 입학하기 전까지 대략 2.5세에서 6세까지이다. 이 시기는 신체적으로 커지는 것은 물론 여러 운동, 조작능력을 갖추게 되면서 활동하는 양이 증가한다. 즉 대근육, 소근육, 신경계통의 점차적 성숙에 의해 자기통제가 가능해지며, 보다 많은 운동기술을 획득하게 된다.

영아기 만큼 빠른 속도는 아니지만 뇌도 지속적으로 성장하고, 두미발달원칙에 의해 신체의 다른 부분에 비해 빨리 성장하며, 5세 때 체중은 성인의 30% 정도이지만 뇌의 무게는 성인의 90%에 이른다.

운동기능도 크게 발달되어 2~3세 사이에 달리기 시작하고 3세 때는 달리면서 방향을 바꾸지 못하며 5세경이 되어서야 방향 전환이 가능하게 된다. 3세가 되면 땅에 그려진 직선 위를 걸을 수 있게 되며 4세에는 곡선 위도 걸을 수 있게 된다. 걸을 수 있게 되면 바로 계단을 오를 수 있고, 계단을 내려오는 기술은 조금 더 후에 습득한다.

(2) 언어 발달

유아기의 언어발달을 보면, 인지적 측면에서 놀랄만한 성장을 하는데 이 시기 동안 획득되는 수많은 어휘와 이해력의 발달로 유아기 말이 되면 거의 모든 관계에서 별 무리 없이 의사소통할 수 있다. 피아제의 전조작기에 해당되는 유아기 사고의 특징으로는 상징적 활동의 증가, 직관적 판단, 자기중심성, 물활론적 사고 그리고 꿈의 실재론 등을 들 수 있다. 그리고 여러 가지 지적인 개념을 다루고 자신의 생각과 느낌을 언어로 표현하는 능력이 발달하여 의사소통이 가능해지고 자아개념이 성장하고 자신이 여성인지 남성인지에 알게 되며 동성부모를 동일시하여 성역할을 습득하게 된다(이경화 외, 2003).

유아기에는 영아기에 비해 기억 능력이 크게 발달한다. 이는 기억용량의 증가, 기억전략의 발달, 상위기억의 개발, 지식기반의 확대가 가져오는 결과이다. 단기기억 용량의 증가를 뜻한다. 케이스(Case)는 조작효율성 가설로 기억의 증가를 설명하였다. 조작효율성 가설이란 연령이 증가하면서 정보를 처리하는 속도가 빨라지고 점점 더 효율적이 되므로 조작공간이 덜 필요하고 이로 인해 저장공간이 증가한다는 것이다. 이 시기에 언어발달이 현저하게 이루어진다. 즉, 상징을 사용할 수 있는 능력을 갖게 됨으로써 가장 중요한 상징적 수단인 언어의 사용능력이 급격하게 향상된다.

언어의 사용을 시작으로 사회적 상호작용도 더욱 활발해져 언어발달이 가속화되며, 보통 5세 정도에 모국어를 유창하게 사용할 수 있다. 이 시기에는 인지적 성숙으로 사물을 범주화할 수 있는 능력이 형성되고 그에 따라 사용할 수 있는 단어의 수도 급격하게 증가한다(Goldfield & Reznick, 1990). 유아기 말까지 보통 10,000개의 새로운 단어를 습득하게 된다(Anglin, 1993). 일반적으로 만 1.5세에서 4세 정도까지는 말의 길이가 유아의 구문

론적 발달 정도를 나타낸다(Newcombe, 1996). 언어습득으로 인하여 영아기에 비해 의사소통이 훨씬 효율적이나, 사고의 자기중심성 때문에 언어도 사회화된 언어로 발달하지 못하고 자기중심적인 특성을 갖는다. 또한 추상적인 언어적 비유나 어휘가 지닌 다양한 느낌을 제대로 이해하지 못하며, 언어이해를 위해 표정이나 몸짓을 필요로 한다. 아직은 청자로서의 능력도 부족하여 자신이 듣는 정보 그 자체보다 화자가 의미하는 것을 자기중심적으로 해석하는 것으로 보인다.

유아기의 인지발달은 후반부에 피아제를 공부하면서 좀 더 자세히 살펴보기로 한다.

(3) 심리 · 사회 정서적 발달

심리 · 사회적 측면에서는 프로이트의 성기기, 에릭슨의 주도성/죄책감이 형성되며, 중요한 발달과업으로 자율성이 확립되고, 양심이 발달한다. 유아기는 아동 스스로 바깥세상을 탐험하게 되는 시기로써 친구, 이웃을 만나고 여럿이 어울리는 생활을 경험하면서 사회에서 요구하는 행동패턴이 무엇인지를 깨닫게 되고 이를 수용하거나 거부할 때에 사회가 어떻게 받아들이는지도 알게 된다. 이때 경험하는 사회성 발달이 이후의 성년기까지 그 영향을 미치는 중요한 과정이 된다. 이 시기에는 대인관계의 폭이 넓어지고 다양해짐에 따라 대인관계에 따른 정서적 긴장이 심하게 나타난다. 유아기의 놀이와 가정환경은 유아의 사회성 발달에 중요한 역할을 한다.

유아기의 정서는 영아기의 정서와 별로 차이가 없어 2세 이전에 분화되었던 여러 정서가 그대로 유지된다. 그러나 이러한 정서를 유발하는 요인이나 표현방법에서는 차이를 보인다. 유아기에는 정서를 표현하는 단어를 사용하거나 이해하는 능력이 급속도로 향상된다. 이때 부정적 정서보다는 긍정적 정서를 쉽게 이해한다. 또한 유아는 사람들이 진짜로 느끼는 정서와 그들이 표현하는 정서를 잘 구별하지 못한다. 3~4세경의 유아는 기쁨, 슬픔, 분노, 놀람 등의 단순한 정서를 야기하는 원인에 대한 이해가 증가한다. 정서규제능력은 정서표현(특히 부정적 정서표현)을 통제하는 능력을 말하며, 유아기에 크게 증가한다.

"유아는 놀면서 배운다"는 말처럼, 놀이는 유아의 생활일 뿐 아니라 유아의 성장과 발달에 영향을 미치는 중요한 일이며 과업이다. 또한 이 시기는 성역할이 발달되는 시기로써 성역할 학습의 기초는 가정에서 이루어지며, 동성의 부모와 동일시하려는 심리적 과정에서 진행된다.

2) 아동기의 발달

(1) 신체 운동 발달

아동기 또는 일반적으로 학령기라고 하는 이 시기는 7~12세에 이르는 초등학교 시기이다. 생활의 중심이 가정에서 학교로 옮겨 감에 따라, 이 시기의 발달에서는 학교생활이 중요한 역할을 하게 된다. 학교생활을 통해 아동은 많은 사회적 관계를 형성하게 되며, 또래집단의 비중이 점차 커지게 된다. 표면적으로는 조용하게 보이지만, 아동기의 에너지는 내부적으로 조작능력을 획득하고 급격한 인지발달을 육성하기 위해 사용된다. 동시에 운동능력이나 언어능력이 증가함에 따라 자신의 욕구도 쉽게 표현하고, 자신의 욕구를 스스로 해결해 나갈 수 있게 된다. 아동은 외부세계에 대해 관심을 넓혀나가기도 하며, 부모나 다른 성인에 대해 동료의식을 발전시켜 나간다.

신체적인 성장속도는 보다 완만해진다. 신장과 체중이 점차적으로 증가하며 신체비율이 성인과 비슷해진다. 신체적인 변화에서 가장 두드러진 특징은 과거와 달리 2차 성징이 이 시기의 후반기, 즉 빠르면 초등학교 4학년경부터 나타나기 시작한다는 것이다. 근육이 성장하는 신체에 적응하느라 성장통을 경험하게 된다.

운동기능의 발달은 7세경 대근육, 소근육이 거의 발달되며, 기존의 운동능력이 빠르고 정교하게 발달하는 시기로써 운동능력의 발달에서는 개인차와 성차가 크게 나타난다. 대근육 운동기능을 습득함으로써 자전거 타기, 아이스 스케이팅, 수영, 줄넘기, 야구, 농구, 피구, 테니스, 술래잡기 등, 여러 가지 놀이나 스포츠 게임에 참여할 수 있게 된다. 스포츠 게임을 통해 운동효과 외에 우정관계 형성, 게임 규칙 준수, 협동하는 법을 배울 수 있다. 소근육 운동기술의 발달로 아동의 독립심도 증가하고 신체적 활동이 증가하고 호기심이 왕성한 시기로 사고가 자주 발생한다. 유아기에 비해 면역력 증가하기 때문에 일반적으로 건강한 편이나 계속해서 성장하는 시기이므로 건강유지를 위해 여러 가지 식품을 골고루 섭취해야 한다.

따라서 이 시기는 아동의 신체적·정서적 변화에 세심한 배려가 요구되며 적절한 성교육과 더불어 긍정적 자아개념 형성을 위한 성인의 노력이 필요하다. 영양으로 인한 건강상의 문제도 관심을 가져야 할 부분이다.

(2) 인지 언어 발달

지적인 발달에 있어서 좀 더 성인에 가깝고 성숙된 사고의 수준에 도달하는 인지발달의 결정적인 변화가 오는 시기이다. 즉, 아동기는 조작이 가능해지는 단계로 유아기에 비해 탈중심화 능력이 점차 증가하여 타인의 관점에서 사물을 보는 시각이 생기며 물체의 보존에 관한 개념이 형성되는 사고의 변화를 가져오게 된다.

이 시기는 피아제가 말하는 구체적인 조작기에 해당한다. 아동기 후기에는 논리적이고 추상적인 사고의 틀이 형성되어 보다 성숙된 인지특성을 보여주게 된다. 한편 언어발달에 있어서 아동기의 언어는 학습과 관련된다. 어휘능력이 급속히 발달되어 아동기는 어휘와 문법이 확장되는 시기로써 하루 평균 20단어, 학동기에 약 40,000단어를 습득할 수 있고, 단어를 구성하는 형태소의 의미에 대한 지식 획득, 익숙하지 않은 단어의 구조를 분석하여 그 의미를 추론할 수 있는 시기이다.

아동기의 언어는 세상에 있는 지식을 좀 더 구체적으로 알게 하는 수단이 되며, 자기중심적인 언어보다 사회화된 언어가 증가하고, 자신의 생각과 감정을 표현하기 위해 보다 정교해지는 과정을 거친다. 뿐만 아니라 학교생활에서 배우는 모든 학습은 언어를 위주로 이루어진다고 해도 과언이 아닐 정도로 초등학교에서의 언어는 매우 중요하다. 특히 초등학교 저학년의 경우 언어에 대한 학습이 제대로 이루어져야만 이후의 학습에 있어 문제가 없다. 다시 말해서 듣고, 말하고, 읽고, 쓰는 과정은 모든 학습의 기초가 되므로 교사는 물론 부모에게도 중요한 관심거리가 된다.

(3) 사회 정서 발달

이 시기의 가장 두드러진 특징이라고 할 수 있는 것은 학교생활의 시작과 적응, 그리고 또래문화의 형성과 발달이다. 학교라는 공간을 통해 새로운 세계를 접하고 지식을 습득하게 되는 시기이다. 또래와의 문화가 형성되고 이러한 또래 간의 관계는 이후 사춘기와 청년기를 거치면서 없어서는 안 될 인생의 중요한 요인으로 작용하게 되며, 성인이 된 후 사회생활과도 밀접한 관련이 있다. 아동기에는 자기 자신에 대한 개념을 형성하게 됨에 따라 그들은 자신의 속성에 대해 긍정적 또는 부정적인 가치를 부여하게 되는데, 이러한 자신에 대한 평가를 자아존중감이라 한다. 아동의 자기인식은 자아개념과 자아존중감의 발달을 초래한다. 자기인식을 위해서는 어느 정도 수준의 인지발달이 요구되지만 사회적 경험(양육자와의 안정애착)이 매우 중요하다.

이 시기의 정서의 발달은 유아기 말이 되면 대부분의 기본적 정서는 모두 표현할 수 있지만, 아동기에도 정서발달은 여전히 계속된다. 자긍심이나 죄책감 같은 정서는 이제 성인의 피드백이 없어도 자연스럽게 표출된다. 아동기에는 정서를 표출하는 규칙에 대한 이해가 크게 증가한다. 한 가지 이상의 정서를 경험할 수 있다는 사실을 이해하기도 한다. 예를 들면, 생일날 선물을 받는 것은 기쁜 일이지만, 자신이 원하는 선물을 받지 못하는 것은 슬픈 일인 것을 이해할 수 있다.

쉬어가기 또래집단에서의 인기도

① 인기 아동: 인기가 있는 아동은 신체적 매력이 있고, 머리가 좋고, 사교적이고, 행동적이며, 지도력이 있다.
② 보통 아동: 아동의 반 정도가 이 유형에 속하는데 특별히 인기가 있지도, 없지도 않은 집단에 무난히 어울리는 보통 아동들이다.
③ 고립 아동: 친한 친구로 지명되지도 않거니와 싫어하는 친구로 지명되지도 않는다. 수줍음을 잘 타고 낮은 자아존중감, 불안, 우울증 등 내적인 문제를 가진 경우가 많다.
④ 거부 아동: 친구들이 가장 싫어하는 유형으로, 신체적 · 언어적 공격을 많이 하고, 수업 분위기를 망치고, 학업성적도 좋지 못하다. 자기보다 어린아이들과 어울리며, 이들 중에는 약물남용, 청소년비행과 같은 외적인 문제가 있는 경우가 많다.
⑤ 혼합형: 친한 친구로 꼽히기도 하고 싫은 친구로 꼽히기도 하는 혼합형은 공격적이고 파괴적인 면이 있는가 하면 자기주장이 강하고 지도력이 있다. 또래집단에서 눈에 띄기는 하지만, 이들을 좋아하는 사람도 많고 싫어하는 사람도 많아 친구들로부터 복합적 반응을 유발한다.

출처: 정옥분(2008). 발달심리학. p. 404.

초등학교에 입학하면 아동은 가정 밖에서 보내는 시간이 많아지며 또래집단은 주로 이웃에 살며, 연령이 비슷하고, 동성의 아동으로 구성된다. 또한 외모, 성숙도, 운동기술, 학업성취나 지도력 등에 따라 서열이 형성된다. 또래집단의 기능은 사회화의 기능, 태도나 가치관의 형성, 정서적 안정감 제공, 인지발달과 정보 제공이라고 할 수 있다.

아동기는 이전 시기에 비해 개인차가 나타나는 시기로 아동 간의 현저한 개인차를 확인할 수 있게 된다. 외모, 재능, 지적인 능력 그리고 취미에 있어서 개인차를 보이면서 각기 개성을 지닌 하나의 고유한 인격체로 점차 성장해 나가는 것이다.

2 청년기, 성년기

1) 청년기의 발달

청년기는 아동에서 성인으로 변화되는 과도기로써 많은 학자가 청년기를 나이로 구분할 때 가장 논란이 많은 시기이다. 발달단계의 구분은 정책을 결정하고 지원하는 단체나 조직에 따라서도 다 다르다. 예를 들어, 청소년의 연령을 「청소년보호법」에서는 19세 미만으로 구분하며, 우리나라 「청소년기본법」에서는 9~24세로 규정짓고 있다. 여기서는 청년기를 13~19세 중·고등학교 시기로 규정하여 그 특징을 살펴보고자 한다. 또한 성인식은 20세에 한다.

(1) 신체 운동 발달

청년기는 13~20세로 신장과 체중의 급격한 성장이 이루어진다. 보통 여자가 남자보다 성장 속도가 2~3년 빠르다. 남자는 어깨가 넓어지고 근육이 발달하여 남성다운 체형으로 변모하고, 여자는 골반이 넓어지고 피하지방이 축적되어 여성다운 체형으로 변모한다. 신체 내부에도 변화가 있어 소화기관, 폐, 심장 등 순환, 호흡, 소화, 신진대사에 중요한 영향을 끼친다. 또한 뇌하수체, 에스트로겐(여성호르몬), 안드로겐성선(남성호르몬)의 성호르몬의 활동이 활발하며, 부신의 내분비선에 변화가 있다. 사춘기 남성은 보다 많은 양의 안드로겐을 여성은 보다 많은 양의 에스트로겐과 프로게스테론을 분비한다. 사춘기란 주로 청년 초기에 일어나는 호르몬의 변화로 인해 급격한 신체적·성적 성숙이 이루어지는 기간을 의미한다.

(2) 인지 언어 발달

가장 발달된 인지적 조작을 할 수 있는 단계로써 형식적 조작기의 청소년은 추상적인 개념도 이해할 수 있고, 가설적·연역적 사고가 가능한 청년들은 계획을 세워 일련의 가설을 차례대로 시험하면서 정답의 범위를 점점 좁혀간다. 구체적이고 현실적인 것뿐만 아니라 가설적인 것, 확률, 가능성 등에 관해 생각하는 능력을 발달시키며 고차적인 추상과 사고능력이 발달한다. 이들은 언어를 사용하여 논리적 사고를 표현하며, 추상적 개념을 사용하여 가설의 설정과 검증을 통한 결론 수준에까지 도달할 수 있다.

(3) 심리 발달

청년기의 급격한 신체적·정서적 변화로 말미암아 자신의 외모와 행동에 너무 몰두해 있으므로 다른 사람들도 자기만큼 자신에게 관심이 있다고 생각하여, 자신의 관심사와 타인의 관심사를 구분하지 못하여 자기중심성이 발달한다. 이를 청년기의 '자기중심성'이라 한다(Elkind, 1966). 자기중심성은 상상적 청중과 개인적 우화를 만들어 낸다. 상상적 청중이란 자신은 주인공이 되어 무대 위에 서 있는 것처럼 행동하고, 다른 사람들을 모두 구경꾼으로 생각하는 것을 의미하며, 개인적 우화는 자신의 감정과 사고는 너무나 독특한 것이어서 다른 사람들이 이해할 수 없을 것이라 생각한다. 사회적 관계를 이해하는 능력, 즉 다른 사람의 감정, 생각, 의도, 사회적 행동들을 이해하는 능력이 발달하며, 다른 사람에게서 어떤 인상을 받는가, 즉 다른 사람에 대한 판단은 어떻게 이루어지는가 하는 것에 관심이 많다.

상상적 청중 속에 자신이 둘러싸여 있다고 믿고 상상적 청중을 통해 자신을 대단히 중요한 존재로 지각한다. 이러한 자기중심성은 마약 사용, 자살 경향 등 청년기의 무모한 행동을 낳게 하는 원인이 될 수 있다. 이때 가정에서는 부모나 형제들과의 대화시간을, 학교에서는 또래 친구와의 대화와 교류를 많이 가지는 것이 좋다. 자기중심성은 상호작용을 하는 동안 나와 다른 사람들의 다양한 견해를 인식하게 됨으로써 상상적 청중이 약화되어, 개인적 우화를 극복해 갈 수 있기 때문이다.

청년기는 정체감 위기를 경험하게 되는 시기이다. 신체의 급격한 변화와 인지발달에 따라 생겨나는 자기 존재에 대한 새로운 인식은 고민과 갈등을 일으키며, '나'에 대한 결정을 유보하는 심리적 유예기간을 거치게 되는 것이다. 이 시기에는 학생들이 자기 연령수준에 맞는 무엇인가에 전념하도록 격려하고, 교사나 부모가 정체감 확립을 위한 역할 모델이 되어야 한다. 정체감 위기를 성공적으로 극복하기 위해서 청소년 문제가 심각해지기 전에 전문적인 상담가나 주위의 적절한 대상에게 마음을 열고 상담을 청하는 것이 바람직한 방향으로 정체감을 확립하는 데 도움을 줄 것이다.

(4) 사회성 발달

청년이 부모와 갖는 관계는 아동기에 가졌던 부모와의 관계와는 다르다. 형식적·조작적 사고가 가능한 청년은 부모가 설정한 규칙이나 가치관에 대해 논리적 모순을 발견하고 의문을 제기한다. 청소년자녀의 부모들은 자신의 인생에서 결정적인 시기에 접어든다. 그들은 10대 자녀의 부모라는 사실을 떠나서라도 그들 스스로도 중년기 위기라는 힘든 시기를 맞이한다. 또한 오늘날의 사회 변화가 청년과 부모의 관계를 더욱 어렵게 만든다. 급격히 변화하는 사회문화적 변화와 방대한 정보와 가치들이 청년들이 성인의 역할을 준비하는 것을 더욱 어렵게 만든다. 부모들이 청년자녀를 교육하는 데 도움을 받을 수 있는 지원망이 거의 없고, 친척과 친지들로부터 고립된 경우가 많다. 흡연, 음주, 약물남용, 10대 임신 등 청소년 비행의 증가는 부모들로 하여금 지나치게 신경을 쓰게 만든다.

정상적인 사회성 발달을 위해서 청년들에게 좋은 교우관계는 필수적이다. 사회적 고립은 청소년 비행에서 음주문제, 우울증에 이르기까지 여러 가지 문제행동 및 부적응과 연관되어 있다. 아동기와 청년기의 교우관계는 그 이후의 발달과도 관계가 있는 것으로 나타난다. 아동기에 교우관계가 원만하지 못하면 청년 후기에 학교를 중퇴하고, 비행 청소년이 되는 경향이 있다. 친구의 영향의 긍정적 측면에 대해 피아제와 설리번(Piaget & Sullivan, 1991)은 아동과 청년이 인간관계에서 '상호성'을 배우는 것은 친구와의 상호작용을 통해서라고 강조하였다. 청년들은 친한 몇 사람과의 친밀한 교우관계를 통해서 상대방의 욕구에 민감하고 능숙한 파트너가 되는 것을 배운다. 이러한 기술은 나중에 이성교제와 부부관계의 기초를 마련하는 데 도움이 된다. 그러나 친구의 부정적 측면은 술과 약물, 문제행동을 소개하기도 하고, 또래에 의해 거부되고 무시당하는 것은 청년을 외롭게 만들고 적개심을 불러일으킨다. 나아가서 그러한 거부와 무시는 정신건강을 해치고 범죄행위와도 연관이 있다.

2) 성년기의 발달: 20~40세

성년기(adulthood)는 모든 신체적 성장과 성숙이 거의 완성된다. 성년기는 정력, 활력, 신선함, 젊음의 육체적 매력 등으로 특징지어지는 시기이며, 특히 20대는 체력이 절정에 달하고 생식기능이 수월하며 운동수행능력도 절정에 달한다. 성년들은 대체로 건강한 편이며, 이 시기에는 신체의 모든 체계들이 정점에 도달하며 질병에도 덜 걸리게 된다. 이러한 양호한 건강상태는 유전적인 요인, 연령, 의학적 치료능력과도 관련이 있다.

(1) 신체 운동 발달

성년기는 신체적 성장의 완성되는 시기이며, 심신의 기능이 안정되고 활동력이 인생에서 가장 왕성한 시기이고, 사회적으로도 독립된 존재이다. 대학교육과 병역의무의 완성, 이성교제를 통한 사랑의 경험과 결혼, 취업과 직장생활의 시작 및 적응, 일을 통한 성취욕구 추구, 가정경제의 안정을 위한 기반조성, 올바른 자녀양육과 교육, 중년기와 노년기의 준비 등이 있다. 즉 성년기에는 신체적인 조건이 절정을 이루는 시기로, 학령기나 청년기보다 더 건강하고 질병률도 낮을 뿐 아니라 신체적인 힘이 최대가 되어 성장이나 혈관계도 강해진다. 성년기의 성장은 개인적인 정체감 확립과 성인생활의 시작인 결혼과 부모가 된다는 사실 등의 새로운 심리사회적인 변화들을 포함한다.

성년기가 되면 신체적 수행능력은 19~26세경에 정점에 도달한다. 신체 수행능력, 체력, 정력, 지구력도 성년기에 절정을 이르며 근력은 25세에서 30세 사이에 절정을 이르며, 30세에서 60세 사이에 10% 정도의 근력 감퇴가 일어난다(송명자, 2008). 감각 역시 성년기에 가장 예민하며 시력은 20세경에 가장 좋으며 40세쯤 되면 노안이 진행된다. 청력은 25세 이후로 감퇴가 뚜렷해진다. 외모는 자아개념에 매우 중요한 역할을 한다. 신체적 매력을 높이 평가하는 사회에서는 더욱 그러하고, 특히 외모에 많은 가치를 두는 여성의 경우는 매우 심하다.

(2) 인지 발달

피아제는 10대의 형식적 조작기 이후 발달이 되지 않는다고 했으나 많은 학자가 판단, 추론, 창의적 사고는 청년기 이후에도 전 생애를 통하여 발달하는 것으로 보는 견해가 우세하다. 샤이에(Schaie, 1990)는 청년기까지는 생활에 필요한 지식을 습득하는 단계이며, 성년기부터는 습득한 지식을 실생활에 적용하는 단계로 전환된다고 본다. 즉, 성년기는 성취단계이므로 더 이상 지식 습득을 하지 않고 자신의 인생목표에 적합한 과업에 최선을 다한다고 보았다.

인지능력은 개인이 사회를 살아가는 데 가장 중요한 요소 중 하나로 지능이 대표되는 능력이며, 흔히 지능은 연령 증가에 따라 감퇴한다고 생각하고 있으며, 쇠퇴의 정도는 노년 초기까지 별다른 퇴화가 나타나지 않는다는 주장이 많이 있다. 연령과 지능과의 상관보다는 오히려 교육수준, 현재의 역할, 직업, 신체적 건강, 스트레스 등이 지능에 미치는 영향이 더 크다고 보는 게 낫다. 알린(Arlin, 1999)은 문제발견적 사고의 시기라고 하여 청년기의 형식적 조작기 다음에 문제발견의 단계라는 제5단계가 있다고 하여 창의적 사고, 확산적 사고, 새로운 문제해결방법의 발견 등을 하게 된다고 하였다.

(3) 심리 사회성 발달

성년기에는 군대, 대학진학, 취업 등으로 부모와 물리적으로 분리되어 생활하는 경우가 많다. 특히 20대는 성인으로서의 인생의 출발점으로 자아를 확립하는 시기이다. 주위 세계로 향하던 관심을 의식의 내부로 돌리며 자신을 개별화하고 정체감을 뚜렷이 확립하게 된다. 성년기에는 도덕적 사고가 확실하게 성장하는 시기이며, 결혼과 자녀를 통해서 성 역할 변화를 분명하게 하는 시기이다.

에릭슨은 친밀감 대 고립감을 주장하고 있으며, 친밀감은 자신의 정체감과 타인의 정체감을 융합시킬 수 있는 능력이라고 하였다. 친밀감 형성의 전제는 정체감의 형성이며 긍정적인 결과로써 성적 친밀감, 진정한 우정, 안정된 사람, 결혼의 지속으로, 부정적인 결과는 고립과 고독을 주장하였다.

레빈슨(Levinson)의 성년기 발달단계에서 성년기 전환기(17~22세), 청년기와 성년기를 연결하는 교량 역할을 하며, 주요 과제는 부모로부터의 독립으로 자신의 인생구조를 변화하는 시기라고 했다. 또한 성년기로의 진입(22~28세)의 시기로 성년기의 초보적인 인생구조를 구축(결혼과 자녀, 직업, 사회적 모임 등)하고, 초보적 인생구조의 두 가지 특징은 꿈과 스승이 있다는 것이다. 30세 전환기(28~33세)는 개인의 생활양식이 어느 정도 확립되는 시기로써 자기성찰의 시기이고, 발달상의 위기를 경험하기도 한다. 성년기의 절정기(33~40세)는 인생의 중요한 측면(일, 가족 등)들에 대해 더 깊이 관여하고 자신에 대한 특정 목표를 수립하며, 사회에서 자신의 활동 범위를 구축하려고 애쓰는 시기이고, 자기 자신이 되기(Becoming One's

Own Man, BOOM)로 목표달성에 열성적이고 자신감과 권위를 갖게 되며 한편으로는 인정과 존경을 잃을까 두려워하는 시기라 하였다.

3 중년기, 노년기

1) 중년기의 발달

중년기는 40~45세부터 60~65세 이전까지로 생산성과 침체감을 겪는 시기이다. 중년기는 대부분의 사람이 자신이 늙어가고 있다는 사실을 신체의 변화를 통해 처음으로 깨닫기 시작하는 때이다. 대부분의 사람은 생식과 성적 능력에서의 변화(여성 폐경기, 남성 갱년기)를 무난히 해결하지만, 신체적 매력의 쇠퇴에 대해서는 약간의 불안을 느낀다. 중년기에는 직업상의 스트레스로 인해 성인병을 앓거나 신경증을 겪게 되고, 갱년기 증상, 빈 둥지 증후군 등을 겪게 된다.

(1) 신체 발달

중년기는 40~65세로 외형적 변화가 많이 일어나는 시기로써 피부 노화가 일어나며, 얼굴 부위 주름이 증가하고, 땀샘의 크기 및 수가 감소하고, 모발이 가늘어지기 시작하고, 모발의 성장이 느리고 모발의 휴지기가 길어지며 탈모가 일어난다.

내적인 변화로는 심장혈관계통에서 30세의 심장기능이 100%의 능력이라 가정하면 50세에 그 효능이 80%로 감소하고, 80세에는 70%로 감소한다. 심장조직이 딱딱해지고 탄력감소 심박력과 혈액의 양이 감소하므로 규칙적인 운동이 필요하다. 신경계통의 변화로는 신경자극이 뇌에서 신체의 근육조직으로 전달되는 속도가 50세까지 5% 정도 감소하고 신경계의 장애는 정신착란과 치매의 주요 원인이 되기도 한다. 호흡능력은 30세를 100%로 보았을 때 75% 정도 감소한다고 본다. 폐의 탄력성이 서서히 감소하고 흉곽도 작아지며 가슴의 움직이는 근육도 약해지고 호흡의 효율성이 떨어진다. 감각기능의 변화도 현저한데 시력감퇴, 노안, 지각능력감소, 수정체의 혼탁, 망막의 민감도 둔화, 섬유조직 수가 감소한다. 청각에서는 노인성 난청으로 높은 진동수의 소리에 점차 감퇴하며, 미각은 50세 전후 감퇴하고, 손끝이나 손바닥, 하지부분의 감각이 감퇴하고 감각기관 중에 후각은 제일 나중에 쇠퇴한다. 중추신경계에서 자극을 처리하는 속도가 느려지고 행동의 반응시간이 느려진다.

시기적으로 배우자와의 이혼이나 사별, 가족문제, 결혼생활의 갈등, 자신이나 배우자의 질병, 가정과 직장에서의 스트레스, 부모의 죽음 등으로 인한 심리적 갈등이 나타난다. 노화의 이중적인 양상을 보이는 것은 젊어 보이고, 젊게 행동하고, 젊게 사는 것에 대한 압력은 실제의 신체적 상실에 덧붙여 '중년 위기'의 원인이 되기도 한다. 또한 건강과 질병에 예민한 시기로써 비만, 심장질환, 암, 뇌졸중, 고혈압, 동맥경화 등을 비롯한 만성질환과 관련이 높은 시기이다. 의학적 위험요소와 더불어 사회적 차별 경험, 부정적인 신체상, 낮은 자아개념도 보인다.

(2) 심리 인지적 발달

리먼(Lehman, 1953)의 성년기 창의성과 생산성에 관한 연구에 따르면 획기적인 과학적 발견을 한 과학자들이 위대한 발견을 할 당시의 나이를 조사해 보니 성년기에 대부분의 업적이 이루어졌다고 한다. 그러나 아인슈타인이나 다윈 같은 학자가 아닌 평범한 수준의 과학자나 수학자의 생산성이나 창의성은 여러 연구결과에 따르면 평균 40세경에 가장 훌륭한 업적을 이루었고, 50대, 60대까지도 뛰어난 업적은 계속되는 것으로 보인다.

에릭슨에 의하면 중년기는 생산성과 침체감을 겪는 시기라고 하였다. 이것은 이전에 가치를 두었던 삶의 목표와 과정에 의문을 제기하는 과정에서 발생하고, 생산성은 자녀를 양육하고 능동적으로 직업에 몰두할 수 있으며, 사회의 발전에 관심을 갖는 것, 자신보다는 타인, 현재보다는 미래를 위한 일을 하는 것, 부모역할, 직업적 성취, 다양한 사회활동에 적극참여를 한다는 전제조건에서 생산성이 증가되는 반면, 그렇지 않을 경우 침체성이라는 심리적 위기가 초래한다고 하였다. 신체적 노화와 직업생활 및 가족생활에서의 변화에 성공적으로 적응해야 하는 과업을 지니고 있기 때문에 중년의 위기를 경험할 가능성이 높다고 할 수 있다. 이는 사회경제적 수준과 문화적 배경에 따라 차이가 존재하는데, 직업을 가지고 사회활동을 활발히 하는 경우에는 위기경험 가능성이 낮고, 직업이 없으며 사회경제적 지위가 낮은 경우는 위기경험 가능성이 높다고 할 수 있다.

또한 40세 이후 성년기에는 학습능력감퇴에 대한 이견이 존재하는데, 기억력은 성인 중기까지 계속 상승하나 성인 후기에는 다소 감퇴한다. 연령의 증가와 함께 학습의 전이(transfer) 효과는 줄어들고 학습의 방해(interference) 효과가 늘어난다. 유동성 지능과 결정성 지능의 카텔(Cattel)은 지능이론에서 중년기에 지능은 학습된 지식과 기술을 포함하는 결정성 지능은 증가하지만 비언어적 · 추상적 능력이 감소하고, 기본적인 학습능력과 문제해결 등의 유동성 지능은 감소한다고 하였다.

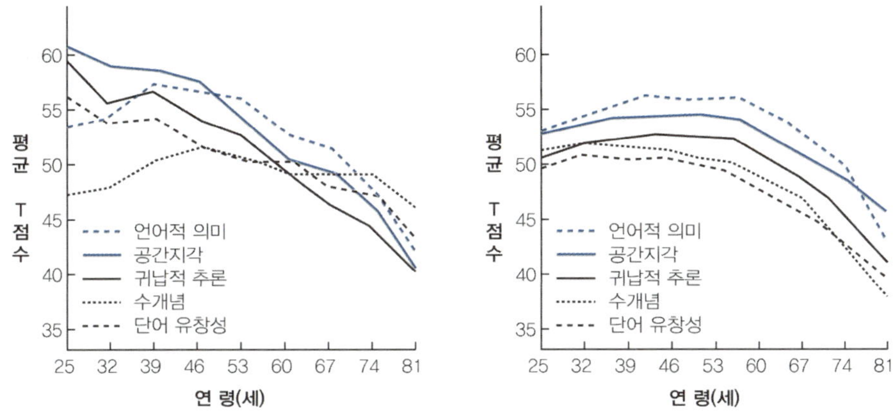

그림 3-1 인지능력의 발달 추이

출처: 정옥분(2008). 발달심리학. p. 591.

(3) 여성의 갱년기

여성의 신체가 폐경을 가져오는 다양한 생리적 변화를 겪는 2년에서 5년까지의 기간을 전문용어로 '갱년기'라고 한다. '폐경'이라는 생물학적인 사건은 여성이 배란과 월경을 멈추고, 더 이상 아이를 가질 수 없을 때 일어난다. 여성은 태어날 때 고정된 수의 난자를 가지고 태어나므로, 월경주기가 30~40년이 지나면 난자가 거의 다 배출된다. 폐경 바로 전에 에스트로겐과 프로게스테론의 분비가 감소한다. 마침내 에스트로겐이 거의 분비되지 않으면 월경을 하지 않는다. 폐경의 평균 연령은 50세 정도인데, 40~60세 사이에 일어나는 폐경은 정상 범위에 속한다. 약 10% 미만의 여성들이 40세 이전에 폐경하게 되는데, 이 경우를 조기폐경이라고 부른다.

(4) 남성의 갱년기

남성은 상당히 늦은 나이까지도 아이를 갖게 할 수 있지만, 일부 중년기 남성은 수정능력 및 오르가슴 빈도가 감소하고 발기불능이 증가한다. 젊은 남성에 비해 정자수가 감소하고, 정자의 활동성이 떨어지며, 남성호르몬인 테스토스테론의 분비가 감소한다. 테스토스테론 분비의 감소는 근육조직의 손실(그로 인한 근력감소)과 더불어 중년기와 노년기의 심장질환의 위험을 증가시킨다. 뿐만 아니라 성기능에도 영향을 미치는 것으로 보인다. 중년기에 발기불능의 발생빈도가 증가하기 시작한다. 중년기 남성은 또한 전립선이 비대해지기 쉬운데, 전립선이 비대해지면 요도를 압박하여 소변보기가 힘들고 때로는 전립선암을 유발하기도 한다. 남성의 갱년기는 일반적으로 여성의 갱년기보다 10년 정도 늦게 시작되고 그 변화는 보다 점차적이고 다양하다. 약 5%의 중년기 남성들이 우울증, 피로, 성적 무력감, 발기불능, 그리고 정의하기 힘든 신체적 이상을 호소한다. 여성처럼 심하지는 않으나 남성도 번열증을 경험한다는 보고가 있다. 또한 기분의 변화도 심한 것으로 보이나 한 연구에서 호르몬 수준과 기분의 변화 간에는 전혀 관계가 없는 것으로 밝혀졌다. 대다수 남성의 호소는 여성의 경우처럼 환경에서 오는 압박 때문인 것으로 보인다.

(5) 중년기의 자아실현

- 매슬로우(Maslow, 1971): 인간의 욕구 중 가장 높은 수준의 것은 자아실현의 욕구이다. 많은 사람이 성년기에 이상적인 인간상인 자아실현인이 되고자 노력한다. 자아실현을 이루기 위한 전제조건으로 세속적인 걱정, 특히 생존과 관련된 근심으로부터 자유로워야 한다. 그리고 자신이 하는 일(직업)에서 편안해야 하고, 가족원이나 직장동료로부터 인정을 받는다고 느껴야 한다. 게다가 자신을 진정으로 존중하는 마음이 있어야 한다.

(6) 빈 둥지 시기

'빈 둥지 시기(empty nest stage)'는 자녀가 모두 성장해서 집을 떠나고 두 부부만 남게 되는 시기이다. 이 시기에 도달했을 때 고독감을 견디지 못하고 심한 우울증에 빠질 수 있는데, 이를 '빈 둥지 증후군(empty nest syndrome)'이라고 한다.

- 데이비슨과 무어(Davidson & Moore, 1992): 이 시기는 경제적 부담이 줄고, 자유시간이 많아지며, 부부가 함께하는 시간이 많아짐으로써 결혼만족도가 높아진다.

쉬어가기

- '중년기의 위기': 자크(Jacques, 1967)와 융(Jung, 1966)과 같은 정신분석학자들에 의해 처음 소개되어 중년기의 우울증, 혼외정사, 또는 직업전환에 대한 설명으로 급격히 대중화
- 자크(Jacques, 1967): 위기를 가져오는 것은 죽음에 대한 인식이다. 그들은 인생의 절정에 있으면서도 그들의 시대가 얼마 남지 않았고, 젊은 시절의 모든 꿈을 다 이룰 수 없다는 것을, 또는 그 꿈을 이루었다 해도 기대한 만큼의 만족을 얻지 못했다는 것을 깨닫는다.
- 김애순(1993)의 연구: '중년기의 위기론'을 검증하기 위해 실시. 중년기가 오는 시기를 규명하기 위해 본인의 연령, 첫 자녀의 연령, 막내 자녀의 연령과 중년기 위기감과의 관계분석 ⇒ 본인의 연령은 위기감과 큰 관계X, 첫 자녀와 막내 자녀의 연령이 증가할수록 위기감의 수준이 증가, 특히 막내자녀의 연령이 증가할수록 위기감의 수준 크게 증가(여성보다 남성에게 더욱 현저하게 나타남)
  → 성인발달이 신체적 연령(생물학적 연령)보다는 사회적 연령과 더 밀접한 관계

출처: 정옥분(2008). 발달심리학. p. 609.

2) 노년기의 발달

인간발달의 단계를 명확히 구분 짓는 것은 어려운 일이지만, 그중에서도 중년기의 끝과 노년기의 시작을 한계 짓기가 갈수록 더 어려워지고 있다. 노년기의 전형적인 분류기준인 은퇴는 더 이상 신뢰할 만한 기준이 못 된다. 또 노인세대가 차츰 젊어질 뿐만 아니라 그 수가 점점 더 많아지고 있다. 65세 이상의 건강하고 활기찬 노인들의 숫자가 급격히 늘어나고 있기 때문에, 머지않아 노년은 80세부터 시작된다고 해야 할 수 있다.

'고령화 사회'로 접어드는 현실에서 노년기를 세분화할 필요가 있다. 개인의 건강이나 생활에서 다양성을 고려하여 연령보다 수요에 따라 실시되어야 한다. 따라서 아직 건강하고 자주적인 활동이 가능한 시기로써의 노인 전기(60~75세)와 신체적 건강이 악화되거나 타인에게 의존적이 되기 쉬운 시기로써의 노인 후기(75세 이후)로 분류할 것을 제안한다.

(1) 신체 발달

65세 이후의 노년기는 시간의 흐름에 따른 생리적 기능(신진대사율, 면역능력)의 저하와 중년기 이후 퇴화하기 시작하여 노년기에 급하강한다. 식사량과 수면량이 감소하고, 사소한 자극에도 쉽게 피로를 느끼게 되며, 질병률도 높아지며 회복기간도 길어진다.

좀 더 구체적으로 신체적인 변화의 특징을 살펴보면 피하조직의 탄력성 감소로 주름 증가, 뼈의 구멍으로 인해 골절률 증가, 신체기능의 변화로 신경세포수 감소와 대뇌피질의 위축, 호흡기관의 감퇴로 인한 호흡기 질환 증가, 심장박동수 감소로 인한 혈액순환의 약화, 소화효소와 위액분비의 감소를 통한 소화기능약화, 수면 감소와 숙면의 어려움, 감각기관의 퇴화(시각, 청각, 미각 등)이다.

신체 내에서 발생하는 퇴행성 변화로 노년기에 신경, 심장혈관, 호흡, 위장, 면역기관 등이 노화로 인해 쇠퇴한다고 하더라도 우리 신체가 가지고 있는 예비능력으로 인해 일상생활에서는 적절한 수준을 유지할 수 있다. 예비능력이란 신체가 스트레스를 받거나 이상이 있을 때 기능하도록 해 주는 저장된 능력을 말한다. 성년기에 뇌에서 일어나는 변화는 뇌 무게의 감소, 뇌수의 회백질 감소, 수지상돌기의 밀도 감소, 신경세포의 자극전달속도 감소 등이다.

연령이 증가하면서 일반적으로 점차 기능이 손상되며 이러한 생리적 변화는 심리적 결과를 초래한다. 노인들의 세상에 대한 지각은 그들이 경험하는 감각의 변화에 의해 영향을 받는다. 예를 들어, 시각과 청각이 손상된 노인은 고집스럽고 괴팍스러운 것으로 보일 수 있다. 많은 노인들의 시력이 0.3 이하이고, 깊이나 색을 지각하고, 갑작스런 빛의 변화에 적응하는 데 문제가 있으며 빛 반사에 약하고, 어두운 곳에서 잘 보지 못한다.

(2) 심리 인지적 발달

노년기의 가장 중요한 인지변화는 지능과 기억력의 감퇴이다. 노년기의 지적능력에 영향을 미치는 또 다른 요인은 사망 직전의 지적능력이 급강하하는 것이다. 크리메이어(Kleemeier)의 주장에 의하면, 지적능력의 감퇴는 사실상 사망 직전 5년 정도가 될 때에야 비로소 확실히 나타난다고 하고, 이것을 지적능력의 최종적 급강하 가설이라고 부른다. 노화와 기억력의 관계에서 상당한 논란을 불러일으키는 점은 노인들이 과거 오래전에 일어났던 일을 최근에 일어난 일보다 더 잘 기억하는가 하는 문제이다. 많은 사람이 노인이 최근에 일어난 일은 기억을 잘 못 해도 오래전에 일어난 일은 매우 자세하게 기억한다고 믿고 있다. 노인이 최근의 일보다 옛날 일을 더 잘 기억하는 이유는 옛날 일에 대한 강렬한 기억과 좀 더 희미하게 부호화된 최근의 일을 비교하기 때문일 수 있다. 또 다른 가능한 설명은 옛날 일을 기억하는 데 사용되었던 단서가 최근의 일을 기억하는 데는 '단서과부하' 현상으로 인해 덜 효율적이 되기 때문이다.

(3) 사회 정서적 발달

노년기는 직업과 은퇴의 시기이다. 오늘날 은퇴하는 사람들은 두 가지 특별한 문제에 직면하게 된다. 첫째, 그들은 원하든 원하지 않든 은퇴 이후에 여가 위주의 생활로 떠밀리게 되며, 동시에 경제적 자원을 박탈당하게 된다. 둘째, 일지향적인 사회에서 주변 인물로 인식되어 살아야 한다는 것 때문에 무능감이나 낮은 자아존중감, 소외감 등을 느끼기가 쉽다. 은퇴를 한다는 것은 많은 이에게 자아존중감 상실을 초래한다. 은퇴 후의 적응은 이전에 겪었던 삶의 적응양식과 밀접한 관계가 있다. 경제적 곤란은 은퇴에 따르는 보편적 현상으로 수입이 은퇴 전의 1/2이나 1/3로 감소한다. 노인 빈곤 문제는 노인문제의 가장 직접적인 원인인데, 이러한 노인빈곤의 특징은 장기화·만성화 현상, 대량화 현상, 가속화 현상의 세 가지가 있다. 은퇴한 부부는 결혼주기의 마지막 단계에서 새로운 부부관계에 적응하는 것이 중요하다. 노인에게 여가의 의미는 젊은이나 중년의 그것과는 다르다. 생활의 대부분이 여가라고 해도 과언이 아니기 때문에 노인의 여가활동은 그들의 생활만족도와 직접적으로 연관되어 있다. 프로이트는 노년기에 우리 인간은 유아기의 자기중심적 성격으로 되돌아간다고 믿었으며, 융은 노년기에 우리의 사고는 무의식의 세계에 깊이 잠수해 있는 상태라고 보았다. 따라서 노년기에는 현실세계와 접촉이 단절될 수 있다고 생각하였다. 그러나 현대 발달심리학자들은 노년기를 보다 건설적이고 보다 적응적인 것으로 보는 견해를 갖고 있다.

학습정리

개인 생활 주기별 발달 특징과 발달 과업

개인 생활 주기 단계	발달 특징	발달 과업
태내기	수정 후 280일간 배포기: 수정~2주간 배아기: 2주~8주 태아기: 9주~출산	수정란의 착상 호흡, 소화기, 신경계 기관의 발달 신체의 각 기관이 정교하게 발달
영아기	대뇌 발달 감각기관 발달 근육 발달 인지 발달 언어 발달	젖떼기 걷기 말하기 돌보아주는 사람에 대한 신뢰와 애착 형성하기
유아기	근육 발달 인지적 성장 언어 발달 사회성 발달	식사, 수면, 배변 등의 기본 생활 습관 형성하기 공동 생활에 필요한 생활 습관 형성하기 언어로 의사소통하기
아동기	신체 발달 운동 기능 발달 지적 흥미의 다양화 또래 집단 형성	또래 친구들과 어울리기 적절한 성 역할 학습하기 기본적 기능 익히기 도덕성의 기초 형성하기 학습 습관 형성하기
청소년기	급격한 신체적 성장 성적 성숙 인지 발달 가치관 형성	자아 정체감 형성하기 신체적 · 지적 · 사회적 · 도덕적 발달 이루기 진로 탐색하기 성인이 되기 위해 준비하기
성년기	결혼 가정 생활 직업 생활 책임 있는 사회 구성원	성인의 관점으로 사회적 가치 수용하기 직업 선택하기 이상적 배우자상 확립하기 배우자 선택과 결혼 책임 있는 시민으로서의 역할 수행하기 개인적 신념과 가치 체계 확립하기
중년기	신체적 노화 시작 성격의 안정 직업 안정 또는 직업 전환	행복한 결혼 생활 유지하기 직업 생활 유지하기 인생 철학 확립하기 중년기의 위기 관리하기 건강 약화에 대비한 심신 단련하기
노년기	사회적 활동의 감소 체력 저하 운동 기능 감퇴 감각 기능 퇴화	건강 관리하기 은퇴에 적응하기 신체적 노화를 긍정적으로 수용하기 배우자 사별에 대해 준비하기 여가 선용하기 경제적 대책 마련하기 자신의 죽음에 대해 준비하기

출처: 다음백과 http://100.daum.net/encyclopedia/view/24XXXXX15603

생각해보기

1. 자신의 발달 과정에서 결정적 시기는 언제 있었는지 떠올려보고 나눠보시오.
2. 자신의 발달단계에 맞는 버킷리스트를 작성해 보고 토론해 보시오.

PART 02

인간행동의 이해를 돕는 주요이론

CHAPTER 04

정신역동이론 I

학습목표

1. 정신역동이론의 개념을 이해한다.
2. 프로이트의 심리성적발달이론을 이해한다.
3. 에릭슨의 심리 · 사회발달이론을 이해한다.

1 프로이트의 심리성적발달이론

1) 프로이트의 생애

프로이트(Sigmund Freud, 1856~1939)는 1856년에 오스트리아의 모라비아의 작은 도시인 프라이베르크에서 태어나 1939년 런던에서 사망하였다. 어린 시절 스페인어를 독학으로 습득하는 등 명석했던 프로이트는 1873년 고등학교 졸업 후 "자연에 대하여"라는 강연을 듣고 다윈의 '진화론'에

그림 4-1
프로이트(Sigmund Freud, 1856~1939)

깊은 감명을 받아 인간의 본질에 관한 보다 깊은 지식을 습득하기 위해 의학을 공부하기로 결심하였다. 그는 의과대학에서 신경학(neurology)을 연구하면서 히스테리 증상에 관심을 갖게 되었다. 1886년 30세에 프로이트는 빈(Wien)으로 돌아와 결혼 후 6명의 자녀를 낳았으며, 정신과 의사였던 브로이어(Breuer)와 함께 최면술(hypernosis)에 대해 연구하고 임상실험을 하였다. 브로이어는 그 당시 이미 히스테리의 정신적 · 신체적 증세를 치료하기 위해 최면술을 사용하고 있었다. 그는 최면술에 걸린 환자에게 망각된 외상적 경험(traumatic experiences)을 재생하면서 거기에 수반된 감정을 자유롭게 표현하도록 하는 정화법(cathartic method)을 사용했다. 그러나 프로이트는 최면술의 한계성을 자각하고 특유의 자유연상법(free association)을 개발하게 되었다. 1897년 정신분석을 자신에게 적용시켜 시도하였으며, 유아 성욕과 오이디푸스에 대해 인식하였다. 1923년 융과의 결별 이후 원초아(id), 자아(ego), 초자아(superego) 등 성격의 구조를 완성하였고, 후두암으로 33번의 수술 후에 83세로 안락사하였다(송명자, 1998; 정옥분, 2008).

모든 인간의 성격과 행동은 성적 동기에 의한 것이라는 주장은 정신병이라는 용어가 생기기 전의 그 당시 많은 유럽인에게 충격을 주었다. 더욱 충격적인 점은 유아에게 성적 욕구가 있으며, 그것이 개인의 적응에 중요한 결정적 요인으로 작용한다는 주장이다. 이것은 유아는 정신세계가 없다고 믿어왔던 당시의 풍습에 도전적인 발언이었다. 또한 프로이트는 우리가 행한 행동의 원인은 이성적 존재로서가 아니라 원시적 충동이나 그가 명명한 무의식(uncnonscious)이 잠재해 있는 과거의 정신적 외상(trauma)에 의해 구사되고 처리되는 것으로 보았다. 정신분석학은 프로이트가 제기한 리비도(libido)나 무의식에 대한 개념들로 인해 많은 논쟁을 일으켰지만, 그 후 프로이트를 신봉하는 많은 학자에 의해 개정된 이후 미국의 발달이론 가운데 중요한 위치를 굳힌 이론이다.

2) 프로이트의 성격형성의 요소

(1) 본능적 욕구(instinctual drive)

정신분석이론은 인간의 본능을 유기체를 움직이는 원천적인 어떤 힘으로 생각하지만 아직도 인간에게 어떤 본능이 내재되어 있는가에 대한 명확한 해답을 내리지는 못하고 있다. 다만 크게 나누어 본다면 원초아적 본능(id-instincts)과 자아본능(ego-instincts)으로 분류된다. 성욕, 적대행위욕, 공격욕 등은 원초아적 본능에 속하고, 식욕, 갈증, 쾌락욕 등은 자아본능에 속한다.

프로이트는 모든 행동에는 원인이 있음을 믿었던 엄격한 결정론자(determinist)였다. 즉, 사고와 감정뿐 아니라 행동도 우연히 일어나는 것은 아니라고 생각했다. 그는 인간 내부에 있는 충동적인 힘과 인간행동에 영향을 주는 경험을 제대로 밝히기는 어렵다고 보아, 어떤 행동을 추진하게 하는 행동 이면의 동기(motivational forces)를 의미하는 본능적 욕구 개념을 제시하였다.

중요한 것은 본능의 구성요소 구분이 아니라 정신에너지의 역동성 문제인데, 이는 인간의 본능적 욕구에 의해서 생성된 정신에너지를 방출시킴으로써 평형상태를 계속 유지하도록 하게끔 되어 있다는 것이다.

프로이트는 정신적 활동에 힘과 방향을 부여하는 생득적 요인으로써의 본능개념을 정의하였고, 1920년에 이르러서는 동기유발에 대한 힘의 근본적인 대립개념으로써 삶(life; Eros)과 죽음(death; Thanatos)의 본능을 규명하였다. 삶에 대한 본능의 영향은 건설적 행위, 사랑이나 이타적 행위에 반영되며, 죽음에 대한 본능의 영향은 파괴적 행위, 증오나 공격 등에 나타나고 있다. 프로이트는 특히 성적 에너지를 리비도(libido)라고 하였다.

(2) 성격의 구조(structure of personality)

프로이트는 인간의 정신세계, 즉 마음을 의식(conscious), 전의식(preconscious), 무의식(unconscious)으로 나누어 설명하였다. 이는 인간이 감각기관을 통하여 알아차리는 모든 것이 바로 의식세계이며, 마음 깊은 곳에 감추어져 있어서 기억하지 못하는 정신세계가 바로 무의식이라는 의미이다. 이 무의식은 실제로 억압된 관념을 포함한다. 또한 의식과 무의식 사이에 존재하는 정신생활을 전의식이라 표현했는데, 전의식은 비록 억압되어 있지만 주의를 집중하고 노력하면 의식으로 회상시킬 수 있다고 보았다.

인간의 정신적 생활이 실현되는 장치로써 의식수준을 설정하고, 정신적 세계에서 주요한 세 가지 요소가 나타나 각각은 수행 달성을 위해 경쟁적이고 동시에 협동적으로 작용한다고 보았다. 이것이 인간 성격 구조를 형성하는 id(이드), ego(자아), superego(초자아)의 세 요인인데, 정신적으로 건강한 사람은 이 세 요인이 통일되어 조화로운 조직을 형성한다고 하였다.

- 원초아(id): 성격의 기초로 가장 기본적인 생물학적 충동이다. 현실적인상황을 고려하지 않고 당장의 욕구를 충족시키는 쾌락원리를 따르는 것이다.
- 자아(ego): 원초아만 갖던 아이가 외부현실에 부딪히며 원초아로부터 분화. 성장하는 과정 속에서 현실세계의 조건에 부합하는 방식을 따르게 되어 형성된다.
- 초자아(sperego): 자아로부터 분리되어 나옴. 인간의 마음에서 행동의 선악을 평가하는 재판관 역할로서 도덕의 원리에 따라 움직인다.

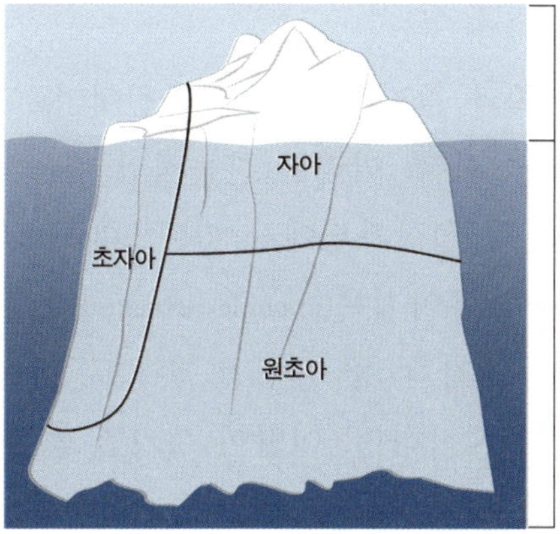

그림 4-2 프로이트의 정신세계

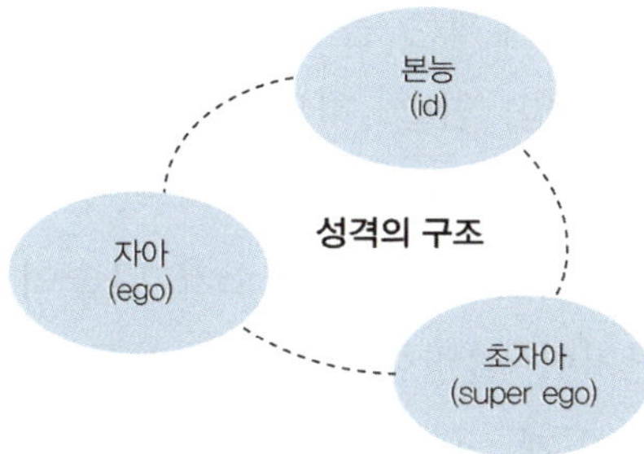

그림 4-3 프로이트의 성격의 구조

3) 프로이트의 심리성적 발달이론

프로이트는 환자가 유아기의 꿈이나 기억에 대해 서술하는 것을 설명하기 위해 일련의 발달단계 모형을 제시하였다. 그는 인생이란 생의 초기 몇 년 동안에 아이들이 생물학적이고 성적으로 관련된 충동과 사회의 요구 사이에서의 갈등을 처리하면서 결정적으로 형성된다고 믿었다. 그러므로 태어나서 5세까지 유아기의 경험을 중요시하고 있다. 이 기간 동안 유아는 여러 단계의 심리성적 발달(psychosexual development) 단계를 거치게 된다. 발달단계의 구분은 성적 에너지인 리비도(libido)가 집중적으로 모이는 성감대의 변화에 따라 나뉜다. 각 단계에서 어떤 경험을 하느냐에 따라 개인의 성격형성이 결정된다. 각 단계에서 아동이 추구하는 성적 쾌감을 충분히 느끼지 못하거나 지나치게 몰두하면 고착 현상을 일으켜 다음 단계로의 발달이 순조롭지 않다고 본다.

(1) 구강기(oral stage: 출생부터~1세)

유아에게는 음식의 섭취가 감각적 만족과 즐거움의 주된 근원이며, 그것은 입, 입술, 혀의 자극에 의해서 이루어진다. 이러한 본능적인 행동에 대해 프로이트는 생존의 욕구 외에 개체의 성장과정에서 리비도(libido)가 집중되는 최초의 장소가 입술이라고 보아 유아성욕(infantile sexuality)과 관련지어 설명한다. 또한 젖꼭지, 우유병, 손가락 등 물체를 손으로 잡을 수 있게 되면 잡히는 대로 가져가서 빨기 시작하며, 이빨이 생기면 곧 물어뜯기 시작한다. 따라서 구강기를 두 단계로 나누어, 최초 2, 3개월까지를 빨기 단계로, 후기를 깨무는 단계로 나누기도 한다. 영아가 이 시기에 음식이나 음료에 충분히 만족하고, 수유 중 어머니가 부드럽게 껴안아 준다면 아이는 안정상태에서 구강기를 지내게 된다.

영아기에 엄마로부터 적절한 보살핌을 받지 못하고 계속해서 추구하는 쾌감을 얻지 못한다거나 과잉 충족을 하게 되면 성격적 결함을 나타낸다고 한다. 이때 나타나는 성격적 결함은 구강기 특성을 지닌 것들인데, 성인이 되어도 최소한의 고착현상을 보여준다. 따라서 지나친 흡연, 손가락 깨물기, 과음, 과식, 남을 비꼬는 일을 일삼는 미성숙한 성격으로 나타난다.

(2) 항문기(anal stage: 2~3세까지)

리비도의 에너지가 입으로 집중되어 무엇이든지 빨고 삼키던 나이가 두 살쯤 되어가면 리비도의 방향이 항문으로 이동하게 된다. 이 시기에 행해지는 배변훈련은 아동에게 중요한 사건이 된다. 자아(ego)는 원초아(id)의 본능적인 충동에 가해지는 통제와 외부적인 통제와 절충을 이루면서 발달한다.

프로이트에 의하면 어머니의 배변훈련 방법 및 태도에 따라 유아의 인격구조에 특수한 각인을 하게 되고, 이에 따른 독특한 인성을 낳게 된다고 한다. 즉, 대소변 훈련을 너무 엄격하고 위협으로 했다면 유아는 과도한 배변 유보에서 생기는 변비증이 생기게 되며, 이러한 반응이 지속되면 성격적으로 고집이 세고 인색한 사람으로 발달하게 된다. 또한 지나치게 억압적으로 강제하면 일부러 어머니의 청결성에 도전하여 아무 곳에나 배설함으로써 분노를 표출하기도 한다. 이러한 경우는 잔인성, 무법성, 파괴성과 분노하는 성격을 형성하기 쉽다는 것이다.

만일 항문기에 항문고착(anal fixation)에 빠지면 항문애에 대한 반동형성 현상으로 발전하여 고집, 질서성, 인색 등의 항문기 본래 성격이 되거나 반대로 유순해지거나 혹은 난잡하며 짜임새가 없는 성격을 나타내게 됨을 인식하여야 한다(김동규, 1996).

(3) 남근기(phallic stage: 4~6세)

4세 정도가 된 유아는 예사로 보아왔던 남녀의 성기와 성별 차이에 새로운 호기심과 구별의식을 갖게 되는데, 리비도의 중심 에너지가 항문에서 성기로 이동하는 시기이다. 이 시기의 유아는 남녀의 신체가 다르다는 것, 아기의 출생, 부모의 성역할 등에 대해서 상당한 관심을 가지게 되고, 이러한 관심은 곧 성기의 상실에 관한 염려를 가져오게 된다. 남자아이들은 오이디푸스 콤플렉스(Oedipus complex)를 느끼게 되며, 여자아이들은 엘렉트라 콤플렉스(Electra complex)를 느끼게 된다. 프로이트에 의하면 남아는 자기의 남근이 거세당하는 불안 때문에 곧 어머니에 대한 성적 애정의 욕망을 포기하고 아버지의 남성다움을 인정하며, 자기도 아버지와 같이 남성다움을 갖기 위해 노력하는 동일시를 나타내므로 콤플렉스를 극복하고자 한다. 여아는 어머니와 마찬가지로 자기도 이미 남근이 거세당했다고 생각하고 여성으로서의 자신을 받아들인다. 따라서 어머니와 동일시하고 어머니와 같은 여성이 되고자 노력하게 된다.

이렇게 콤플렉스를 극복함으로써 남아나 여아는 초자아를 발달시키게 되는데 부모와 동일시 한다는 것은 부모의 성격을 자기의 성격, 부모의 야망, 가치, 도덕기준 등을 자기의 것으로 내면화하게 된다. 남근기에 나타나는 심리기제들, 즉 오이디푸스 콤플렉스, 동일시, 나르시시즘, 거세불안, 남근선망 등의 요소들이 문화환경이나 개인조건에 따라서 차이가 있으나 개체가 성장하는 과정에 있어서 성격형성에 큰 영향을 미치게 된다.

(4) 잠복기(latent stage: 7~12세)

지금까지 강한 리비도의 발산욕구로 인해 거세불안, 오이디푸스 콤플렉스 등을 나타내었으나 여섯 살 정도가 지나면서는 점차 사라지고 잠복기에 접어들게 된다. 이 시기는 성적인 욕구가 철저히 억압되어 심리적으로는 비교적 평온하고 잠잠하게 된다. 이 시기의 아이들은 문화적으로 가치 있는 기술과 사회 속에서 자기의 역할을 배우며, 운동능력을 배양시키며, 논리적으로 사고하는 것을 배우며, 다른 사람의 관점도 알게 된다. 프로이트는 이 시기의 심리 및 행동 특징으로 자연히 초자아에로 향하는 도덕성이나 심미성이 강화된다고 보았다.

그런데 프로이트와 연구진은 이 시기에 거의 관심을 가지지 않았으며, 성격 조직이나 발달에 관한 정신적 영역에 있어서 중요성이 없다고 가정했다. 다만 인성발달과 관련지어 볼 때 과도한 성욕의 억압에서 생기는 수치감, 도덕적인 반동형성 그리고 혐오감에 쉽게 빠진다는 등의 특징을 제시했다.

(5) 생식기(genital stage: 13세 이후)

잠복기를 지나면서 자아의식과 사회성이 발달되는 사춘기에 접어들게 된다. 이 시기가 되면서 지금까지 잠복해 있던 성적 욕구가 다시 고개를 들기 시작한다. 그러나 이제는 그 전 단계에서 자기 신체의 자극을 통해서 얻었던 단순한 쾌감이 아니라 진정한 사랑의 대상을 찾아 만족을 얻고자 한다. 이와 같은 이행 문제가 잘 해결됨에 따라 청년들은 성숙한 형태의 성적 본능의 만족이 가능할 뿐만 아니라 자기중심적이 아닌 세계 일반에 대해 보다 객관적인 시야를 갖추게 된다.

표 4-1 프로이트의 심리성적 발달단계

발달단계	특징
구강기 (oral stage) 생후 약 1세까지	• 입, 혀, 입술 등의 경험을 통해서 세상에 대한 만족이나 쾌감 또는 고통을 알게 됨 • 구순고착: 구순수동형 – 음식에 대한 집착, 흡연이나 음주, 타인에 대한 의존성 등의 퇴행적 성격, 타인에 대한 비난이나 분노로 나타나기도 함 • id 존재
항문기 (anal stage) 2~3세	• 배설경험을 통해서 리비도의 충족이 이루어짐 • 항문기 고착: 항문 폭발적 성격 – 지저분, 어지럽히는 행동을 통해 항문기 억압에 대해 반항 항문 / 강박적 성격 – 고집이 세고 완고하며, 인색 • ego 발달
남근기 (phallic stage) 4~6세	• 생식기를 통해 리비도의 만족 추구 • 오이디푸스 콤플렉스(거세불안) / 엘렉트라 콤플렉스(남근선망) → 동성 부모에 대한 동일시 • superego 발달
잠복기 (latency stage) 7~12세	• 성에 대한 관심이 나타나지 않는 시기 • 사회적으로 수용되는 놀이, 게임 및 지적 활동에 에너지 쏟게 됨
생식기 (genital stage) 13세~	• 성행위를 통한 리비도의 충족 추구 • 이성에게로의 관심 증대

질풍노도의 시기인 청년기에는 성격기제나 방어기제가 곧 개인의 성격구조로 되는데, 이때 자아와 초자아는 중요한 시험에 직면하게 된다. 초자아가 적절한 양심과 자아이상을 갖추어 잘 형성되고, 자아는 현실원리에 따라 움직이며 방어기제에 과도하게 의존하지 않게 되면 자아에 의해

인생의 문제를 해결하기 위한 직접적인 방법을 발달시키게 된다. 그러나 반면 자아와 초자아의 부적절한 발달은 청년의 자살, 비행, 그리고 심각한 정신적 불안의 원인이 될 수 있다고 가정된다.

쉬어가기 오이디푸스 신화

전설에 따르면, 테베의 왕 라이오스는 아들에게 살해될 것이라는 신탁을 들었다. 따라서 아내 이오카스테(호메로스 서사시에서는 에피카스테)가 낳은 아들을 키타이론 산에 버렸다. 그때 그는 아이의 두 발목을 한데 못질했으며, '부풀어오른 발'을 의미하는 오이디푸스라는 이름은 거기에서 유래된 것이다.

아이는 한 목동에게 발견되었고, 코린트의 왕 폴리보스의 양자가 되어 자라났다. 청년이 되어 델포이를 방문한 그는 아버지를 죽이고 어머니와 결혼하게 될 운명을 갖고 태어났다는 것을 알게 되어, 결코 코린트로 돌아가지 않겠다는 결심으로 방랑의 길에 올랐다. 테베로 가던 중에 만난 라이오스가 싸움을 걸어 결국 오이디푸스는 라이오스를 죽이게 되었다. 여행을 계속하던 중 그는 스핑크스가 지나가는 사람을 붙잡아 수수께끼를 내서 풀지 못하면 죽여버림으로써 테베 사람들을 괴롭히고 있다는 것을 알았다. 오이디푸스가 그 수수께끼를 풀자 스핑크스는 자살했다. 이에 대한 보상으로 그는 테베의 왕이 되었으며 미망인이 된 왕비 이오카스테, 즉 그의 어머니를 취하게 되었다. 그들 사이에서 에테오클레스·폴리네이케스·안티고네·이스메네 등 4명의 아이들이 태어났다. 그 후 진실이 밝혀지자 이오카스테는 자살했으며, 오이디푸스는(다른 출전에 따르면) 자신의 눈을 찔러 눈을 멀게 한 다음, 처남 크레온을 섭정으로 남기고 딸 안티고네·이스메네와 함께 나라를 떠났다고 한다. 마침내 그는 아테네 근처 콜로노스에서 죽었으며, 그곳 땅이 그를 삼켰고 그는 땅의 수호신이 되었다고 전해진다.

출처: 다음 백과; https://100.daum.net/encyclopedia/view/b16a1201a

2 에릭슨의 심리 · 사회발달이론

1) 에릭슨의 생애

그림 4-4
에릭슨(Erik H. Erikson, 1902~1994)

에릭슨(Erik Erikson, 1902~1994)은 1902년 프랑크푸르트 근처 마인에서 덴마크계와 유대계 부모 사이에 태어났다. 그는 생소한 외모 때문에 비유대인으로부터 이방인 취급을 받았다. 그는 미술을 좋아하고 자유로운 분위기 속에 여행을 즐기고 20대 중반에 빈에서 어린 학생들에게 미술을 가르쳤다. 그는 안나 프로이트(Anna Freud)에게 교육 분석 및 기타 훈련을 받았으며, 27세에 결혼하여 1933년 히틀러의 유대인 박해정책으로 인해 미국으로 이주하여 보스턴에 자리를 잡았다. 보스턴에서 아동정신분석을 연구하던 그는 1936년 예일 대학으로 옮겨 연구를 계속하였고, 프로이트의 5단계의 성 심리발달이론을 바탕으로 8단계의 사회심리이론을 만들었다. 그는 정체성(identity), 유예(moratorium)와 같은 인격형성에 관련된 개념을 확립시키고, 정신분석적 자아심리학을 전개하였다. 정체성 개념은 이론의 핵심이다. 정체성의 확립은 청년기를 초월하여 개인의 전 생애에 걸친 과업으로도 파악되고 있다.

그는 퓰리처상과 국민 저술상 수상자로서 20세기의 가장 저명하고 영향력 있는 심리학자 중의 한 사람으로 꼽힌다. 에릭슨 역시 생의 초기 경험의 중요성을 인정했으나 전 생애를 통한 심리적 발달에 관심의 초점을 두어 노년기를 통한 발달을 제시했다.

에릭슨은 프로이트가 여러 가지 문화에 의해서 바람직하다고 생각되는 행동패턴의 다양성에 대한 인식이 결핍되었고, 청년기 이후의 발달단계를 무시하며, 심리성적 발달단계 외에 심리·사회적 위기에 대한 명확한 표현이 없었음을 지적하였다.

그러므로 그는 개인의 발달이 단지 생물학적 요인과의 관계에서뿐만 아니라 심리·사회적인 측면에서 일생을 통해 계속하여 이루어지는 과정이라고 설명했다. 그는 일생을 통한 각 발달은 그 자체의 목적을 가지고 있으며, 사회의 요구에 적응하기 위하여 각 단계마다 겪어야 하고, 겪어낼 수밖에 없는 심리·사회적 위기(phychosocial crisis)가 있다고 보았다. 따라서 발달은 각 단계에서의 위기를 다루고 직면하는 경험에 의해 향상되거나 지연된다. 뿐만 아니라 이러한 위기의 극복 여부가 정상과 이상을 결정짓는다고 보았다.

에릭슨은 개인이 하나의 특별한 발달단계에서 심리·사회적 위기에 적절하게 대처하는 방법에서 나타나는 태도 혹은 일반적 감정 등을 심리·사회적 감각(psychosocial senses)이라고 하며 일생을 8단계로 나누어 유형별로 설명하였다. 즉, 개인도 그의 경험의 결과로써 이 감각을 발달시킨다. 8단계가 각각 확립되는 것은 개인이 사회에서 건전한 심리·사회적 기능을 하는 데 요구되는 능력이 발달된다는 것을 의미한다. 그는 신뢰감을 형성시키는 인생의 초기단계를 가장 중요한 시기로 보았다.

2) 심리·사회 발달이론

(1) 1단계: 신뢰감 대 불신감: 출생~1.5세(영아기)

출생에서 약 18개월까지 영아의 발달과업은 그가 속한 환경과 사람에 대해 기본적 신뢰감 대 불신감(sense of basic trust vs. mistrust)을 발달시키는 것이다. 이 시기에 영아는 일차적인 양육 책임이 있는 가족, 특히 어머니와의 사회적 관계를 맺게 되는데, 어머니 혹은 양육자의 양육방식이나 태도에 의해 아기의 신뢰감이나 불신감 발달이 결정된다.

에릭슨은 이 시기를 인생의 초기단계에서 가장 중요한 시기로 보았다. 이 시기에 형성된 기본적 신뢰감과 분별력 있는 확신감의 경험은 개인으로 하여금 인생 후기의 성공적인 사회적 적응을 가능케 한다. 즉, 기본적 신뢰감을 쌓게 함으로써 새로운 환경에 도전하여 적절히 대처해 나가도록 도와준다. 만일 기본적인 신뢰감이 불신감보다 더 많이 체험되지 않는다면 장차 타인과 원만한 인간관계를 수립할 수 없게 된다. 신뢰감 발달에 심한 결함이 있는 경우에는 아기는 급성우울증, 성인은 편집증이라는 행동적 결과를 나타내기도 한다(이경화 외, 2003).

그러나 완전한 신뢰감만이 바람직한 것이 아니라고 하였다. 지나친 신뢰는 순진하고 어수룩하게 만든다고 하였다. 건강한 자아발달과 성장을 위해 불신도 필요하다고 본다(정옥분, 2008).

① 엄마의 애정과 안정감: 타인과 자신에 대해 안정
② 엄마의 거부와 무관심: 주위에 대해 불신

(2) 2단계: 자율성 대 회의감 및 수치심: 2~3세(영아기)

18개월에서 3세경까지의 유아들은 모든 것을 자기 힘으로 해결하려고 애쓰는 독립성과 자율성을 보인다. 즉 유아는 서기, 걷기 등의 일을 스스로 하기 시작하며 다른 사람과 의사소통을 하게 되므로 열심히 환경을 탐구한다. 이때 유아는 자기주장의 말을 나타낸다.

에릭슨은 이 발달단계가 유아들이 배변훈련을 받게 되는 시기로, '보유와 배설하기(holding of and letting go)'에 대해 관심을 가진다고 보고, 이 시기의 심리·사회적 감각을 자율성 대 수치·회의(senses of autonomy vs. shame or doubt)라 하였다. 자율성이 발달되는 시기에 부모도 유아의 의지대로만 허용하기보다는 사회적으로 적절한 행동을 하도록 외적 통제를 가하게 된다. 즉 배변훈련, 혼자 옷 입기, 혼자 먹기 등의 훈련이 시작된다. 이 과정을 통해 유아는 사회의 기대나 압력을 배우게 되며 의지력이 자란다. 그러나 사회적 기대에 적절한 행동을 수행하지 못했을 경우에는 수치감을 느끼며 적대감을 발달시킨다.

만일 이 시기에 부모로부터 관심을 받지 못하고 적절한 행동에 대한 훈련을 받지 못한다면 자율성 발달을 침해당하기 쉽다. 이에 대한 긍정적 결과는 자존감, 자기통제, 자기확신 등이며, 부정적 결과로는 자기부적절감이나 무기력을 학습할 수 있으며, 성인이 되었을 때 강박적 행동이나 피해망상에 사로잡힌 편집증을 나타내기 쉽다.

① 자율적인 의지의 시기
② 자율적 의지가 실현되지 않으면 수치심, 회의감

(3) 3단계: 주도성 대 죄책감: 4~5세(유아기)

프로이트의 남근기에 해당하는 이 시기에 에릭슨은 새롭게 발견된 자율성과 통제의 결과(initiative vs guilt)로 독립적인 움직임과 동기유발에 대한 사회적 기대에 의한 주도성이 형성된다고 보았다. 학령 전 시기인 3세에서 6세까지는 목적의식이 생기므로 스스로 어떤 목표나 계획을 세워 유아 자신이 성취할 수 있다는 것을 발견하기 위해 열중하며 노력하는 시기이다. 또한 사회적·물리적 세계에 대해 공격성을 보이기도 하며, 이동과 인지력의 발달에 의해 자발적이 되고 책임감이 확장되기도 한다고 보았다.

에릭슨은 이 시기를 '나는 할 수 있다'라는 태도로 주도성이 발달하는 시기이며, 다양한 신체적 활동과 언어활동에 참여하고, '창조와 시도'라는 특징을 가진다고 보았다. 그러나 어린이의 주도적인 행동에 대해 잦은 체벌과 실패를 경험하게 한다면 그는 죄의식을 느끼게 된다. 죄의식은 충동이나 현상을 억제하는 데 도움이 되기는 하지만 근본적인 것은 어린이 자신이 자기행동에 대해 책임지는 것을 배우도록 해야 한다. 지속적인 죄의식은 소극적 성격으로 발전하므로 성인들도 어린이가 환경과 가능성을 탐구하고 발견할 때 가능하다면 주도적인 행동을 하도록 강화해야 한다.

① 운동능력과 지적능력 발달과 주도성 발달
② 자기 주도적 활동과 환상을 처벌 시 죄책감
③ 자기 주도적 향상 시 책임감과 도덕성 발달

(4) 4단계: 근면성 대 열등감: 6~11세(아동기)

에릭슨은 5, 6세부터 11, 12세까지의 아동기는 자아성장의 결정적 시기이므로 개인의 일에 대한 기본적 태도가 확립된다고 보았다. 그는 아동기가 근면성(senses of industry)이 발달되도록 도전받는 시기이며, 능력이 발달되는 시기라고 했다. 근면성은 자신감을 나타내는데, 이 시기의 아동은 읽기, 쓰기, 셈하기 등의 기초적인 인지기능과 사회적 기능을 습득하게 되며, 자기가 하고 있는 일을 해내기 위해 스스로 결정한다. 학령기 아동은 또래 아동과 중요한 관계를 맺으며, 또래의 아동들만큼 잘하려고 하여 경쟁적인 행동과 감정이 나타난다. 한편 학교학습이나 놀이에서 실수나 실패를 하게 되면 부적절감이나 열등감(senses of inferiority)을 갖게 된다. 근면성 대 열등감이라는 갈등의 해결은 성공에 대한 태도에 크게 의존한다. 학동기에 얻어지는 성공감에서 책임감, 완성감 및 근면성이 형성될 수 있고, 그렇지 못하면 성취욕이 사라지고 그 결과 자신감을 잃게 될 것이다.

이 시기는 지적 호기심과 성취동기에 의해 활동이 유발된다. 성취기회와 성취과업의 인정과 격려가 있다면 성취감이 길러진다. 그러나 그렇지 못하면 좌절감과 열등감을 갖게 된다.

① 타인으로부터의 인정과 칭찬: 근면성

② 타인으로부터의 거부, 조롱: 부적합감과 열등감

(5) 5단계: 정체감 대 역할혼돈: 12~18세(청년기)

12세 이후 사춘기에 접어든 청소년은 급속한 성적 성숙이나 새로운 사회적 압력과 요구에 대응해야 한다. 이 시기에는 지금까지 아무런 회의 없이 수용하였던 자기존재에 대해 새로운 의문과 탐색이 시작된다. "나는 누구인가?", "가치 있는 일이란 무엇이며, 어떤 역할을 어떻게 수행해야 할 것인가?" 등에 갈등은 갖는다.

에릭슨은 이를 정체감 대 역할혼미(identity vs. role confusion)의 위기라고 보고 이때 자아정체감(ego identity)을 확립하는 것이 중심과제라 했다. 자아정체감의 감정은 사회와의 관련 속에서 특정 역할, 가치관의 달성을 통해 획득되는 자기가치에 대한 확신이므로 자존감이라고 봐도 좋다.

그러나 이 시기에는 자아정체감을 쉽고도 빨리 획득하기란 어렵다. 따라서 동료지단이나 외부로부터 동일시 대상을 찾으려 하고 자신의 능력과 역할을 시험해 보는 여러 가지 활동을 하는 심리적 유예기(psychological moratorium)를 거치게 된다. 이 시기에 부모의 지지는 청년들이 인생의 목적과 사회에 어떻게 적응하는지를 알도록 도와주는 데 대단히 중요하다.

① 신체변화 및 자아정체성 형성 시기, 불안한 시기
② 정체성을 형성 확신을 갖고 성인을 대비
③ 정체성의 실패 정체성 위기

(6) 6단계: 친밀감 대 고립감: 19~35세(성년기)

청년기에 자아정체감이 확립되면 자신의 정체성을 타인의 정체성과 연결시키고 조화시키려고 노력하게 된다. 자신의 고립을 배우자, 부모, 동료 등 사회의 여러 다른 성인과의 친밀감으로 극복하고자 한다. 그렇지 못하면 고립된 인생을 영위하게 된다.

성인 초기에 해당되는 이 시기는 친구나 이성과의 관계 속에서의 자아 발견을 하는 단계로 타인과 가깝고, 따뜻하며, 친밀한 관계가 발달됨으로써 '사람'을 알게 된다. 그러나 전 단계에서 긍정적인 자아정체감을 확립하지 못한 사람은 자기 자신에 대해 자신감을 갖지 못하므로 타인과의 사회적 관계에서 고립감을 느끼게 되어 자기 자신에게만 몰두하게 된다고 했다. 따라서 이 시기를 친밀감 대 고립감(intimacy vs. isolation)의 갈등 시기라고 했다. 타인과 친밀한 관계를 가진다는 것은 타인을 이해하고 또 자기 자신을 더 이해될 때 가능한 것이다. 따라서 이 시기에 친밀한 인간관계를 맺지 못한다면 사회적 공허감이나 소외감이 발달하게 될 것이며, 고립되어 자기에게만 몰두하거나 자신을 과소평가하게 된다.

① 부모 독립, 직업 선택 및 결혼 성숙, 책임감
② 직장, 타인과 친밀감 자신의 정체감 타인과 융화
③ 고립 회피, 위협적으로 느낄 경우 공격적

(7) 7단계: 생산성 대 침체성: 35~50세(중년기)

이 시기는 자신의 문제가 아니라 다음 세대를 양육하고 교육하는 문제에 관심을 기울이는 시기이다. 그러므로 전 단계에서 친밀감이 확립된 사람은 사회 속에서 자신의 위치를 차지하게 되고 타인에게까지 배려하여 사회적 관계가 확대될 수 있다. 그러므로 친밀감 형성 후에 가정을 이룩하여 자녀를 생산하며 양육하고 교육해야 한다. 또한 이 시기에는 직업을 가지고 창조적인 일에 참여함으로써 생산성을 발휘하며, 다음 세대를 양성하는 데 관심과 노력을 기울이게 된다. 그러나 다음 세대를 위하여 무엇인가를 할 수 없으며 성년기의 여러 가지 요구에 응답할 수 없을 때 침체감이 생긴다. 즉, 타인들의 관심보다는 자신의 욕구에 더 치우치는 경향을 보이며 타인에 대해 관대하지 못하므로 자기침체(generativity vs. stagnation)를 형성하게 된다(이경화 외, 2003).

① 다음 세대를 가르치고 지도하는 데 능동적이고 직접 참여
② 직업적인 분야와 학문, 예술분야의 생산성 증가
③ 실패 시에 침체 및 빈곤한 대인관계

(8) 8단계: 자아통합성 대 절망감(노년기)

노년기는 사람들이 지금까지 살아온 자신의 생애를 돌아보게 되는 시기이다. 이때 신체적인 노쇠와 직업에서의 은퇴, 친구나 배우자의 사망 등으로 인해 인생에 대한 무력감을 느끼고 절망할 수도 있으나 자신의 삶을 가치 있고 유익한 것으로 판단하고 보다 높은 차원의 자기이해를 도모하며 전체로써 받아들이는 통합을 이끌 수 있다. 자신의 죽음에 직면해서 자신이 살아온 삶을 돌아보며 자신의 삶을 만족스럽게 받아들이며, 죽음이 할 수 없는 종말로 받아들이면 통합감이라는 정점에 이르게 되고, 삶이 무의미하고 후회하면 절망감에 빠지게 된다(정옥분, 2008).

통합성은 인생을 그래도 인정하고 받아들여 인생에 대한 통찰과 관조로 자신의 유한성을 인정하고 죽음까지도 수용하는 것을 의미한다. 그렇지 못하면 인생의 짧음을 탓하고 불가능함에도 불구하고 다른 인생을 시도해 보려고 급급해한다. 급기야 생에 대한 절망에서 헤맨다.

① 은퇴, 친구, 배우자 사망 시기
② 자아통합감, 성취감과 만족감, 실패할 시에 절망, 무기력

표 4-2 프로이트와 에릭슨의 발달단계 비교

단계		심리성적 발달단계(프로이트)	심리 · 사회적 위기(에릭슨)		주된 관계 대상의 범위
			성공	실패	
영아기	출생~1세	구강기	신뢰감: 애정욕구 충족으로 형성	불신감: 학대, 애정의 박탈, 빠른 이유로 형성	어머니
유아 전기	1~3세	항문기	자율성: 부모로부터 독립한 자신, 자율적 개체로서의 인식에서 형성	수치감, 의심: 방해나 제지되는 상태에서 형성	어머니 아버지
유아 후기	3~6세	남근기	주도성: 현실도전의 경험, 상상, 양친 행동의 모방을 통하여 형성	죄의식: 너무 엄격한 훈육, 윤리적 태도의 강요에서 형성	가족
아동기	6~12세	잠복기	근면성: 공상과 놀이에서 벗어나 현실적 과업을 수행하고 무엇이든지 해 보려는 데서 형성	열등감: 지나친 경쟁, 개인적 결함, 실패의 경험에서 형성	이웃학교
청년기	12~20세	초기 생식기 (청년기)	정체성: 어른과의 동일시감, 자기가치감, 자기 역할의 인식에서 형성	역할 훈련: 자신의 역할, 사회적 규준제시의 불분명에서 형성	교우집단 지도자의 모범
성년기	20~40세	생식기	친밀감: 동성, 이성 간에 인간관계의 친밀감, 연대의식, 공동의식 등의 따뜻한 인간관계에서 형성	고립감: 과도한 또는 형식적인 인간관계에서 형성	우정적 동료
중년기	40~65세	생식기	생산성: 부모의 성역할 인식에서 자기 자신을 위한 창조성, 생산성 형성	침체성: 방해 당하면 자기중심적인 성격이 형성	직장, 가정
노년기	65세~	생식기	통합성: 사회문화의 지배적 이상을 받아들이고 생의 의미에 대한 긍정감을 형성	절망감: 무진통, 무가치 등의 현상은 성취의욕을 좌절시키고 인생의 의미를 상실케 함	인류, 동포

3) 프로이트와 에릭슨의 비교

에릭슨은 비록 프로이트의 이론을 기초로 하고 있지만 여러 면에서 프로이트와 그 관심을 달리한다.

첫째, 프로이트는 어린 시절의 꿈과 사고, 기억의 분석을 통해서 이루어진 이론이고 원초아(id)를 중시한다. 반면에 에릭슨은 사회적 경험을 통해 이루어진 자아분석이론이고, 자아(ego)를 중시한다.

둘째, 프로이트는 다섯 단계의 성격발달이론을 제시하고 세 단계에 걸쳐 성인이 되고, 성격형성은 종결된다고 보았다. 반면에 에릭슨은 8단계의 성격발달이론을 제시하고 성인이란 발달이 완료된 상태가 아닌 과정의 한 상태에 해당된다고 보았다.

셋째, 프로이트나 에릭슨은 출생 후 아동이 겪는 경험이 중요하다는 사실에는 일치하지만 프로이트는 리비도에 의한 성격발달을 중시하는 반면에 에릭슨은 부모와 사회와의 관계 속에서 이루어진다고 보았다.

넷째, 프로이트가 주로 정신질환자들을 대상으로 했다면 에릭슨은 건강한 사람을 중심으로 이론을 전개하고 있다.

표 4-3 프로이트와 에릭슨의 이론의 차이 비교

특징	프로이트	에릭슨
발달요인	원초아(id): 본능적 욕구	자아(ego): 현실
발달단계	5단계	8단계
인간관계	어머니 – 아동 – 아버지의 관계	사회적 · 문화적인 측면
인간발달	결정론	심리 · 사회환경에 변화
발달이론	리비도(libido, 성적 에너지)에 중점	자아의 기능에 중점

쉬어가기

사람은 인생에 대해서 세 가지 중 하나를 선택할 수 있다. 첫째는 수동적인 인생으로 식물처럼 인생을 접근하는 것이다. 태어나서 먹고 마시고 자고 적령기가 되면 결혼을 하고 자녀를 키우고 나이가 들면 죽는 것이다. 여기서는 전 생애적 발달심리학적인 측면을 의미한다.

두 번째 기본적인 태도는 인생을 하나의 비즈니스로 보는 것이다. 이른바 성공한 사람들은 '인생을 비즈니스'라고 믿으며 행동이나 태도를 결정해 간다. 동물세계에서의 적자생존과 같은 방식이다.

세 번째 태도는 예술가적인 접근 방식이다. 개인과 동료들에 대한 협력과 양식에 기반을 두고 있다.

출처: 「아들러의 격려」(2015), W. 베란울프, 박광순 역, 생각정거장

학습정리

1. 프로이트의 정신역동이론
   - 인간의 마음을 의식, 전의식, 무의식으로 규명함
   - 인간 성격 구조는 id(이드), ego(자아), superego(초자아)의 세 요인으로 형성, 정신적으로 건강한 사람은 이 세 요인이 통일되어 조화로운 조직을 형성함.
   - 심리성적단계: 성적에너지인 리비도(libido)의 위치에 따라 구강기, 항문기, 남근기, 잠복기, 생식기 5단계로 구분함

2. 에릭슨의 심리사회 발달이론의 8단계

   1단계: 신뢰 대 불신

   2단계: 자율성 대 회의감 및 수치심

   3단계: 주도성 대 죄책감

   4단계: 근면성 대 열등감

   5단계: 정체감 대 역할혼돈

   6단계: 친밀감 대 고립감

   7단계: 생산성 대 침체성

   8단계: 자아통합성 대 절망감

생각해보기

심리성적발달이론과 심리·사회발달이론의 장단점 비교를 통해 비판점을 이야기해 보시오.

CHAPTER

05

정신역동이론 Ⅱ

학습목표

1. 아들러의 개인주의 심리학이론을 이해한다.
2. 융의 분석심리이론을 이해한다.

1 아들러의 개인주의 심리학이론

1) 아들러의 생애

아들러(Alfred Adler, 1870~1937)는 1870년 유대인 곡물상의 차남으로 태어났다. 어릴 때부터 병약하였고, 학업에서도 성공하지 못하였다. 이는 훗날 그의 연구의 핵심주제인 '열등감과 우월성의 추구'라는 연구를 하게 되는 계기가 되었다. 대학 시절에는 마르크스주의에 심취하여 사회적 관심을 중시하였고, 안과 전문의, 신경학과 전문의였다. 프로이트의 영향을

그림 5-1
아들러(Alfred Adler, 1870~1937)

받아 정신분석학에 심취하여 비엔나 정신분석학회의 회장으로 활동하였고, 1907년 『기관 열등성과 심적 보상의 작용』이라는 책을 출간하였다. 1911년 프로이트 곁을 떠나 자유심리분석연구회를 결성하였고, 개인심리학을 만들면서 사회적 충동이나 열등감 극복이 더 중요하다고 보았다. 1912년 개인 심리학회로 변경하면서 프로이트와 다른 길을 걷게 된다. 아들러의 인간관은 인간은 유일한, 분해할 수 없는(indivisible) 자아 일치된(self-consistent), 통합된 실체로 보았고, 더 큰 체계의 사회 생태적 체계 속에 한 구성요소(integral part)로 보았다.

개인심리학(Individual Psychology)을 창설한 아들러도 무의식을 강조하였지만 그의 무의식은 프로이트가 주장한 성적 본능이 아니라 사회적 충동이었다. 왜냐하면 아들러는 인간을 출생의 순간부터 대인관계에 노출되며 일생 동안 사회에 적응해야만 하는, 근본적으로 사회적 존재로 생각했기 때문이다. 아들러의 개인심리학의 기본입장에 의하면 전체적으로 인간을 단일하고 분해할 수 없는 자아 일관적이며 통일된 존재로 기술한다. 즉, 개인을 통일된 자아일관적인 실체로서, 완전성을 추구하기 위해 능동적인 노력을 하는 사람으로서, 또한 창조적이고 자기결정적인 실체로서, 사회적인 소속체로서 그리고 자기주관성을 지닌 사람으로 간주한다(이훈구 역, 1989). 즉, 인간을 본능의 충동적 처분만 따르는 것이 아니라 자신의 운명을 선택하고 자신의 인생계획을 창조하며 자신의 목적성취를 도와줄 특질, 태도 및 능력을 발전시키는 존재로 보았다.

아들러는 인간의 공통적인 기본 동기를 열등감에 기초한 '우월성 추구(striving for superiority)'라고 하였다. 왜냐하면 열등감 콤플렉스(inferiority complex)가 근본적으로 모든 인간의 추구에 대한 동기유발의 근거가 된다고 보았기 때문이다. 즉, 모든 개인의 진보나 성장 그리고 발달은 자신의 열등감—그것이 상상에 의한 것이든 사실이든 간에—을 극복하려는 시도에서 비롯된다는 것이다. 아들러는 열등감 콤플렉스의 세 가지 원천으로서 기관열등감(organ inferiority), 과잉보호(spoiling), 방임(neglect)을 주장하였다. 아들러에 의하면 유아는 음식을 제공해 주며 보호해 주는 성인에게 열등감을 갖고 있으며, 성장하면서 자신의 신체적 결함, 손위의 형제·자매들의 존재 또는 불행한 가정생활 등이 열등감 반응을 강화시켜 준다고 하였다.

아들러는 이러한 열등감 콤플렉스를 보상하기 위해 아동은 우월감, 충족감 및 권력감을 성취하게 해 주는 개인적 목표를 설정한다고 주장하였다. 따라서 모든 개인은 완전성이나 우월성을 포함한 가상적인 최종 목표를 위해 자기 고유의 생활양식을 발달시킨다는 것이다. 이러한 생활양식은 세 가지 주된 인생과제, 즉 직업이나 우정 그리고 사랑과 결혼에 관한 태도와 행동을 통해 가장 잘 드러난다는 것이다. 여기서 아들러는 사회적 관심 차원과 세 가지 인생과제와 관련된 능동성의 정도의 차원을 기초로 네 가지 생활양식 유형 – 지배형(the ruling type), 기생형(the getting type), 회피형(the avoiding type), 사회적 유용형(the socially useful type) – 을 제시하였다. 네 가지 생활양식 가운데 가장 바람직한 유형은 사회적 유용형으로서 그만큼 사회적 관심을 강조하고 있다. 아울러 개인의 생활방식을 발달시키는 데 관련되는 것으로 아들러는 창조적 자아, 출생순위, 그리고 사회적 관심을 들고 있다. 아들러의 성격이론에서 사회적 관심의 정도는 심리적 건강의 지표가 될 정도로 중요한 의미를 지니고 있다.

아들러는 가족 내에서의 출생 순위가 상당히 중요하며, 특히 각 출생 순위에 수반되는 상황에 대한 지각이 중요하다고 했다. 이것은 아이들은 출생 순위가 각자의 생활양식에 어떤 방식으로 영향을 미치는가를 결정하는 상황에 집착하게 됨을 의미한다. 더욱이 이런 지각은 분명히 주관적이기 때문에 아이들은 어떤 순위에 태어나건 그들 자신의 생활양식을 창조할 것이다. 그러나 일반적으로 특정 출생 순위에 태어난 아이들은 공통적인 특징들을 가지고 있음을 발견하게 되는데, 아들러는 첫째, 둘째, 막내, 독자를 집중적으로 연구하였다.

2) 아들러의 성격이론

(1) 열등감과 보상

사람은 선천적으로 완성, 완전, 우월, 자기 현실화, 자기 실현, 유능성 및 극복을 추구한다. 열등한 기관이 보상심리로써 우월을 추구한다고 보았다. 열등감과 부적절감은 유년기 때 시작한다고 보았다. 신체적으로 불완전하거나 만성적으로 아픈 아이는 다른 아이들과 성공적으로 경쟁할 수 없다고 믿고, 과잉보호의 아이들은 타인이 다 해 줌으로써 응석받이가 되고 자신감이 부족한 상태로 성장하여 어려움에 대한 해결능력이 부족하다고 믿는다. 또한 방임으로 양육된 아이는 자기가 필요하지 않다고 느낌으로서 자신의 능력을 인정받고 애정받을 수 없다고 믿는다.

(2) 우월성의 추구

모든 사람은 위대한 향상의 욕구(great upward motive)를 공유하고 있다. 이것은 마이너스에서 플러스로, 아래에서 위로, 미완성에서 완성으로 나아가는 동기가 된다고 보았다. 그러므로 선천적인 욕구가 있고 이것은 적절히 보상되고 성장되어야 한다.

인생목표는 유년기에는 모호하고 일반적으로 무의식적이나, 이것이 동기의 방향을 결정하고 심리적 운동을 구체화하고 거기에 의미를 부여한다. 우월에 대한 추구는 유아기 때 기본적인 동기로서 자기가 열등하다는 것을 인식함에 근거하여 생긴다고 보았다. 이는 정상적인 사람, 신경증적인 사람 모두 공통으로 가지는 것으로 부정적인(파괴적인) 경향이나 긍정적인(건설적인) 경향을 취할 수 있다. 완성을 위한 노력은 상당한 정력과 노력을 요구하는데, 개인과 사회 두 가지 수준에서 일어나고, 개인으로서 완성을 향해 노력하고, 또 우리 사회의 일원으로 우리의 문화를 완성하기 위해 노력해야 한다.

(3) 생활양식(life style)

사람은 개인마다 특성(trait)이 있고, 행동, 습관의 독특한 형태가 있는데, 이것을 생활양식이라고 하였다. 우리가 모두 생의 목표에 도달하기 위해 스스로 설계한 좌표(route)가 있는 것으로, 즉 자신의 삶의 목표를 추구하기 위해 선택한 고유의 방식이 있다고 보았다. 이는 4~5세경에 이식되어 거의 변하지 않는다고 보았다.

2 융의 분석심리이론

1) 융의 생애

융(Carl Gustav Jung, 1875~1961)은 1875년 스위스 개신교 목사의 아들로 태어났다. 그는 프로이트 심리학을 분석심리학으로 발전시켰다. 융은 1914년 프로이트의 곁을 떠나 분석심리학파를 만들었다. 그러나 융은 프로이트의 무의식 개념을 완전히 버린 것이 아니라 거기에 집단 무의식(collective unconsciousness)이라는 개념을 첨가하였다. 집단 무의식이란 과거 세대의 누적된 경험이 저장되어 있는 것으로, 모든 인간이 공유하는 것

그림 5-2
칼 융(Carl Gustav Jung, 1875~1961)

이며, 사고하고 느끼는 방식, 인생과 세계를 인식하는 방식, 신과 인류에 대한 인식 등에 영향을 주는 인간의 기본 성향이다.

융은 한 인간의 전인격적 심리구조를 통틀어 사이키(psyche)라고 표현했는데, 이러한 사이키는 의식의 심층을 둘러싼 자아(ego), 그 의식을 둘러싼 개인 무의식 그리고 집단 무의식과 원형(archetype)으로 구성되어 있다고 보았다. 사이키의 구성 중 집단 무의식과 원형은 성격 구조를 이해하는 데 있어 융 분석심리학의 특징이라 할 수 있다.

융은 집단 무의식을 구성하는 가장 기본적인 요소가 원형이라고 보았다. 원형은 보편적 심상이나 상징을 말하는 것으로 이러한 원형이 진정한 자기와 갈등을 일으키며 그 결과에 따라 성격이 형성된다고 보았다.

자기는 사이키의 구조에서 가장 중심적인 역할을 한다. 융은 개인의 발전이 사이키의 모든 원형이 완전히 성숙한 후에야 비로소 가능하다는 입장을 취했다.

융과 프로이트의 차이를 비교해 보면 첫째, 프로이트는 리비도를 성적 에너지라고 주장하였지만 융은 일반적 에너지로 간주하였다.

둘째, 프로이트는 성격에 있어 어린 시절의 영향에 대한 결정론적인 견해를 주장하였지만 융은 생활 속에서 후천성으로 인해 변할 수 있고 미래의 열망에 따라 형성된다고 보았다.

셋째, 프로이트는 무의식을 주장한 반면에 융은 집단 무의식을 강조하였다. 집단적 무의식 요소를 원형이라고 한다.

프로이트의 제자였던 융은 고전적 정신분석학에 환멸을 느끼면서 1913년 프로이트를 떠나 분석심리학이라는 자신의 학파를 창설하였다.

분석심리학은 체험을 바탕으로 하는 심리학설이라는 데 그 특징이 있다(이부영, 1992). 융의 생각은 여러 가지 측면에서 프로이트와는 달랐다. 융은 리비도가 모든 생명의 창조적 힘을 나타내는 것이지 성적 힘만을 나타내는 것은 아니며 물리적 에너지와 마찬가지로 정상적인 신체의 신진대사과정에서 발생한다고 주장하였다. 또한 프로이트와 융 모두 인간행동을 결정하는 데 있어 무의식적 동기의 역할을 강조하였으나, 프로이트는 무의식을 자아가 통제해야만 하는 흥분이 들끓는 원초아의 덩어리로 보았던 반면, 융은 강인함과 생명력이 넘치는 자아의 근원으로 보았다는 점에서 차이가 있다. 그리고 융은 개인적 무의식과 집단적 무의식이라는 다른 수준의 두 가지 층의 무의식이 있다고 한 것 역시 차이점이라 할 수 있다.

개인 무의식(personal unconsciousness)은 어떤 사람이 이 세상에 태어나서 자라는 동안 겪은 개인 생활에서의 체험내용 가운데 무슨 이유에서든 잊어버린 것, 현실세계의 도덕관이나 가치관 때문에 현실에 어울리지 않아 억압된 여러 가지 내용으로서 반드시 성적인 것에만 국한되지 않는, 성적인 것을 포함한 모든 그 밖의 심리적 경향, 희구, 고의로 눌러버린 괴로운 생각이나 감정, 그리고 의식에 도달하기에는 그 강도가 미약한 역하지각 등의 모든 것들로 구성된다. 융의 가장 독특한 개념인 집단 무의식(collective unconsciousness)은 태어난 이후의 경험내용에서 나온 것이 아니고 태어날 때 이미 가지고 나오는 무의식의 층으로서 일찍이 의식된 일이 없는 것들로 구성되어 있다. 이것은 개인의 특성보다 인류 일반의 특성을 부여하는 요소이다. 그러므로 누구에게나 보편적으로 존재한다는 뜻에서 융은 이를 집단적 무의식이라고 불렀으며, 집단적 무의식은 인간에게 주어진 다양한 원형에 의하여 구성된다. 원형은 그 자체가 정신적 이미지는 아니나 어떤 전형적인 정신적 이미지나 신화적 표상을 낳게 할 수는 있다. 예를 들어, '태양'의 원형은 생명을 창조하고 정의로우며 숭

배해야 할 신과 같은 이미지와 '어머니'의 원형은 한 개인의 어머니, 대지 또는 보호적 존재의 이미지와 광범위하게 연합될 수 있다. 마찬가지로 '영웅'의 원형은 원시 종족의 족장이나 특별한 역사적 사건에 따라 어떤 중요한 인물과 연합될 수 있다.

프로이트와 융의 또 다른 점은 프로이트는 성의 본능을 강조한 반면, 융은 이성적이고 정신적인 특성을 강조했다는 것이다. 또한 프로이트는 아동기에 정신적인 발달이 짜여진다고 생각한 반면, 융은 충분한 정신적 발달은 중년에 와서야 이루어진다고 생각하였다. 그리고 융은 인간 성격의 근원이 과거의 조상으로까지 확대된다고 믿는 역사적 연속성의 감각을 지녔기 때문에 인간은 자신의 성격의 여러 부분을 조화로운 전체로 통합하는 쪽으로 그리고 자기실현의 쪽으로 항상성 있게 움직인다고 주장하였다. 융의 분석심리학은 미래지향적이고 삶의 의미의 중요성과 자기실현의 성취 등을 강조함으로써 현대의 성격이론에 영향을 주었으나 그 특유의 상징주의와 신비주의 때문에 그동안 심리학자들로부터 경시되어 왔다.

표 5-1 프로이트와 융의 비교

	프로이트	융	비고
리비도 역할	인간의 생물학적 성에 제한한 에너지	성뿐만 아니라 다른 삶의 에너지를 포함한 정신에너지	융은 리비도를 확장
성격형성	과거의 사건이나 과정들에 의해 형성	과거뿐만 아니라 미래의 열망에 의해 형성	미래
무의식 개념	정신 자각 수준을 따라 무의식의 중요	정신문화 발달에 따라 집단 무의식 개념 도입	집단 무의식

2) 융의 용어 개념

- 집단 무의식: 모든 사람에게서 발견되며 유전된 기억과 조상들의 행

동 양식을 담고 있다.

- 원형: 모든 무의식을 형성하는 기본적인 요소로, 근원적 이미지, 꿈이나 신화로 표현된다. 모든 인류의 신화나 예술 등이 꿈에서 나타난다. 원형에는 영웅, 부모, 죽음, 탄생과 부활, 일관성, 아이들, 신, 악마 등을 포함한다.
- 아니무스: 모든 여성의 의식에는 사랑, 에로스[1]가 있지만 무의식에는 남성적인 로고스, 이성, 즉 적극적인 요소가 있다.
- 아니마: 모든 남성의 의식 속에는 이성, 로고스가 있지만 깊은 무의식에는 여성적인 에로스, 수동적인 요소가 있다. 융은 인간은 양성으로 태어났기 때문에 남자는 여성의 에로스(사랑), 여성은 남자의 로고스(이성)를 개발해야 할 것을 주문한다.
- 감각: 감각기관을 통하여 인지하는 것을 뜻한다.
- 직관: 감각 입력에 기저(基底)하고 있는 것에 대한 재빠른 추측을 말한다.
- 감정: 아름다움이나 추함, 쾌락이나 불쾌의 정서적 측면들에 초점을 둔다.
- 사고: 추상적 사고와 추론을 뜻한다.
- 그림자: 인간의 어둡고 밝은 측면의 원형이다.
- 의식: 우리가 직접 알고 있는 정신의 부분이 의식이다. 의식은 자아에 의해 지배된다.
- 내향성, 외향성: 의식의 정신적 에너지 방향을 따라 의식을 내적인 방향으로 향하게 되면 내향성, 의식의 방향을 타인에게 향하게 되면 외향성이라고 한다.
- 개인 무의식: 의식에 인접해 있는 부분으로 쉽게 의식화될 수 있는

1) 사랑에는 아가페: 이타적이고 희생적인 사랑, 스톨게: 부모와 자식 간의 혈육적인 사랑, 필리아: 친구 간의 우정, 에로스: 남녀 간의 이성적인 사랑이 있다.

망각된 경험이나 감각 경험으로 구성, 개인 무의식의 자료는 개인의 과거 경험으로 비롯된다.

- 집단 무의식: 개인적 경험이 아닌 사람들이 역사와 문화를 통해 공유해 온 정신적 자료의 저장소이다. 선조로부터 물려받은 우리의 행동에 영향을 주는 정신적 소인인 수많은 원형이다. 집단 무의식은 직접적으로 의식화되지 않지만 인류역사의 신화, 민속, 예술 등이 지니고 있는 영원한 주제인 현시를 통해 관찰된다.
- 대립원리: 정신 체계는 갈등의 결과, 갈등이 없으면 에너지가 없고 인생도 없다. 사랑과 미움은 정신 내에 존재하면서 행동으로 표현되는 긴장과 새로운 에너지를 창출한다. 대립이 모든 행동의 1차적인 동인이다.
- 등가원리: 에너지 보존의 법칙, 풍선의 원리, 에너지는 소멸되지 않고 다른 방향으로 전환된다.
- 균형원리: 평형의 원리, 강한 욕망 쪽에서 약한 욕망으로 흘러 평형하고 동등한 분배를 이룬다.
- 페르소나: 페르소나는 가면이란 뜻으로 환경의 요구에 조화를 이루려고 하는 적응의 원리로, 겉으로 표현되는 것과 내면이 다를 때 표리부동한 것이 된다.
- 자기: 무의식과 의식의 주인으로 성격형성은 자기를 실현하는 과정이다. 전반기는 외부로 지향되어(외부활동) 분화된 자아를 통해 현실 속에서 자기를 찾으려고 한다. 중년기에는 자기의 방향이 내부로 지향하게 된다.

3) 성격이론

융의 성격이론을 좀 더 구체적으로 살펴보자. 융의 견해들은 심리학자들에 의해 더 체계적으로 연구되어야 할 분야이지만, 융은 사색적 철학의 영역 내에 남아 있는 중요한 인간 문제들에 관하여 독특한 접근 방법을 제시하였다. 그는 심리학의 다른 체계와 방법으로는 쉽게 취급할 수 없었던 문제들을 연구하였다. 융의 여러 연구 업적 중 대표적인 연구는 성격 구조에 관한 연구이다.

융의 견해에 따르면 성격은 분리되면서도 상호작용하는 세 가지 체계인 자아(ego), 개인 무의식(personal unconscious), 집단 무의식(collective unconscious)으로 이루어져 있다.

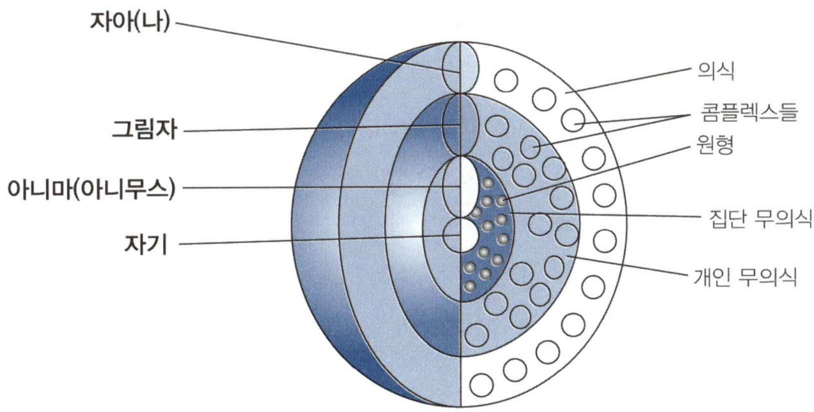

그림 5-3 융의 마음의 구조

출처: 이부영(2010). 분석심리학의 탐구. p. 35.

자아는 의식적인 마음이며 우리가 알 수 있는 지각, 기억, 사고 및 감정으로 되어 있다. 우리의 의식은 상당한 부분이 외향성(extroversion)의 태도와 내향성(introversion)의 태도에 의해서 결정된다. 태도가 외향적인 사람은 객관적 현실의 외부 세계로 지향하기 때문에 대인관계가 솔직하고 사교적이며, 타인들과의 진실한 교제를 즐기는 것 같다. 반면에 내향적인 태도를 가진 사람은 내적이고 주관적인 삶을 강조하며, 다소 위축되어 있는 경향이 있다. 융은 모든 인간은 외향성이나 내향성 중 어느 한쪽의 부류에 속할 수 있다고 생각하였다.

의식의 영역에는 외향성 혹은 내향성 외에도 다른 것이 또 있는데 융은 이를 심리적 기능이라고 하였다. 융은 모든 내향적인 사람 혹은 모든 외향적인 사람이 똑같지 않은 것에 대해 그들의 세계에 대한 태도가 합리적이냐 혹은 비합리적이냐 하는 점에서 다르다는 것을 발견하였다. 합리적인 기능은 사고(thinking)와 감정(feeling)이고 비합리적 기능은 감각(sensing)과 직관(intuiting)으로, 결국 이러한 성격의 분류에 따라 두 가지의 태도와 네 가지의 기능이 상호작용하여 여덟 가지의 심리적 유형이 형성된다.

융은 성격에 있어서 의식의 영역이 중요하기는 하지만 무의식의 영역이 더욱 중요하다고 보고, 보다 상부에 있고 표면에 있는 것을 개인 무의식이라고 하였다. 개인 무의식은 본질적으로 의식 속에 더 이상 남아 있지는 않지만 쉽게 의식의 영역으로 떠오를 수 있는 자료의 창고 혹은 저장소이다.

개인의 무의식의 한 가지 중요한 국면은 융이 콤플렉스(complex)라고 부른 것으로, 이것은 하나의 공통된 주제에 관한 정서와 기억 및 사고의 무리이다. 그러나 콤플렉스를 가진 사람은 콤플렉스가 인식되는 의식 영역의 부분이 아니라 개인적 무의식 속에 있기 때문에 자신이 콤플렉스에 의해서 얼마나 통제를 받고 있는가를 알지 못한다.

융은 처음에 콤플렉스가 어린 시절의 외상적인 사건에 의해 생긴다고 믿었지만 나중에는 종의 진화사에서 어떤 경험, 즉 유전 기제를 통해서 한 세대에서 다음 세대로 전달되는 경험에 의해 영향을 받는다고 느꼈다. 이러한 보편적인 진화 경험의 저장소인 집단 무의식은 성격의 가장 접촉하기 어려운 가장 깊은 수준에 존재하며 한 개인의 성격의 토대가 되기도 한다.

또한 보편적인 경험들은 우리 내부의 심상으로서 나타나거나 표현되는데, 융은 이를 원형이라 불렀다. 융의 정의에 따르면, 원형이란 어떠한 것이 만들어지게 되는 기본 모형이다. 여러 개의 원형 중에 몇몇 원형은 매우 발달이 되어 있고 세력도 강한데 그 중에는 페르소나(persona), 아니마(anima), 아니무스(animus), 그림자(shadow)와 자기(self)가 포함된다.

페르소나라는 말은 원래 배우가 쓰던 가면을 가리키는 것으로 우리 자신을 우리가 아닌 다른 어떤 것으로 표현하기 위해서 쓰는 가면이라는 것이다. 그것은 연기를 할 때와 마찬가지로 상황이나 사람에 따라서 그때그때의 요구에 맞추어서 행동이나 태도를 취하는 것이다. 건강한 성격의 목표는 페르소나를 축소시키고 성격은 남은 국면을 발달시키는 것이다.

연결된 한 쌍의 원형으로는 아니마와 아니무스가 있다. 우리는 생물학적으로나 심리적으로나 양성의 특징과 성격을 지니고 있다. 다시 말해서 여성의 성격은 남성적인 성분(아니무스)을 포함하고 있고, 남성의 성격은 여성적인 성분(아니마)을 포함하고 있다는 것이다. 그래서 건강한 심리 상태를 위해서는 이러한 두 원형이 우리 각자에게서 표출되어야만 한다는 것이다. 즉, 남녀 모두 자신의 성별에 맞는 성격을 나타내는 한편, 동시에 남성은 여성적인 성격을, 여성은 남성적인 성격을 표현해야 하는 것이다.

그림자는 가장 강력하면서도 잠재적으로는 해로운 원형으로 그것은 이전의 조상으로부터 진화하면서 지녀 온 원시적인 동물 본능을 포함하고 있기 때문에 가장 근본적인 것이다. 부정적인 측면에서 볼 때 그림자는 인간의 어두운 측면으로 다른 사람들과의 원만한 인간관계를 위해서는 억압되어야 하지만, 그림자를 전적으로 억압하여 사람의 행동을 개화시키고 그림자의 긍정적인 면을 표현하도록 하는 것만으로는 바람직하지 못하다. 자아가 그림자의 힘을 조절하여 양쪽 국면이 균등하게 표현되도록 할 수 있을 때 그 사람은 생기 있고 활력적이며 열정적이다. 융은 그림자가 균형을 이루고 있을 때 약간의 동물적 본능의 표현이 사람을 생기가 넘쳐 흐르고 폭발할 듯 활력 있는 것처럼 보이게 하는 이유라고 믿었다.

가장 중요한 원형은 자기이고, 융은 이것을 인생의 궁극적인 목표라고 생각하였다. 자기는 성격의 모든 국면의 통일성, 통합성 및 전체성을 향해 노력하는 것이라 말하며, 자기가 발달된 사람은 자신과 세계가 조화되어 있다고 느낀다. 완전한 자기인식이나 자기실현은 어렵고도 힘이 들며 완전히 성취하는 것이 거의 불가능하지만, 항상 목표를 미래에 두어 사람을 앞으로 끌어당기기 때문에 동기를 유발시키는 힘으로 작용한다. 자아인식이나 자기실현이 비록 도달하기 어려운 단계이기 때문에 융은 우선 자신에 대한 객관적인 지식을 갖기 위해서는 훈련, 인내, 지속성 및 여러 해 동안의 고된 작업이 필요하다는 것을 강조하였다.

자기 인식을 위해서 요구되는 또 한 가지의 필요 조건은 성격의 모든 체제가 충분히 나타나 발달하는 것인데, 이것은 중년층에 가서야 비로소 발달하기 때문에 융 자신의 일생에서와 같이 중년기가 인간의 성장 단계에서 심리적 건강을 성취하기 위한 결정적인 시기라는 것을 알 수 있다.

학습정리

1. 아들러의 개인주의 심리학: 열등감과 보상, 형제순위와 성격
2. 융의 분석심리학: self, 개인무의식 집단무의식 원형 그림자 아니마 아니무스

생각해보기

1. 정신역동이론의 4명의 학자가 주장한 이론에 근거해서 본인의 유아 시절을 회상하고 분석해 보시오.
2. 각 이론의 장단점 비교를 통해 비판점을 이야기해 보시오.

CHAPTER 06

인지주의이론

학습목표

1. 인지주의이론의 개념을 이해한다.
2. 학자별 이론의 특징을 비교 설명한다.
3. 성격의 발달과 형성과정을 이해한다.

인지주의는 발달이론과 학습이론으로 구분할 수 있다. 우선 발달이론에서는 피아제(Piaget)의 인지발달이론과 콜버그(Kohlberg)의 도덕성 발달이론 및 비고츠키(Vygotsky)의 이론이 가장 대표적이다. 인간의 인지발달(cognitive development) 이론은 주로 인간의 지능발달에 관한 것으로 지능의 기능적이고 구조적인 두 측면으로 설명되고 있다. 즉, 지능의 기능적 측면과 구조적 측면이 인지발달과 통합되어 나타난다는 것이다. 그러므로 인지발달이란 유기체와 환경과의 상호작용에서 이루어지는 적응과정으로서 몇 단계를 거쳐서 발달이 되는 것이다. 인지론적 접근의 대표적인 학자로 피아제와 비고츠키의 이론을 중심으로 살펴보고자 한다.

또한 인지주의 학습이론은 1950년대 이후부터 많은 관심을 받기 시작하였다. 학습이 일어나는데 학습자 내부에서 진행되는 인지과정의 중요성을 강조하는 관점은 학습자의 외부 환경조건이 학습이 일어나는 데 결정적이라고 생각하는 행동주의자들의 가정과의 상이한 접근이었다. 행동주의 학습이론에 저항하여 생겨난 인간 학습이론으로 우리 눈으로 직접 관찰 가능하지 않지만 우리 두뇌 속에서 벌어지는 외부 감각적 자극의 변형, 기호화 또는 부호화, 파지, 재생 또는 연출이라는 일련의 정보처리 과정을 연구한다. 즉, 인간의 사고에 초점을 맞추고 있다. 인간이 외부세계로부터 획득한 정보를 어떻게 지각하고 이해하고 기억하는가에 대한 이론인지주의 학습이론은 외적 행동을 불러일으키는 내적 과정에서 학습의 의미를 구명하고 있다. 인지주의 학습이론의 종류는 형태주의 심리학으로서 바르트하이머(Wertheimer)의 장(field)이론, 쾰러(Köhler)의 통찰이론, 정보처리이론 등이 대표적이다.

형태주의 심리학은 인간이 정보를 받아들이는 과정과 그것이 학습되고 기억되는 과정에 관심을 갖고, 인간의 감각기관을 통해 들어오는 정보의 형태를 인지하고 해석하는 인간의 지각에 대한 문제에 큰 관심을 가진다.

대표적인 예로는 파이현상이 있다(그림 6-1, 그림 6-2). 우리가 무언가를 경험할 때 종종 실제 존재하는 사실과는 다르게 받아들이게 된다는 것이다. 즉, 착시현상과 같은 것으로 이해할 수 있다. 이는 우리가 경험하고 있는 것이 때로는 경험의 본질과는 상당히 다를 수 있다는 것을 보여주고 있고, 인간의 감각기관을 통해 들어오는 정보의 형태를 인지하고 해석하는 인간의 지각에 대한 문제에 관심을 가지고 있으며 지각된 정보가 구조화되고 조직화되는 원리를 밝히고자 하는 것이다. 또한 쾰러(W. Köhler, 1925)가 제안한 통찰이론이 있는데, 이는 문제해결의 과정은 통찰적 전략의 사용을 통해 이루어진다고 주장하며, 술탄이라는 침팬지 실험에서 도구를 이용하여 원하는 것을 획득하는 실험으로 행동주의의 실험

결과와 다른 상황을 증명하였다. 레빈(K. Lewin, 1942)의 장이론은 문제해결에서의 문제를 전체 장면에서 지각하는 의식현상의 중요성을 보여준다.

그림 6-1 Rubin의 컵

그림 6-1 여자의 그림

출처: 이훈구 외(2003). 인간행동의 이해. 법문사. p. 156, p. 173.

또한 인지주의 학습이론은 정보처리이론으로 발전한다. 정보처리이론은 새로운 정보가 투입되고 기억되며 다시 인출되는 과정을 연구하는 이론, 즉 학습자의 내부에서 학습이 발생하는 기제를 설명하려는 이론이다. 정보처리이론의 물리적 구성요소는 정보 저장소로써 감각등록기, 작동기억, 장기기억이 있다.

감각등록기는 학습자가 환경으로부터 눈이나 귀와 같은 감각수용기관을 통해 정보를 최초로 저장하는 곳이고, 작동기억은 단기기억장치로써 성인의 경우 보통 5~9개의 정보가 약 20초 동안 저장되고, 정보의 양과 지속시간에 제한이 있다. 장기기억장치는 무한한 정보를 영구적으로 저장할 수 있는 곳으로 개인의 경험을 보유하는 일상기억과 문제해결 전략과 사고기술, 그리고 사실, 개념, 일반화의 의미기억이라는 두 부분으로 구성된다. 학교에서 학습하는 대부분의 내용은 장기기억 중 의미기억에 저장된다. 정보처리이론의 정보처리과정은 투입된 정보를 하나의 저장소에서 다른 저장소로 옮기는 내부적이고 지적인 활동을 의미하며 주의집중, 지각, 시연, 부호화, 인출, 망각 등의 과정이다. 주의집중은 자극에 반응하는 것, 선택적 학습은 주의집중을 함으로써 시작된다. 지각은 경험에 의미와 해석을 부여하는 과정이며, 시연은 작동기억 안에서 이루어지는 처리과정으로써 정보를 소리내어 읽든지 속으로 되풀이하든지 그것의 형태와 관계없이 계속해서 반복하는 것을 의미한다. 부호화는 장기 기억 속에 존재하고 있는 기존의 정보에 새로운 정보를 연결하거나 연합하는 것으로 작동기억에서 장기기억으로 정보를 이동시키는 과정이며, 인출은 장기기억에서 정보를 찾는 탐색과정으로써 부호화와 밀접하게 관련되어 있다. 효과적으로 부호화되지 않으면 효과적으로 인출될 수 없음을 의미한다.

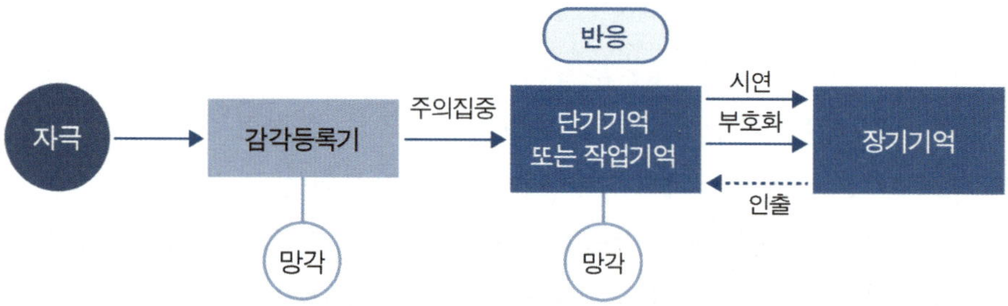

그림 6-3 정보처리과정의 일반적 모델

출처: 송인섭(2008).

1 피아제의 인지발달이론

1) 피아제의 생애

피아제(Jean Piaget, 1896~1980)는 스위스의 철학자, 자연과학자이며 발달심리학자이다. 그는 그의 아이들이 노는 것을 보면서 인간의 적응에 관심을 돌렸다. 그는 훈련된 과학자의 눈으로 그들을 관찰하면서 아이들의 놀이를 환경과의 대결로 보았다. 다시 말하면 아이들은 놀이를 통해서 적응하는 것을 배우고 있다는 사실을 발견했다. 그리하여 어린이의 학습에 대한 연구인 인지발달이론과 자신의 인식론적 관점인 "발생적 인식론"으로 잘 알려져 있다.

스위스의 뇌샤텔(Neuchatel)이라는 작은 마을에서 태어나 어려서부터 자연현상에 대해 관심이 많아 새, 물고기들을 관찰하곤 하였다. 10세 때 색소결핍증에 걸린 알비노(albino) 참새에 대해 논문을 발표했으며, 21세인 1918년에 뇌샤텔 대학에서 연체동물에 관한 논문으로 동물학 박사학위를 취득하였다. 23세 때 아동심리분야에서 과학적으로 정신발달을 연구하여 지식의 근원에 대한 철학의 인식론 문제를 해결하고자 했다. 이것이 그가 주장한 발생학적 인식론(epigenetic epistemology)이다. 1920년 파리의 비네(Binet) 연구소에서 아동용 지능검사를 만드는 연구에 참여한 피아제는 아동들의 틀린 답에 일관된 유형이 있음을 발견하고 이들 사고에 공통된 특성이 있을 것으로 생각하였다. 그는 아동의 독자적인 사고방식을 알아내기 위해 표준화된 검사 대신에 보다 개방적인 임상 면담방법을 고안하였다. 아동의 사고에 관한 성인의 선입견을 배제하고 아동 자신으로부터 배우기 위해 아동의 자연적인 활동을 관찰하였다. 1940년 도식, 동화와 같은 개념을 확립했으며, 30년 동안 임상적 연구방법을 통하여

그림 6-4
피아제(Jean Piaget, 1896~1980)

아동의 정신세계의 독특성과 사고의 질적 변화에 대한 인지발달단계이론을 형성하였다(송명자, 1998; 정옥분, 2008).

2) 주요 개념

피아제의 인지발달이론을 설명하는 중요한 개념으로 도식과 동화, 조절, 평형 등을 들 수 있다.

(1) 도식(scheme) · 구조(structure)

피아제는 인지발달의 기능적 측면 외에 구조적 측면을 설명하면서 유기체가 가지고 있는 기존의 체제, 즉 이해의 틀을 도식(scheme) 또는 구조(structure)라고 하였다. 구조는 유기체가 생태적으로 가지고 태어나는 것이 아니라 환경과의 접촉에서 되풀이되는 행동과 경험으로 형성되는 것이다. 인지구조는 유기체가 주변 세계를 이해하고 그것에 대하여 생각하는 심리적 구조의 틀, 즉 이해의 틀을 말한다. 인간이 발달한다는 것은 자기 자신과 그 주위에 있는 환경으로써의 세계를 구성하여 인지구조가 변화하는 것이다. 인지구조는 직접 관찰될 수 없으며, 아동의 지적 행동을 통해 그 특징을 추론할 수 있다. 예를 들어, 신생아가 가진 몇 가지 반사 중에 빨기반사(sucking reflex)나 쥐기반사(grasping reflex)가 반복되는 중에 빨기도식, 쥐기도식을 형성하게 된다. 이런 도식들은 반복되는 행동을 통하여 인지구조는 분화되고 더 복잡한 고차원의 구조로 발달된다(이경화 외, 2003).

(2) 동화와 조절

피아제는 인지발달이란 인간이 자기의 환경과 끊임없는 상호작용을 통하여 이루어지는 적응과정으로 보아 환경과의 상호작용 속에서 도식(scheme)은 우리가 세계를 이해하고 반응하여 기능하기 위해 사용하는 지식, 관계, 절차라고 했다. 이러한 도식을 변화시켜 나가기 위한 기제로써 동화(assimilation)와 조절(accomodation)이라는 두 가지 개념을 제시하였다. 동화란 새로운 정보 혹은 경험을 접할 때, 그러한 정보와 경험을 이미 자신에게 구성되어 있는 도식에 적용시키려는 경향성이다. 조절이란 새로운 정보 혹은 새로운 경험을 인식하기 위해 기존의 도식을 수정하는 것을 의미한다. 즉, 조절은 동화로써 적응되지 않을 때 유기체 자신의 구조를 변형시킴으로써 적응하는 과정이다. 동화와는 반대이면서 상보적인 과정이라고 볼 수 있다. 피아제는 인지발달이란 모순 없는 새로운 지식은 동화시키고, 기존의 도식에 적절하지 않은 지식에 대해서는 도식을 변경하면서 끊임없이 도식을 확장시키는 과정이라고 설명한다(임규혁, 2007).

(3) 평형

인간에게는 질서와 체계를 유지하려는 본능적이고도 선천적인 욕구가 있다. 피아제는 이러한 경향을 평형(equilibrium)에 대한 욕구라고 부른다(임규혁, 2007). 인간의 인지구조가 변화하는 것은 유기체가 자기조절을 통한 평형화를 유지하고자 하는 경향이 있기 때문이다. 모든 유기체는 그의 환경과의 상호작용을 통한 균형을 추구한다. 이 균형이 깨지면 동화나 조절이 나타나 균형을 깬 새로운 것을 이해하고 새로운 지식을 꾸며서 이 깨진 균형상태가 도전을 받아야 한다고 하였다. 이러한 평형화의 과정은 기본적으로 동화와 조절이라는 두 기능의 통합과정이다. 동화와 조절에 의해 평형화가 이루어지는 과정은 모든 연령과 인지발달단계에서 동일하다(송명자, 2006).

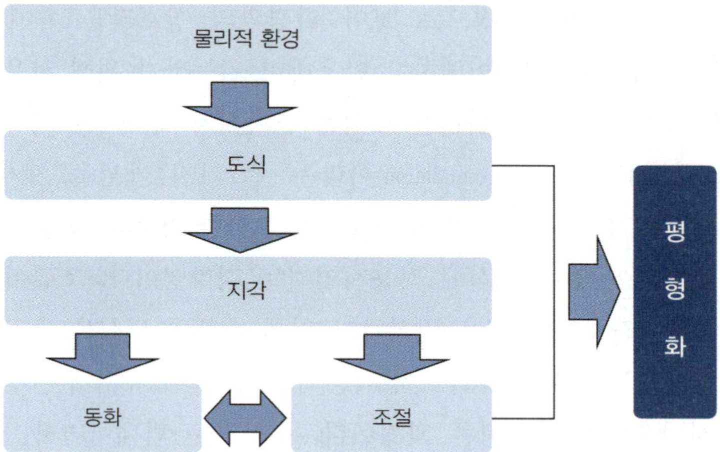

그림 6-5 피아제의 인지과정

3) 인지발달이론

피아제는 아동의 인지적 발달은 인지구조의 질적인 변화과정으로 이는 기존의 인지구조를 바탕으로 새로운 인지구조가 결합되어 일어나며, 감각운동기, 전조작기, 구체적 조작기, 형식적 조작기라는 단계를 거친다고 보았다(민영순, 2004).

(1) 감각운동기(sensory-motor stage: 0~2세)

아기가 태어날 때 생물학적으로 부여된 몇 개의 단순한 반사기능은 감각운동기 동안에 물건을 잡고 빠는 등 여러 형태의 신체적 활동에 의해 다양한 감각운동적 도식으로 변화하며, 마침내는 의도적이며 체계적인 인지적 행동으로 발달해나간다. 발달의 처음 단계에서 아동은 시각, 청각 등의 조절감각과 운동능력에 초점을 둔다. 그들의 사고는 자신의 신체적 행동에 주변의 세계가 어떻게 반응하는가에 제한되어 있다. 감각운동기의 아동들은 기억 속에 사물에 대한 어떤 표상도 가지고 있지 않으며 모방력을 발전시키게 되는데, 감각운동기 동안 아동은 표상형성의 기초가 되는 대상개념을 발달시켜 간다. 즉, 이 단계의 인지발달은 감각과 신체적 운동으로부터 얻어진 정보에 기초한다. 반사적 행위로부터 점차 목표지향적으로 발달하는 대상연속성이 획득된다. 시야에서 사라져도 존재한다는 인식이 생기는 것이다.

(2) 전조작기(preoperational stage: 2~7세)

이 시기는 아동의 정신적 표상에 의한 사고가 가능하나, 아직 개념적 조작능력이 충분히 발달되지 못한 발달의 불완전한 단계이다. 아동들은 이 단계에서 감각운동이 더욱 정교하게 발달된다. 그러나 트럭, 아파트, 나무 등과 같이 물질로 존재하거나 현재 상황과 연결된 개념들은 비교적 쉽게 습득하지만, 추상적인 개념의 습득은 여전히 한정되어 있다. 눈에 보이는 지각적 속성에 의해서만 판단하는 직관적 사고 때문에 지각된 것 이상의 정신적 표상을 발달시키지 못하므로 아직 아동의 사고체계는 비체계적이고 비논리적이다(정옥분, 2008). 전조작기의 특성으로 자기중심성(egocentrism), 중심화(centration), 비전이(nontransformation), 추론(reasoning) 등을 들 수 있다.

(3) 구체적 조작기(concrete operational stage: 7~11세)

구체적 조작기에는 어느 정도 논리적 추리를 할 수 있을 만큼 발달한다. 피아제는 구체적 조작기 아동의 조작 행동 속에 나타나는 논리적 사고의 가장 큰 특징으로 가역성의 개념을 들고 있다. 가역성(reversibility)이란 일단 변형된 형태가 그 반대 절차에 따라 다시 현재 상태로 되돌아갈 수 있음을 말한다. 이 시기의 대표적인 세 가지 조작형태가 보존개념, 분류조작, 서열조작이다.

(4) 형식적 조작기(formal operational period: 11세 이후)

가장 발달된 인지적 조작을 할 수 있는 단계로써 구체적이고 현실적인 것뿐만 아니라 가설적인 것, 확률, 가능성 등에 관해 생각하는 능력을 발달시키며 고차적인 추상과 사고능력이 발달된다. 이들은 언어를 사용하여 논리적 사고를 표현하며, 추상적 개념을 사용하여 가설의 설정과 검증을 통한 결론 수준에까지 도달할 수 있다.

표 6-1 피아제의 인지발달단계

발달단계	특징
감각운동기 (0~2세)	• 감각과 운동기술만을 사용 • 대상영속성(object permanence): 눈앞에 보이던 대상이 안 보이더라도 그 물체는 계속 존재한다는 것을 배움 • 반사운동
전조작기 (2~7세)	• 자기중심적(egocentric), 중심화(centered) • 비가역적 사고 • 보존의 원리 • 사물표현을 위한 상징이용능력의 발달
구체적 조작기 (7~11세)	• 논리적 사고능력의 발달, 개념형성 가능, 관련성을 찾고 문제를 해결할 수 있음 • 가역적인 조작의 사용 가능 • 계열성, 논리적 연속성 • 사칙연산, 서열화 • 시간과 공간 이해 • 탈중심적이고 객관적인 사고로 이동 • 유목포함(class inclusion) 능력 획득
형식적 조작기 (11세 이후~성년기)	• 추상적 사고, 현실을 넘어선 가능성 능력 • 가설적인 상황을 다루는 능력이 발달 • 가능한 문제로부터 추상적 관계를 발견하고, 서로가 갖는 추상적 관련성을 비교하는 능력발달, 일반 원리 이해 • 경험하지 않았던 조건과 상황에 관한 추론능력의 발달

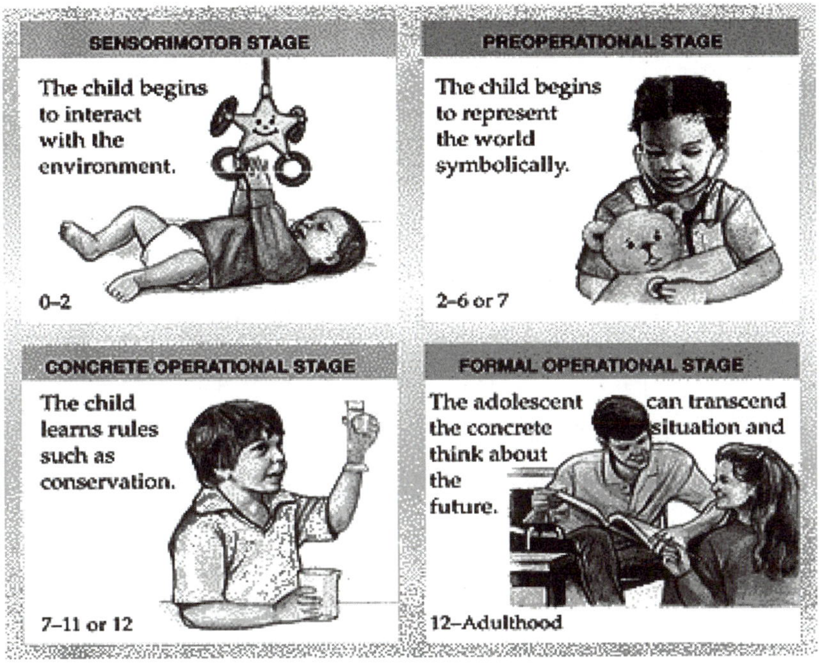

그림 6-6 피아제 인지발달과정

출처: 정옥분(2010). 아동발달의 이해. 학지사.

2 콜버그의 도덕성 발달이론

1) 콜버그의 생애

콜버그(Lawrence Kohlberg, 1927~1987)는 1927년 뉴욕에서 태어났다. 명문 사립고를 졸업한 이후 대학을 진학하지 않고 홀로코스트에 영향을 받아 이스라엘 난민들을 유럽에서 이스라엘로 실어나르는 수송비행기 부조종사가 되어 그들을 돕는 일을 하였다. 영국군에 체포되어 2년 동안 감금생활을 하게 되었고, 도덕적 행동주의자였던 자신에게 유대인의 종교적

그림 6-7
콜버그(Lawrence Kohlberg, 1927~1987)

이고 이기주의적인 것이 목적이 수단을 정당화시킨다는 것을 깨닫는다. 이것이 그의 도덕성 발달이론의 기초가 되었다. 1947년 시카고 대학에 입학하여 박사과정까지 빠른 시간에 도달했으며 피아제의 학문적 영향을 받아 도덕성 발달이론을 펼치게 되었다. 콜버그는 1956년부터 10~16세 사이의 아동과 청소년 75명을 대상으로 도덕성 발달을 연구하였다. 콜버그는 1976년에 피험자들에게 "하인즈의 딜레마"라는 가상적인 도덕적 갈등상황을 제시하고서 왜 그렇게 판단하였는지에 대한 이유를 통해 어떤 반응을 나타내는가에 따라 6단계로 도덕성 발달수준을 구분하였다. 각각의 도덕성 발달단계에서는 각기 다른 인지능력이 필요하다고 주장하였다. 전인습적 수준의 인지발달은 자기중심적이다. 인습적 수준에 도달하기 위해서는 다른 사람의 입장을 이해할 수 있어야 한다(Walker, 1980). 후인습적 수준에서는 형식적 사고가 필요하다. 따라서 구체적 조작기에 있는 사람은 후인습적 단계에 도달할 수 없다. 그러나 성인이라고 해서 모두 6단계까지 도달하는 것이 아니고, 소수의 사람만이 6단계에 이를 수 있다고 주장하여 많은 비판을 받고 있다. 대부분의 성인은 남자의 경우에 4단계, 여자의 경우에 3단계까지 발달한다고 보았다(정옥분, 2008). 도덕적 발달에 기초하여 도덕성 발달과 영향요인으로는 부모의 영향, 또래의 영향, 대중매체의 영향이라 할 수 있다.

2) 도덕의 정의

콜버그는 도덕성의 가장 본질적인 구조는 정의의 원리라고 본다. 그 핵심적인 의미는 평등과 상호성에 의해 규제되는 책임과 의무의 분배이다. 그가 보기에 타인존중으로서의 정의의 원리는 법의 원리보다 상위의 도덕성이다. 왜냐하면 법과 사회계약의 요구와 원리는 바로 이러한 정의의 원리에서 연역되는 것이기 때문이다. 두 가지 가설, 즉 ① 사고구조의 변화과정이 문화와는 관계없이 일정 단계를 거쳐 발달하는 것이고, ② 인식에 있어서 인식하는 내용이 문제가 아니라 인식의 형식이 문제가 된다는 것이다. 도덕이란 정의의 원리로써 개인의 도덕적 갈등상황을 해결하려는 의사결정 또는 도덕판단이라고 콜버그는 정의하였다. 사람이 어떤 선택을 하며 어떤 행동을 하게 되는가 그리고 왜 그런 선택을 하게 되었는지 선택의 근거에 초점을 맞추었다.

과학적인 연구 방법의 등장과 더불어 시작된 도덕성의 연구 방법들은 정신분석학적 입장, 사회학습 이론적 입장, 인지발달적 입장을 통해서 진행되었다. 정신분석 이론에서 도덕성은 동일시를 통해서 발달하게 되는 초자아의 개념이며, 도덕성의 발달은 외적 기준이나 규범을 내면화하는 과정이라 할 수 있다. 한편 사회학습이론은 도덕발달을 학습, 조건화, 사회화의 산물로 보고 있다. 인간을 백지 상태로 보고, 사회가 개인의 경험을 제공해 준다고 여긴다. 이에 반해 인지발달이론은 인간의 도덕발달이 지적 발달과 동일한 양상을 띠는 것으로 보고, 인지구조의 평형화 과정을 통하여 도덕적 발달이 이루어진다고 보았다.

콜버그의 도덕성을 도덕적인 갈등사태를 해결하려는 능력으로 보고, 도덕문제를 해결하기 위해 사용되는 판단의 근거나 이유의 특성으로 설명하고 있다. 도덕성을 내면화된 사회적 · 문화적 행동규칙을 뜻하는 개념으로 정의하였다. 또한 개인과 사회와의 상호관계에 바탕을 두고 있는 통합된 도덕성의 개념을 옹호하고 있다. 따라서 '인간이 되고, 도덕적이 된다'고 하는 것은, 사회 속에서 다른 사람들과 상호관계를 맺는 것을 의미한다(B. 하잔, 1990: 138-140). 결국 콜버그는 도덕성을 '도덕적 갈등사태를 해결하는 데 사용되는 판단의 근거나 이유의 특성'으로 정의하고 있으며, 개인에게 있어 도덕성이란 어떠한 행위를 선택해야 하는가를 판단하는 능력을 말한다고 밝히고 있다.

콜버그가 말하고 있는 도덕성은 세 가지 의미를 내포하고 있다(문용린, 1989: 137).

첫째, 인간이 가지는 가치나 이상이 모두 도덕적 가치는 아니라는 것이다. 둘째, 도덕성이란 사람들 사이의 상호협동과 조정에 관련된 원리나 기준이므로 공유가치를 다루는 일이다. 셋째, 도덕성은 덕목이나 가치를 다루는 형식이다. 따라서 한 사람의 도덕적 수준은 정의에 대한 여러 가치와 덕목들을 다루는 방법을 통해 판단할 수 있다.

도덕판단이란 결국 사회적 공유가치에 입각하여 역할 채택을 하는 과정에서 서로 간에 주장된 가치들이 갈등할 때 반성적으로 사고하여 옳고 그름, 선악의 논리적 서열에 매기는 인지적 행위라고 할 수 있다.

3) 도덕성 발달이론

콜버그는 피아제의 도덕성 발달이론에 영향을 받았다. 피아제는 아동발달의 도덕발달을 3단계로 전도덕적 단계, 타율적 도덕 단계, 자율적 도덕 단계라고 구분하였다. 전도덕적 단계는 도덕이나 규칙을 모르는 단계이며, 타율적 도덕 단계는 외적인 준거와 행위의 결과로써 그 행위의 옳고 그름이 판단되는 단계이며, 자율적 도덕 단계는 의도가 어떠한지를 통하여 판단하는 단계인 것이다(이우언 외, 2017).

예를 들어, 엄마가 먹지 말라고 한 우유가 담긴 컵을 1개 깬 아이와 엄마를 도우려다 컵을 2개를 깬 아이의 경우에서 의도와 상관없이 컵을 더 많이 깬 아이가 나쁘다고 판단할 경우는 타율적 도덕 단계이며, 자율적 도덕 단계는 의도가 나쁜 아이가 더 나쁘다고 판단하는 단계이다.

콜버그는 도덕적 추론구조를 알아보기 위해 다음과 같은 질문을 하였다.

- 남편은 약을 훔쳤기 때문에 벌을 받아야만 하는가?
- 약사는 터무니없이 비싼 약값을 요구할 권리를 가지고 있는가?
- 약사가 부인을 죽인 것이나 다름없다고 비난하는 것은 정당한가?

- 만약 정당하다면 그리고 부인이 중요한 인물이었다면, 약사를 더 심하게 처벌해야 할까?

이 상황에 따라 표 6-2와 같이 3수준과 6단계의 도덕성 발달이론을 제시하였다.

표 6-2 콜버그의 도덕성 발달단계

수준	단계
전인습적 수준 (preconventional morality, 출생~6세)	1단계: 벌과 복종 지향의 도덕 외부로부터 통제. 보상과 처벌에 의해 행동결정. 처벌을 회피하고자 선악결정
	2단계: 목적과 상호교환 지향의 도덕 보상을 위해 규칙준수. 우호적인 행동의 교환
인습적 수준 (conventional morality, 6~12세)	3단계: 착한 아이 지향의 도덕 타인을 기쁘게 하는 것인 선. 남을 기쁘게 하는 것을 인정받고자 하는 욕구가 강함
	4단계: 법과 질서 지향의 도덕 법과 질서에 대한 강한 믿음. 법과 상위의 권위에 따라 행동 · 사회질서 중요
후인습적 수준 (post-conventional morality, 12세 이후)	5단계: 사회계약 지향의 도덕 도덕적 결정의 궁극적인 내면통제. 법과 자기이해를 초월해서 고차원의 원칙을 수반하는 도덕성
	6단계: 보편원리 지향의 도덕 법에 대한 합리적인 사고와 해석에 의존. 공동체 복지의 중요성 내면의 윤리원칙에 기초하여 행동. 법의 내용에 따라서가 아니라 무엇이 옳은지에 따라 결정

3 비고츠키의 사회인지발달이론

1) 비고츠키의 생애

그림 6-8
비고츠키(Lev Semenovich Vygotsky, 1896~1934)

비고츠키(Lev Semenovich Vygotsky, 1896~1934)는 러시아 출신의 심리학자로서, 그는 내적 인지발달의 중요성을 인지하였을 뿐만 아니라 사회역사적 맥락 내에서의 발달을 고려하여, 아동이 타인과의 관계에서 영향을 받으며 성장하는 사회적 존재임을 강조함으로써 인간에 대한 이해에 있어서 사회, 문화, 역사적인 측면을 제시하였다. 러시아 최초의 심리학자이며, 천재성을 인정받아 활발한 연구를 하였으나, 37년으로 짧은 인생을 마감하였기 때문에 그의 이론과 저서는 그의 선후배들이 요약 정리한 것이 알려지고 있다.

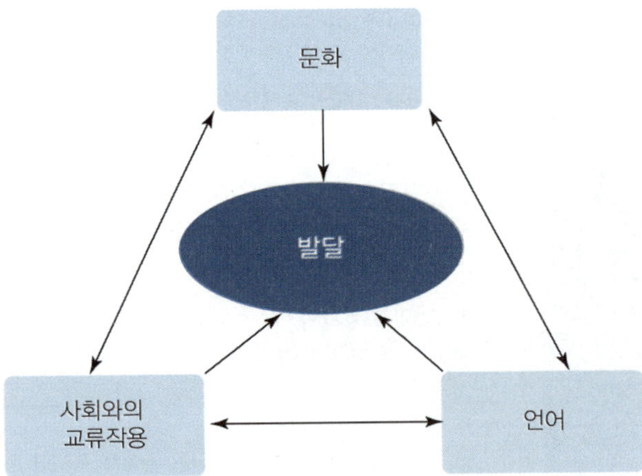

그림 6-9 비고츠키의 사회인지발달 모형

2) 비고츠키 이론의 기본전제

① 인간은 환경과 상호작용하여 지식을 구성하는 능동적인 존재
② 인지발달은 사회문화적 맥락 속에서 이루어진다.
③ 언어가 인지발달을 주도한다.
④ 학습이 발달을 주도한다.
⑤ 성인은 아동의 인지발달에 있어 '발판' 역할을 한다.
⑥ 근접발달지역(zone of proximal development, ZPD)이 존재한다.
⑦ 놀이의 중요성 강조

3) 비고츠키의 발달의 단계

(1) 원시적 또는 자연적 단계(primitive or natural stage)

이 단계는 출생에서부터 만 2세경까지 계속되며, 세 가지의 비지적 언어기능으로 특징을 이룬다.

- 고통이나 좌절로 인한 울음이나 만족을 나타내는 목청의 울림과 같이 정서적 해방을 표현하는 소리
- 생후 2개월부터 나타나는 현상으로 기존의 정서적 반응에 타인의 모습이나 목소리에 대한 사회적 반응으로 해석될 수 있는 소리들이 추가
- 대상과 욕구에 대한 대용으로 기능하는 최초의 단어들의 출현으로 조건반사에 의해 학습

(2) 순수심리 단계(native psychology stage)

이 단계의 아동은 언어가 상징적 기능을 지닌다는 사실을 발견하고 사

물의 이름에 대한 계속적인 질문을 통해 이러한 발견을 표현하게 된다.

- 아동은 더 이상 타인에 의해 단순히 조건화되는 것이 아니고 스스로 활발한 정보를 추구한다.
- 아동의 어휘는 급격히 증가한다.
- 이 단계에서 언어와 사고가 결합하기 시작한다.

(3) 자기중심적 언어의 단계(egocentric speech stage)

- 취학 전의 유치원 아동에게서 많이 나타나며 놀이장면에서 발견된다.
- 자기중심적 언어는 아동이 주변에 다른 사람이 존재하는가의 여부와 관계없이 자신이 활동하는 것에 독백을 하는 형태로 나타난다.
- 자기중심적 언어를 사고의 중요한 새로운 도구로 간주한다. 자기중심적 언어는 단순히 긴장의 완화나 활동의 표현적 부산물에 그치는 것이 아니고 문제해결을 위한 계획을 모색하는 사고의 중요한 도구이다. 자기중심적 언어는 7세경이면 사라진다.

(4) 내적 언어의 단계(ingrowth stage)

이 단계에서는 아동은 자신의 머릿속에서 무성언어의 형태로 언어를 조직하는 것을 배운다.

- 문제해결을 위하여 내적 기호를 사용하는 논리적 기억을 수단으로 하는 사고를 한다.
- 이러한 단계를 거친 후 비로소 인간은 내적 언어와 외적 언어의 양자를 개념적 또는 언어적 사고 도구로 사용한다.

4) 근접발달영역 이론

비고츠키의 근접발달영역(zone of proximal development)은 피아제의 인지이론과의 비교되는 것으로, '사회적 상호작용' 또는 '교수-학습 상호작용'을 강조한 이론이다. 근접발달영역은 '실제적 발달수준(level of actual development)과 잠재적 발달수준(level of potential development) 간의 거리'이고 실제적 발달수준은 문제를 해결하는 경우에 확인되는 발달수준이며, 잠재적 발달수준은 도움을 받아서 문제를 해결함으로써 결정되는 발달의 수준이다(Vygotsky, 1978).

예를 들어, 8세된 어떤 아동은 다른 사람이 도와주면 12세용 문제까지 풀 수 있는데, 어떤 아동은 똑같이 도움을 받더라도 9세용 문제밖에 풀지 못할 수 있다. 따라서 현재 동일한 지적발달수준에 있는 두 아동도 성인의 도움을 받아 개발될 수 있는 능력의 크기인 근접발달영역이 다르다면 이 두 아동의 지능은 동일한 것이 아니다. 이처럼 근접발달영역의 개념은 인지발달이 사회적 상호작용의 결과로 발전한다는 사실을 강조하고 있으며, 아동의 인지발달에 교사나 성인이 적극적으로 도움을 줄 수 있는 이론적 근거를 마련했다는 점에서 중요한 의미를 지니고 있다(이경화 외, 2003).

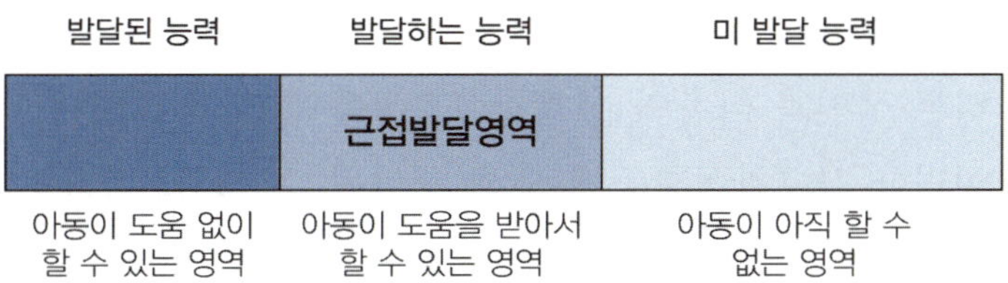

그림 6-10 비고츠키의 근접발달영역

비고츠키는 아동이 타인과의 관계에서 영향을 받으며 성장하는 사회적 존재임을 강조하는 인간의 정신작용은 사회와의 상호작용의 측면을 제시한다. 인지발달에 있어서 가장 중요한 사건은 아동의 언어습득에 영향을 받는데, 내적 언어와 사회적 언어 모두 영향을 받는다.

비고츠키(1978)는 근접발달영역을 "독립적인 문제해결에 의해 결정된 실제적 발달수준과 성인의 안내 혹은 보다 유능한 동년배와의 공동협력을 통한 문제해결에 의해 결정되는 잠재적 발달수준 간의 거리이다"라고 정의 내리고 있다. 근접발달영역의 개념에서 발견할 수 있는 기본적인 논제는 아동이 도움을 받지 않고 수행하는 것에서는 성인이나 다른 유능한 사람의 도움에 의해 아동의 반응을 분석할 수 있는 정신적인 기능을 파악하지 못한다는 것이다(Minick, 1987). 근접발달영역의 개념은 다른 사람과의 사회적 상호작용, 점진적인 내면화의 중요성 그리고 인지발달의 과정에 있어서 사회적 상호작용을 강조하는 지적인 발달과 비고츠키의 학습이론에 기초를 형성하고 있다.

5) 발판화(scaffolding)

비고츠키는 개인의 지적발달은 문화적 영향을 크게 받는 것으로 생각한다. 아동은 성인의 도움을 받아 문화적 산물로써의 지식을 내면화함으로써 개인적인 인지발달이 가능하게 된다. 아동의 지적발달은 내면화를 가능하게 하는 성인과 아동의 상호참여활동을 통해 촉진되는 것이다. 근접발달은 이러한 상호참여활동에 의해 진단될 수 있다. 비고츠키 이론에서 성인과 아동 간의 상호참여 활동은 단순한 지능의 진단뿐 아니라 아동의 인지발달을 촉진하는 방안으로써 많은 연구의 대상이 되고 있다. 아동이 스스로 문제를 해결할 수 있는 수준에 도달하기까지 매 단계마다 아동의 수행수준에 맞추어 도움을 주는 수준과 양을 적절히 조절하는 방안을 흔히 발판화(scaffolding)라 부른다(Bruner, 1996). 발판화는 성인의 일방적인 가르침에 의존하는 성인중심의 인지발달 촉진방안과 아동의 자발적인 활동에 의존하는 극단적인 아동중심방안을 적절히 통합하여 성인이 아동의 수행수준에 적응해가며 궁극적으로는 아동이 독자적인 문제해결 수준에 도달할 수 있도록 촉진하는 효율적인 성인과 아동 간의 거래적 상호작용모형(transactional interaction model)으로 알려져 있다.

그림 6-11 비고츠키의 발판화(scaffolding)

6) 피아제의 인지이론과의 비교

비고츠키의 이론은 흔히 피아제와 비교되어 설명된다. 비고츠키의 이론은 사회문화적 접근으로, 그리고 피아제의 발생론적 인식론(genetic etpitemology)은 인지적 구성주의로 설명된다. 동시대를 살았던 두 사람의 이론은 인간의 발달, 즉 지식의 형성과정을 연구의 대상으로 하였다는 점과 행동주의적 방법론의 부적절성을 인식하였다는 공통점이 있지만, 지식의 속성이나 실재의 문제, 그리고 지식과 학습, 발달을 설명하는 데 있어서는 상이한 입장을 보인다(김지현, 1998). 두 사람의 이론은 모두 인간의 인식이란 구성의 작업이며, 지식은 이러한 구성의 과정과 불가분의 관계에 있다는 사실을 강조하고 있어, 구성주의(constructivism)적 입장으로 해석된다. 하지만 피아제의 경우 인간은 자신의 주관적인 형태로 지식을 구성하고 그 지식을 바탕으로 또 다른 지식을 형성해 가는 인식적 행위에서 중심을 개별 인간의 주관성으로 보았지만, 비고츠키는 지식은 먼저 사회적인 차원에서 구성되고, 이것이 개별적인 인간들의 상호작용을 통하여 개인 안에 내면화함으로써 재구성된다고 보았다.

또한 피아제에 있어서 지식의 발달은 평형화(equilibrium)를 이루는 인식 주체의 내부에서 벌어지는 과정이지만, 비고츠키에게 있어서 지식의 발달은 개인 심리 간 과정과 개인 심리 내적 과정인 '내면화(internalization)'로 설명되고 있다.

비고츠키 이론과 피아제 이론을 비교 요약하면 표 6-3과 같다.

표 6-3 피아제와 비고츠키의 비교

피아제	비고츠키
자연발생적이고 생물학적인 면을 강조	역사적이고 사회적 환경을 강조
인지발달은 문화적 맥락과 관계가 없다.	문화적 맥락은 인지과정의 유형을 결정한다.
언어는 지적발달의 원천이기보다 지적발달의 부산물이다.	언어는 인지발달에 중요한 역할을 하며 정신기능의 핵심이다.
아동은 세상을 스스로 학습해 나가는 독립적인 발견자이다.	아동의 학습은 문화적인 맥락에서 일어나며, 발견되는 대상과 그것을 발견하는 수단은 인류역사와 문화의 산물이다.

출처: 윤길근 외(2008).

7) 비고츠키 이론의 한계점

- 근접발달영역의 개념이 모호하다.
  ⇒ 학습능력, 학습유형, 발달수준의 미지수. 일반성, 안정성, 측정방법의 부재
- 각기 다른 연령 또는 각각의 발달수준에서 아동들이 보이는 발달적 차이점에 대한 기술이 거의 없다.

학습정리

1. 피아제의 인지발달이론: 동화와 조절, 도식(스키마, schema), 평형화
   감각운동기, 전조작기, 구체적 조작기, 형식적 조작기
2. 콜버그(Kohlberg)의 도덕성 발달이론
   - 전인습적 수준(벌과 복종 지향의 도덕, 목적과 상호교환 지향의 도덕)
   - 인습적 수준(착한 아이 지향의 도덕, 법과 질서 지향의 도덕)
   - 후인습적 수준(사회계약 지향의 도덕, 보편원리 지향의 도덕)
3. 비고츠키(Vygotsky)의 사회인지발달이론
   - 근접발달영역(ZPD: zone of proximal development): 비고츠키(1978)는 독립적인 문제해결에 의해 결정된 실제적 발달수준과 성인의 안내 혹은 보다 유능한 동년배와의 공동협력을 통한 문제해결에 의해 결정되는 잠재적 발달수준 간의 거리
   - 발판화(scaffolding): 아동이 스스로 문제를 해결할 수 있는 수준에 도달하기까지 매 단계마다 아동의 수행수준에 맞추어 도움을 주는 수준과 양을 적절히 조절하는 방안

생각해보기

1. 피아제의 인지발달이론을 바탕으로 쉐마(스키마, schema)의 중요성을 토론해 보시오.
2. 콜버그가 주장하는 하인츠의 딜레마를 통하여 도덕발달수준을 분류하는 기준이 무엇인지 토론해 보시오.
3. 비고츠키의 근접발달영역을 기초로 잠재영역과 아는 영역을 예를 들어 설명해 보시오.
4. 영유아 교육에서 비고츠키의 적용 사례를 찾아보시오.

CHAPTER

07

행동주의이론 I

학습목표

1. 행동주의이론의 개념을 이해한다.
2. 학자별 이론의 특징을 비교 설명한다.
3. 행동주의를 통한 학습의 적용과 과정을 이해한다.

1 행동주의이론의 이해

행동주의이론은 "인간은 반응하는 존재다"라는 것이다. 즉 인간을 자극(stimulus)에 의해 반응(response)하는 반응체로 본다.

행동주의에서는 성격을 '경험의 결과 나타나는, 관찰할 수 있는 행동의 변화'로 본다. 행동주의 이론을 체계화하는 데 공헌한 사람은 왓슨(Watson)이다. 그는 인간에 대한 이해가 관찰 가능한 외적인 행동과 그러한 행동을 이끌어내고 강화시키는 사건들에 의해 과학적 관찰에 근거를 둔다. 행동주의 이론은 다윈의 진화론에 영향을 받아 손다이크(Edward Thorndike, 1913)와 파블로프(Ivan Pavlov, 1927)에 의해 20세기에 시작되었다. 행동주의 이론에서는 학습을 '경험의 결과로 나타나는 행동을 비교적 영속적인 변화'라고 정의하고 있으며, 관찰 가능한 행동에 초점을 맞추고 있다.

행동주의 이론의 근본 원리는 자극과 반응 간의 연합에 있다. 자극이란 학습자에게 제시되는 모든 환경을 의미하며, 반응은 자극에 의해 발생하는 학습자에게 제시되는 모든 환경을 의미하며, 반응은 자극에 의해 발생하는 학습자의 행동을 의미한다. 이들 자극과 반응 간의 연합이 곧 학습이라고 보는 것이다. 이러한 행동주의 이론은 일반적으로 다음 몇 가지 이론적 가정에서 출발한다.

① 학습의 결과는 행동의 변화에 있다.
② 모든 연구는 과학적이어야 하며 과학적이라는 의미는 객관적이고 검증 가능하다는 의미이기 때문에 모든 과학적 연구는 오로지 관찰 가능한 사진이나 현상에 한정되어야 한다.
③ 인간행동은 환경의 통제에 의해서 예측과 통제가 가능하며, 이는 인간이 생존을 위하여 환경에 적응해야 하기 때문이다.
④ 학습은 단순히 환경에 대한 자극과 반응에 의하여 일어난다.

행동주의 학습이론의 계보를 이루는 사람으로는 파블로프, 손다이크, 스키너 등을 들 수 있다.

2 파블로프의 고전적 조건화이론

파블로프(Ivan Petrovich Pavlov, 1849~1936)는 조건형성 연구에 착수하기 전에 이미 소화에 관한 연구 업적으로 1904년 노벨상을 받은 러시아의 생리학자이다. 그의 초기 관심은 개의 음식 소화와 관련된 각종 반사행동에 대한 선천적인 신경통제에 있었다. 그는 외과적으로 침 분비선 가운데 하나를 적출하여 침이 특수한 관을 통해서 동물의 신체 밖으로 흐르게 함으로써 침의 분비 여부가 쉽게 측정되고 분석될 수 있도록 실험장치를 마련했다(그림 7-1 참조). 침 분비는 몇 가지 선천적 반사에 의해 생기며, 그 중 하나가 음식을 소화시키려는 준비 반사이다. 이것은 입속의 음식(특히 마른 음식)에 의해 촉발된다.

파블로프는 연구과정에서 새로운 사실, 즉 침 분비 반사가 애초에는 전적으로 무관하였던 자극들에 의해서도 시작될 수 있다는 것을 발견하였다. 실험실에 얼마 동안 있었던 개들은 실험실에 들어온 적이 없었던 개들에게는 영향을 미치지 않는 다수의 자극들에 대해서도 침 분비반응을 나타냈던 것이다. 입 속에 있는 고기 맛과 접촉감뿐만 아니라 먹이를 단순히 보는 것이나 먹이가 놓여 있던 그릇을 보는 것, 그리고 먹이를 제공하는 사람의 발소리를 듣는 것조차도 마침내 침을 분비시켰던 것이다. 파블로프는 즉시 그런 현상에 대한 원인에 관심이 많았다. 왜냐하면 그러한 현상들은 선천적 반응이라고 간주했던 반사개념이 학습된 반응까지 확장시켜 주는 수단을 제공할 수 있다고 생각했기 때문이다. 접근방법을 보면, 동물의 일상사에서 우발적 사건이 일어나기를 기다리지 않고 실험자가 그러한 경험을 제공하는 것이다. 초기에 실험자는 종소리를 반복적으로 들려주고, 곧이어 음식물을 제공한다. 나중에는 종소리는 들리지만 먹이가 주어지지 않을 때 발생하는 현상을 관찰함으로써 다음과 같은 결과를 발견하였다.

이런 사실을 설명하기 위해서 파블로프는 무조건 반사와 조건반사의 구별을 제안하였다. 그는 무조건 반사(unconditioned reflex)가 본질적으로 생득적이고 선천적이라고 주장하였으며, 동물들의 생활경험과는 관계없이 적절한 자극에 의해 무조건적으로 유발된다는 것이다. 한 가지 예를 들면 입속의 음식인데, 이것은 무조건적으로 침 분비를 유발한다. 이와 대조적으로 조건 반사(conditioned reflex)는 획득되는 것으로, 동물의 과거 경험에 대해 조건적이고, 파블로프에 따르면 뇌에서 새롭게 형성된 연결들에 기초를 두고 있다.

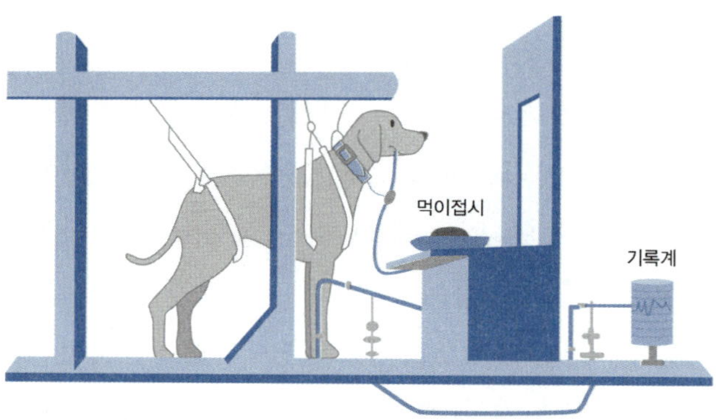

그림 7-1 파블로프의 고전적 조건형성실험

표 7-1 고전적 조건형성의 모형

(1) 조건형성 전		
무조건 자극(UCS) (고기)	⟶	무조건 반응(UCR) (침)
(2) 조건형성 중		
조건 자극(CS) (종소리)	⟶ + 무조건 자극(UCS) (고기)	무조건 반응(UCR) (침)
(3) 조건형성 후		
조건 자극(CS) (종소리)	⟶	조건 반응(CR) (침)

파블로프에 의하면, 모든 무조건 반사는 무조건 자극(unconditioned stimulus, US)과 무조건 반응(unconditioned response, UR) 간의 선천적인 연결에 기초하고 있다는 것이다. 파블로프의 실험에서는 입속의 음식(US)과 침 분비(UR) 사이의 연결이라 할 수 있다. 조건반사에서 대응되는 용어는 조건 자극(conditioned stimulus, CS)과 조건 반응(conditioned response, CR)이다. CS는 애초에는 중성적인 자극으로써 CR을 유발하지 않는 어떤 자극(여기서는 종소리)을 의미한다. CR(여기서는 침 분비)은 CS와 US가 짝지어진 후에 CS에 의해 유발되는 반응이다.

조건 반응의 기본원리는 다음과 같다.

- 강도의 원리: 첫 번째 자극보다 그다음 번 자극이 더 강해야만 바람직한 결과를 얻는다.
- 일관성의 원리: 어떤 자극을 줄 경우 그 자극이 질적으로 일관될 때에 조건 반응의 형성이 더 잘 이루어진다.
- 시간의 원리: 무조건 자극(음식물)과 조건 자극(벨소리)을 일정한 양식으로 반복해 줌으로써 자극, 반응, 강화의 세 요소가 결합되어 조건화가 일어난다.
- 계속성의 원리: 자극－반응과의 관계가 반복되는 횟수가 많으면 많을수록 효과가 있다.

3 왓슨의 고전적 조건형성이론

인간의 많은 정서적 반응들이 고전적 조건형성의 결과로 학습된다는 것을 알 수 있다. 인간의 정서적 반응의 습득을 고전적 조건형성으로 설명하고자 했던 것으로써, 왓슨(J. B. Watson, 1878~1958)은 1918년에 파블로프의 조건반사에 관하여 연구하여 조건반사의 원리를 아동 연구에 최초로 적용시켰다(송인섭 외, 2008). 생후 9개월 된 알버트라는 아이를 대상으로 흰쥐 공포실험을 하였다. 알버트가 흰쥐에 접근하려 할 때, 뒤에서 큰 망치 소리를 내었고, 알버트는 놀라서 앞으로 넘어졌다. 이 과정을 아이가 쥐에 접근할 때마다 되풀이되자 아이는 흰쥐만 보면 공포반응을 보이며 울기 시작하였고, 다른 동물에까지 일반화하는 반응을 보였다.

한편, 이미 학습된 조건 반응 역시 고전적 조건형성의 원리를 이용하여 없앨 수 있는데, 이를 역조건형성(counter-conditioning)이라고 한다. 이와 같은 역조건형성의 원리를 이용한 체계적 둔감법(systematic desensitization)은 공포증 치료에 많이 활용되고 있다.

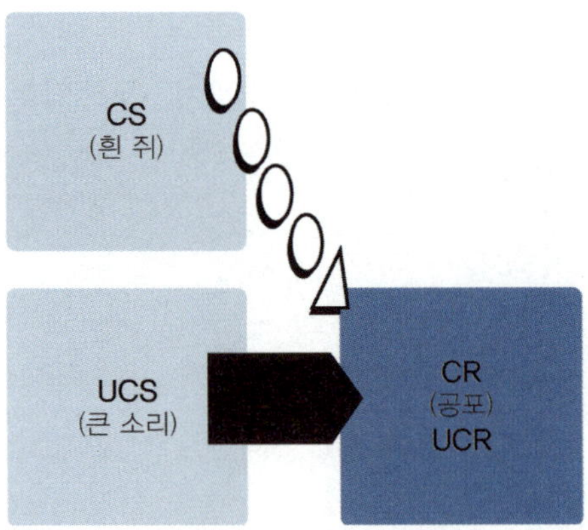

그림 7-2 왓슨의 고전적 조건형성이론 실험

쉬어가기

파블로프(Pavlov, 1849~1936)는 50세가 되던 해에 심리적 반사의 연구를 계기로 생리학에서 심리학으로 전환하면서 제2의 인생을 시작했다. 그러나 그의 연구에 대한 열정은 여기에서 그치지 않았다. 그의 나이 80세에 이르러 이제까지 연구 결과를 바탕으로 조건형성에 대한 그의 연구 결과를 정신질환에 적용하기 시작하였다. 이런 노력의 결과물이 그의 저서인 『조건반사와 심리치료(Conditioned Reflexes and Psychiatry, 1941)』이며, 많은 사람들은 이것을 심리치료의 기념비적인 공헌이라고 평가하고 있다.

파블로프는 왓슨의 행동주의는 인정하지 않았으나 심리학자로서 그의 이론을 충실히 받아들였다. 그리고 손다이크의 실험을 높이 평가하였다. 파블로프가 러시아에서 학습 과정을 연구하고 있을 때 미국에서는 손다이크가 고양이 등을 이용한 동물 연구를 진행하고 있었다. 파블로프는 대체로 심리학자들에 대해 좋지 않은 생각을 가지고 있었지만, 손다이크만은 예외였다. 파블로프는 손다이크를 상당히 존경하였으며, 손다이크를 동물 학습 과정을 체계적으로 연구한 최초의 사람이라고 인정하였다.

"새로운 방법으로 우리들이 일을 시작한 몇 년 후, 우리와 비슷한 동물 실험을 미국에서도 하고 있다는 것을 알았다. 나는 그런 동물 실험을 생리학자가 아닌 심리학자가 하고 있다는 사실에 놀랐다. 그래서 나는 미국 간행물을 자세히 들여다보았다. 지금 나는 동물 실험을 통해 학습 과정을 처음으로 연구한 사람이라는 영광은 손다이크에게 돌아가야 한다고 생각한다. 그의 실험은 우리 실험보다 2, 3년 앞서 이루어졌으며, 광범위한 문제에 대한 대담한 개관, 그러한 결과들의 정확성 때문에 그의 저서는 고전이라고 하지 않을 수 없다."

파블로프의 '조건반사'는 '귀가 중 전철에서 겨우 자리를 잡았을 때, 노인이 다가오면 조건반사로 눈을 감고 자는 척한다'든가, '매력적인 여자나 남자를 보면 조건반사로 말을 걸어버린다'든가 하는 것은 파블로프가 말하는 조건반사가 아니다. 또 펄펄 끓는 욕탕에 들어가거나 혹은 감으로 무심코 손을 대면 자동적으로 손을 급히 빼버리는 등의 반사는 조건반사가 아니라 누구에게나 갖추어진 생리적인 기능이다.

파블로프의 조건반사는 어떤 경험에 따라 '조건적으로' 몸에 밴 일종을 말한다. 따라서 개인적으로 경험한 것인지 어떤지가 중요하다. 한국인이 김치를 보기만 해도 입안에 군침이 돈다고 했을 때, 이는 김치를 먹는 습관이 있는 한국인에게 있는 특유의 조건반사로 김치를 먹은 적이 없는 외국인에게는 일어나지 않는다. 이게 파블로프가 말하는 조건반사이다.

4 손다이크의 시행착오이론

그림 7-3
손다이크(E. L. Thorndike, 1874~1949)

손다이크(E. L. Thorndike, 1874~1949)는 일찍이 동물의 사고능력에 관한 객관적인 실험증거를 얻고자 병아리, 개, 고양이를 대상으로 동물실험을 하였다.

손다이크는 학습이 어떻게 이루어지는지 알아보기 위해 고양이의 문제해결과정을 연구하였다. 그림 7-4와 같이 문제상자(puzzle box)라고 하는 실험장치 속에 굶긴 고양이를 집어넣는다. 고양이가 상자 속의 줄을 당기거나 지렛대를 누르면 문이 열려 밖으로 나올 수 있고, 나오면 보상으로 먹이를 얻게 되어 있다. 처음에 고양이를 문제상자에 집어넣으면 고양이는 지렛대를 할퀴거나 물어뜯으면서 날뛴다. 얼마 후 고양이는 우연히 정확한 반응을 하게 된다. 이런 시행이 계속됨에 따라 고양이가 상자 밖으로 나오는 데 걸리는 시간은 점점 짧아진다. 마침내는 상자 속에 넣기만 하면 줄을 당기거나 지렛대를 눌러 재빨리 빠져나오게 된다. 이렇게 시행이 계속됨에 따라 부적절한 반응은 줄어들고 점차 정확한 반응을 짧은 시간 내에 수행하게 된다. 따라서 손다이크는 이를 시행착오 학습(trial and error learning)이라고 불렀다. 또한 고양이의 올바른 학습행동은 보상을 얻는데 수단이 되므로 도구적 학습(instrumental learning)이라고도 하였다. 고양이가 어떻게 이런 학습을 하게 되었는가? 손다이크는 이를 효과의 법칙(law of effect)으로 설명하였다. 효과의 법칙이란 만족스런 결과를 가져오는 반응은 미래에 반복될 가능성이 증가하는 반면, 불만족스럽거나 부정적 결과를 가져오는 반응은 점차 사라지게 된다는 원리이다. 따라서 효과의 법칙에서는 학습이 자극과 반응 간의 단순한 접근이라기보다는 반응의 결과에 따라 달라진다는 것을 의미하고 있다.

그림 7-4 손다이크의 고양이 문제상자실험

출처: 이훈구 외(2008). 인간행동의 이해. 법문사. p. 110

손다이크는 자극-반응과의 결합이 강화되는 것과 관련하여 학습의 법칙을 다음과 같이 제시하였다.

- 효과의 법칙(law of effect): '결과의 법칙'이라고도 한다. 학습의 과정과 그 결과가 만족스러운 경우 그 결합이 강화된다.
- 연습의 법칙(law of exercise): '빈도의 법칙'이라고도 한다. 자극과 반응의 결합이 빈번히 되풀이되는 경우 그 결합이 강화된다.
- 준비성의 법칙(law of readiness): 새로운 사실과 지식을 습득하기 위해서는 준비를 충분히 갖추고 있을수록 결합이 용이해진다.

학습정리

1. 행동주의이론의 근본 원리: 자극과 반응 간의 연합
   - 자극: 학습자에게 제시되는 모든 환경을 의미
   - 반응: 자극에 의해 발생하는 학습자에게 제시되는 모든 환경
   - 반응은 자극에 의해 발생하는 학습자의 행동을 의미
   - 자극과 반응 간의 연합이 곧 학습이라고 봄
2. 파블로프의 고전적 조건형성이론(Classical conditioning theory): 개의 타액분비실험을 통하여 무조건자극에 대하여 무조건반응만 보인다면 이것은 학습이 일어났다고 볼 수 없고 무조건 자극과 조건자극이 반복적으로 제시되어 조건반응을 이끌어낼 때 이것을 조건형성되었다고 보며, 곧 학습이 일어난 것으로 봄
3. 손다이크(Thorndike)의 시행착오이론(Trial-and-error learning): 자극-반응 결합설이라고도 하며, 고양이 문제상자 실험을 통하여 학습이란 시행과 착오의 과정을 통해 특정한 자극과 반응이 결합됨으로써 발생하는 것

생각해보기

1. 자신의 일상생활과 자극에 대해 이야기해보시오.

CHAPTER 08

행동주의이론 Ⅱ

학습목표

1. 스키너의 조작적 조건형성이론을 이해한다.
2. 반두라의 관찰학습이론을 이해한다.

1 스키너의 조작적 조건형성이론

스키너(B. F. Skinner, 1904~1990)는 동물의 학습과정을 연구하기 시작하였으며, 연구결과 그는 동물뿐만 아니라 인간의 학습도 조작적 조건형성의 원리로 설명할 수 있다고 생각하게 되었다. 조작적 조건형성의 원리는 대부분 그의 연구결과이다.

스키너는 고전적 조건형성과 조작적 조건형성을 철저하게 구분할 것을 주장한 초기 이론가 중의 한 사람이었다. 고전적 조건형성에서 동물들의 행동은 외적 자극인 CS에 의해 유발(elicit)되는 것이다. 그러나 조작적 조

그림 8-1
스키너(Burrhus F. Skinner, 1904~1990)

건형성에서의 반응행동은 유기체 내부로부터 방출(emit)되는 것이다. 따라서 스키너는 행동을 반응적(respondent) 행동과 조작적(operant) 행동으로 구분할 것을 주장하였다. 반응적 행동이란 반사행동과 같이 어떤 자극에 대한 자동적 · 수동적 반응을 의미하며, 고전적 조건형성이 잘 설명하는 반응을 포함한다. 한편 조작적 행동이란 유기체의 자발적 · 의도적 반응을 의미한다. 따라서 조작적 조건형성의 경우, 유기체가 먼저 어떤 행동을 해야 하며, 그 행동의 결과에 따라 그 행동이 미래에 나타날 확률이 달라진다는 것이다. 스키너 역시 손다이크처럼 효과의 법칙을 믿었으며, 이런 조작적 행동을 방출하는 경향성은 그 행동의 결과에 의해 강화되거나 약화된다고 주장하였다.

행동주의자들은 보다 근원적인 학습의 법칙을 밝히려는 의도 때문에 좀 더 단순한 학습상황을 탐구하였다. 스키너가 조작행동의 연구를 단순화시킨 방식은 동일한 조작적 반응이 반복적으로 수행될 수 있는 상황을 만드는 것이었다. 예컨대, 스키너는 배고픈 쥐나 비둘기를 자신이 제작한 '스키너 상자(Skinner box)'라 불리는 실험장치에 넣고 실험하였다. 스키너 상자 안에는, 쥐 실험의 경우 막대와 먹이접시가 있고, 배고픈 쥐는 상자 안을 서성거리다가 우연히 지렛대를 누르면 먹이가 접시로 떨어지게 되어 있다. 여기에서 쥐가 막대를 누르는 행동이 바로 조작적 행동이다. 지렛대를 누르면 먹이가 나온다는 것을 알게 된 배고픈 쥐는 점점 더 빠른 속도로 막대를 누르게 된다. 비둘기 실험의 경우, 스키너 상자 안에는 불 켜진 창과 먹이접시가 있으며, 비둘기가 불 켜진 창을 부리로 쫄 때마다 먹이가 떨어지게 되어 있다(그림 8-2 참고). 모든 동물의 반응은 자동적으로 기록되고, 자극의 강화도 프로그램 장치에 의해 자동적으로 제시된다. 반응강도의 측정은 반응률(response rate), 즉 단위 시간당 반응의 수로 표시

된다.

한편 지렛대를 누를 때마다 먹이를 주다가 어느 순간부터 지렛대를 눌러도 먹이를 주지 않으면(보상의 철회) 지렛대를 누르는 행동은 점점 감소하여 사라지게 되는데 이를 소거라 한다. 이 실험에서 비둘기가 지렛대를 누를 때마다 먹이가 나오고 이에 따라 막대를 누르는 행동이 점점 빠르게 일어나는 것은, 비둘기가 지렛대를 누르는 조작적 행동이 먹이라는 보상(강화물)을 가져왔고, 먹이가 지렛대를 누르는 행동을 강화시킨 것이다. 이처럼 어떤 행동 뒤에 나타나 그 행동의 빈도를 증가시키는 결과를 초래하는 것을 강화라 하고, 행동의 빈도를 감소시키는 결과를 초래하는 것을 처벌이라고 한다.

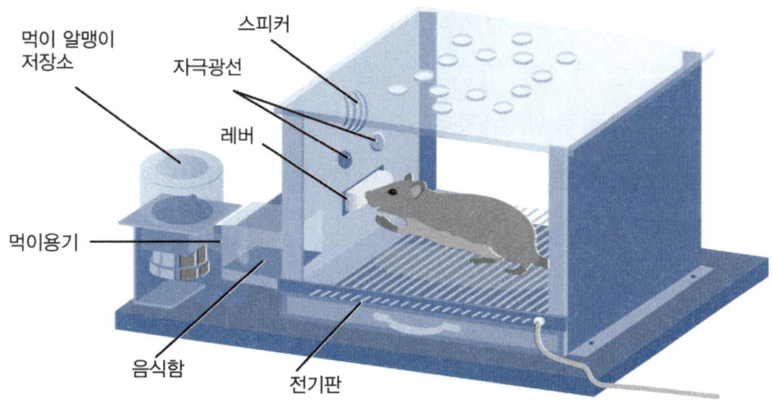

그림 8-2 스키너 상자 실험

1) 강화의 의미

스키너는 강화(reinforcement)에 대해 '특정 반응의 확률을 증가시키는 사상(events)'이라고 정의하고 있으며, 이를 다시 정적 강화(positive reinforcement)와 부적 강화(negative reinforcement)로 구분하였다. 정적 강화란 음식, 칭찬과 같은 긍정적 자극을 제공함으로써, 그리고 부적 강화란 부정적 자극을 제거해 줌(이것 역시 긍정적 결과)으로써 반응(행동)의 확률을 증가시키는 것이다. 비둘기가 스키너 상자 속에서 막대를 누를 때마다 먹이가 나와 막대를 누르는 반응이 증가되는 것은 정적 강화의 예이며, 스키너 상자의 바닥으로부터 전기충격을 받고 있는 쥐가 막대를 누를 때마다 10초간 전기충격이 끊어지면 전기충격을 피하기 위해 막대를 누르는 반응이 증가하게 되는데 이는 부적 강화의 예이다.

강화를 일으키는 자극을 강화물(reinforcer)이라고 한다. 강화물은 일차적(primary reinforcer) 강화물과 이차적 강화물(secondary reinforcer)로 나눌 수 있다. 일차적 강화물은 음식, 공기, 물과 같이 선천적인 욕구를 만족시키는 자극물을 의미한다.

이차적 강화물은 원래는 중성자극이었으나 경험을 통해 일차적 강화물 또는 다른 이차적 강화물과 연합됨으로써 강화적 속성을 획득하게 된 조건화된 강화물을 의미한다. 이러한 조건강화물(conditioned reinforcer)로는 돈, 사회적 인정, 칭찬, 수용, 사회적 지위 등을 들 수 있다.

2) 강화계획

강화계획(reinforcement schedule)이란 유기체의 반응이 강화되는 경우를 결정하려고 실험자가 설정한 규칙을 의미한다. 조작적 조건형성의 과정에서 유기체가 요구되는 반응을 할 때마다 강화물을 주는 것을 연속강화

(continuous reinforcement)라 하고, 요구되는 반응 중 일부분에만 강화물을 제공하는 것을 부분강화(partial reinforcement)라 한다. 한편, 강화에 의해 습득된 조작적 반응행동은 강화물 제공을 중단하면 사라지게 된다. 이 같은 소거현상은 부분강화보다 연속강화계획을 쓴 경우 더 빨리 일어나게 된다. 즉 연속강화가 부분강화보다 빠른 학습을 가져오지만, 학습된 행동을 오래 유지시키는 데 더 효과적인 것은 아니다. 이는 일상적 경험상 바람직한 반응에 항상 보상을 줄 수는 없는 현실을 생각할 때 오히려 다행이라고 할 수 있다. 부분강화의 극적인 효과 중 일부는 소거에서 나타난다. 즉, 어떤 반응이 계속적 강화보다는 부분적 강화로 습득되면 소거시키기가 더 어렵다는 것이다. 이런 현상을 부분강화 효과(partial-reinforcement effect)라고 한다.

부분강화계획은 강화를 받는 반응 간의 시간간격에 기초하고 있는 간격계획(고정간격계획, 변화간격계획)과 강화와 다음 강화 사이의 반응수에 기초하고 있는 비율계획(고정비율계획, 변화비율계획)으로 나눌 수 있다. 이상의 네 가지 부분강화계획 중 어떤 것을 선택하고 사용하는가는 연구대상 행동의 형태와 원하는 소거속도에 따라 결정된다.

- 고정간격계획(fixed interval reinforcement schedule, FI)은 일정 시간이 지난 후 나오는 첫 번째 반응에 강화를 주는 계획이다. 만약 매주 금요일에 심리학 과목의 퀴즈를 본다면 학생들의 공부하는 습관은 어떻게 될까? 아마도 주말에는 별로 공부를 안 하다가 수요일, 목요일이 될수록 점차 학습량을 늘려서 금요일에 시험을 보려고 할 것이다. 스키너 상자의 쥐도, 예컨대 2분 간격의 고정계획으로 강화를 주면, 일단 강화를 받은 후에는 반응률이 뚝 떨어지고 2분이 가까워질수록 반응률이 높아진다. 따라서 강화 후 반응률이 뚝 떨어져서 대부분의 기간 동안은 천천히 반응하다가 간격 기간이 다 되어 가서 강화가

가까워지면 반응률이 급격히 높아지는 scallop 현상을 보인다.

- 가변간격계획(variable interval reinforcement schedule, VI)은 항상 일정 시간이 지난 후 강화를 주는 대신, 평균 얼마의 시간이 지난 후(매번 시간 간격이 변화함) 첫 반응에 강화를 주는 계획이다. 이 계획하에서 대부분의 동물(또는 인간)은 강화를 받는 가장 효과적 방법이 빠르지 않게 안정된 속도로 반응하는 것이라고 알게 된다. 왜냐하면 강화가 반응수에 따라 나오는 것이 아니라 일정 시간이 지난 후의 반응에 대해 제공되기 때문이다. 예를 들어, 심리학 시간에 불규칙하게 퀴즈를 본다면 학생들은 비교적 꾸준하게 예습과 복습을 하게 될 것이다.
- 고정비율계획(fixed ratio reinforcement schedule, FR)은 특정 수의 반응을 한 후에 강화를 주는 것으로 스키너 상자에서 쥐가 5번 막대를 누를 때마다 먹이 1개를 주는 것을 예로 들 수 있다. 이 계획하에서는 매우 빨리 반응을 하게 된다. 예컨대, 외판원이 물건 다섯 개를 팔면 물건 한 개의 값을 대가로 받는 실적제의 경우 열심히 팔게 되는 것과 같다. 한편 고정비율계획의 경우 소거는 연속강화의 경우보다는 늦게 일어나지만, 결국은 강화물이 더 이상 안 나오는 것을 쉽게 알게 되어 소거는 비교적 잘 일어난다.
- 가변비율계획(variable ratio reinforcement schedule, VR)은 항상 고정된 수의 반응 후에 강화를 주는 대신 강화가 평균 몇 번째 반응 뒤에 나오는 계획이다. 평균 10번째 반응에 강화를 주는 변동비율계획을 예로 든다면, 어떤 경우는 강화 후 첫 번째 반응, 또는 세 번째 반응, 또는 20번째 반응에 강화를 주어 전체적으로 평균 10번째 반응에 강화를 주는 것이다. 대부분의 슬롯머신이 이 같은 변동비율계획에 따라 설계되어 있으므로 사용자는 언제 강화를 받을지 알 수 없는 것이다. 따라서 당장 강화를 받을지도 모른다는 생각에 의해 소거가 일어나기 힘들기 때문에 노름행위의 근절이 힘들다고 볼 수 있다. 변동비

율계획의 경우 행동의 습득도 비교적 빠르고 강화를 제거한 후에도 반응이 높은 비율로 비교적 오래 지속되는 경향이 있다. 이상의 강화계획을 요약하면, 계속적 강화(CRF)는 학습은 빠르지만 소거가 쉬운 반면에, 모든 부분강화계획은 계속적 강화보다 학습속도는 느리지만 소거가 더 어렵다는 특징이 있다. 그러므로 계속적 강화를 통해 일단 학습이 이루어지면 부분강화계획으로 바꾸는 것이 바람직하다.

3) 처벌

일상생활에서 많이 사용되는 '처벌(punishment)'을 행동주의에서는 '바람직하지 않은 행동을 감소시키기 위한 혐오적 자극'이라고 한다. 처벌은 부적 강화와 동일하지 않다. 부적 강화에서는 혐오적 자극의 중지에 의해 반응의 강도가 높아진다. 즉, 비둘기가 전기충격을 도피하기 위해서 장애물을 뛰어넘는 경우를 예로 들 수 있다. 이와는 달리 처벌훈련은 원하지 않는 반응이 수행된 직후에 혐오적 자극을 적용함으로써 그 반응을 약화(혹은 억압)시키는 것이다. 예컨대, 과속을 하여 벌금고지서를 받은 운전자의 경우이다.

4) 프리맥(Premack, 1962)의 원리

한 행위가 다른 행위보다 자주 일어날 때, 덜 자주 일어나는 행위를 강화하기 위한 강화인으로 사용하는 것을 '프리맥의 원리'라고 한다. 예를 들어 숙제도 안 하고 컴퓨터게임만 하는 아이가 있을 때, 게임이 높은 빈도의 반응이고 숙제는 낮은 빈도의 반응물이다. 이때, 게임은 숙제하는 반응을 강화하기 위한 강화물로 작용할 수 있다. 즉, 숙제를 하면 오락을 할 수 있게 해 준다고 약속을 하여 숙제를 유도하는 것이다(송인섭, 2008).

이외에도 어떤 행동 뒤에 우연히 보상이 뒤따르는 것뿐이었는데, 행위자는 그 보상을 자신의 행동에 따른 결과로 오해하여 그 행동이 증가할 수 있다. 이 같은 행동을 스키너는 미신적 행동(superstitious behavior)이라고 하였다. 스키너는 비둘기에게 실험을 하면서 비둘기의 행동에 관계없이 일정 시간 간격으로 먹이를 주었는데, 비둘기들이 동그랗게 원을 그리거나 뒹구는 등 이상한 행동을 보이기 시작했다. 즉 비둘기가 마치 음식을 제공한 순간에 하던 행동에 대한 보상을 받은 것으로 생각하고, 그 행동이 강화되었음을 스키너는 발견하여 이를 미신적 행동이라고 하였다.

이외에도 스키너의 조작적 형성의 응용으로 동물로 하여금 수행하기를 원하는 새로운 특정 행동에 점진적으로 접근해 가도록 조작적 조건형성의 원리를 이용한 훈련과정을 행동조형(behavior shaping), 조작적 조건형성의 원리를 이용하여 의도적으로 행동의 변화를 유도하는 것을 행동수정(behavior modification), 학습원리를 실제장면에 적극적으로 도입하여 프로그램 교수법이라는 교수-학습방법도 개발하여 수업장면에 적용하였고, 뿐만 아니라 바이오피드백(biofeedback)을 개발하여 자율신경계의 지배하에 있어서 의식적 조절이 안 되는 신체의 기능들(심장박동, 혈압, 피부체온 등)에 관한 정보를 제공해 줌으로써 신체기능에 관한 의식적 조절이 가능하도록 하는 것이다.

스키너의 조작적 조건형성은 오늘날, 심리, 교육, 의료, 광고 등 많은 영역에서 활용되고 발전되고 있다.

2 반두라의 관찰학습이론(사회적 인지이론)

1) 반두라의 생애

그림 8-3
반두라(Albert Bandura, 1925~2021)

반두라(Albert Bandura, 1925~2021)는 1925년 캐나다의 앨버타 지방에 있는 작은 시골 마을에서 태어나 캐나다 밴쿠버 브리티시 컬럼비아 대학에서 심리학을 전공하였다. 그 후 미국 아이오와 대학에서 박사학위를 받았으며 스탠퍼드대학에서 교수로 재직하였다. 반두라는 "teaching is showing!"이라고 주장한 것으로부터 학습자는 다른 사람의 행동과 결과를 관찰하는 것을 통해 학습된다고 하였다(Bandura, 1977). 교육이 교사에 의해서 일방적으로 변화된다고 믿는 행동주의나 인지주의와는 다른 특징을 지닌다. 학교장면에서 학생들은 교사가 가르치지 않았음에도 가정이나 TV나 영화 등의 언론매체로부터 학습된 행동을 하는 것을 볼 수 있다. 여기에서는 관찰학습의 과정과 그 효과를 살펴보고자 한다.

2) 관찰학습의 과정

관찰학습(observational learning; Bandura, 1977)이란 인간은 어떤 모델의 행동을 관찰, 모방함으로써 학습하게 된다는 이론으로, 사회학습(social learning), 모방학습(modelling), 인지적 행동주의 학습(cognitive behaviorism of learning)이라고도 한다.

관찰학습 과정은 다음의 4단계로 요약된다(Bandura, 1977).

(1) 주의(attention) 단계

학생은 모델(교사)의 행동이나 말에 주의를 집중해야 한다. 이 경우 만약 모델(교사)이 유머감각이 있고, 유명하거나 매력적인 사람, 사회적으로 인지도가 높은 사람일 경우 주의를 기울이는 것으로 보인다. 청소년들이 유명 연예인을 모방하고 선호하는 것이 그 예이다.

(2) 파지(retention) 단계

주의 단계에서 관찰하여 얻은 정보를 활용하기 위해서 모델이 행하였던 것을 기억하는 단계이다.

(3) 재생(production) 단계

학습한 것을 행위로 전환시켜야 한다. 모방하려는 행동은 파지만으로는 부족하다. 즉, 기억에 저장된 정보를 실제로 수행해야 한다.

(4) 동기화(motivation) 단계

모델을 관찰함으로써 많은 것을 학습하지만 모든 내용을 행동으로 수행하지 않을 수도 있다는 것이다. 학습과 수행을 구분하는 것은 사회적 학습이론에서는 대단히 중요하다(이경화 외, 2003). 이들은 학습이란 외부적인 행동에는 아무런 변화도 없이 일어날 수 있음을 강조한다.

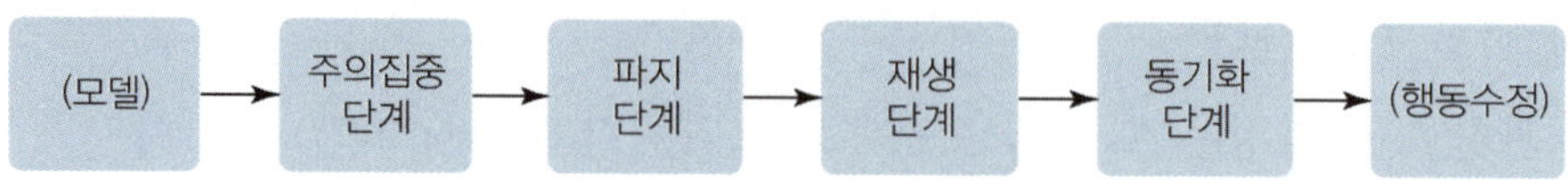

그림 8-4 관찰학습의 단계

동기화란 연습한 행동을 표출하도록 동기를 형성하는 단계이다(문은식 외, 2007). 우리의 지식이나 행동의 많은 부분이 타인을 관찰함으로써 학습한 것임을 우리는 쉽게 알 수 있다(이재창 외, 1995). 만일 인간이 직접적 체험을 통해서만 학습한다면 그 과정은 너무나 복잡하고 지루할 것이다. 우리는 주변에 있는 사람들이 하는 행동을 그대로 보고 모방해 봄으로써 지루하고 복잡한 시행착오의 과정을 생략할 수 있는 것이다.

대부분의 관찰학습은 모델이 하는 것을 옳게 모방하면 강화 받을 수 있다는 기대에 의해 동기화되지만 다른 사람들이 어떤 행동을 한 것에 대해 강화를 받는지, 혹은 벌을 받는지를 봄으로써 학습하는 것에 유의하는 것도 중요하다(문은식 외, 2007).

3) 관찰학습의 실험

반두라는 관찰학습을 입증하기 위해 아동을 세 집단으로 나눠 각각 영화를 보고 어떻게 강화에 의해 관찰학습이 이루어지는지 실험하였다(Bandura, 1977).

그림 8-5에서와 같이 고무인형을 마구 때리는 공격적인 비디오를 보여주고 세 집단에 대한 보상을 했을 때 어떻게 달라지는지를 실험하였다. 첫 번째 집단은 공격적인 장면에 대해 아무런 지도를 하지 않고, 두 번째 집단은 교사와 함께 폭력적인 장면을 보았으나 아무런 지도를 하지 않고 교실을 나왔으며, 세 번째 집단은 교사와 함께 본 후 폭력이 나쁜 것이라고 일러주고 교실을 나왔다. 실험결과 첫 번째 집단은 비디오에서처럼 관찰한 대로 즉각적으로 공격적인 행동을 하였고, 두 번째 집단은 교사가 나간 후 바로 공격적인 행동을 보였으나, 세 번째 집단은 교사가 나간 후 시간이 조금 지난 후에 머뭇거리며 일부만 모방행동을 한 것으로 나타났다.

청소년이 즐기는 컴퓨터게임이나 오락, 영화, TV 등의 언론매체에서의 공격적인 장면은 아동이나 청소년의 모방학습이 이루어지는 온상지가 될 가능성이 있음을 시사한다.

그림 8-5 관찰학습의 실험

출처: 정옥분(2010). 아동발달의 이해. 학지사. p. 129.

4) 관찰학습의 교육적 함의

관찰학습은 학교교육의 문제점과 교사에게 많은 시사점을 주는 이론이라고 할 수 있다. 교사가 가르치지 않아도 학생들은 이미 다 알고 있는 내용들을 접할 때가 많다. 요즘과 같은 인터넷으로 인한 지식의 다양한 접촉으로 인해 교사보다 인터넷은 훨씬 더 가까운 교사의 역할을 하고 있다. 그러나 반두라의 세 번째 실험에서처럼 학생에게 교사란 매우 의미 있는 존재임을 알 수 있다. 공격적인 행동에 대해 지도 및 조언해 주는 유의미한 타인으로 교사가 자리매김할 수 있다면 학생들은 교사의 말에 귀 기울이고 올바른 판단과 분별력을 기르게 될 것이다. 따라서 교사는 학생에게 좋은 모델이 되어야 한다.

또한 관찰학습의 단계에서 보는 바와 같이 수업을 시작할 때 주의집중을 하고, 그것이 망각이 아니라 파지되며, 실제 재생을 할 수 있도록 해야 한다. 뿐만 아니라 수행한 후의 긍정적인 피드백(강화)을 반드시 주되, 칭찬과 격려와 같은 내적 동기를 통하여 자신감과 학습동기를 고취시킬 수 있다면 바람직한 교육이 이루어질 수 있을 것으로 본다. 공격적인 것보다는 멋있고, 긍정적이고, 재미있는 학습도구를 활용할 기술을 탐구할 필요가 있다.

반두라는 학습에서의 자기 지각, 기대, 믿음 등과 같은 인지적 속성에 초점을 맞추어 왔기 때문에 사회인지이론이라 부르기도 하고, 사회 상황의 역할을 강조하기 때문에 사회학습이론이라고도 부른다.

사회학습이론은 학습의 형성과 유지에 조건화 이론의 원리와 인간의 인지적 과정을 접목시킴으로써 기존의 조건화 이론이 설명하기 어려웠던 학습의 형태를 효과적으로 설명하고 있다.

5) 상호결정론

상호결정론은 세 가지 요소, 즉 환경(E), 사람(P), 행동(B)은 서로에게 영향을 주며 상호의존적이다. 따라서 인간의 성격이 개인적 · 행동적 · 환경적 요소들 간의 지속적인 상호작용에 의해 발달한다고 보았다.

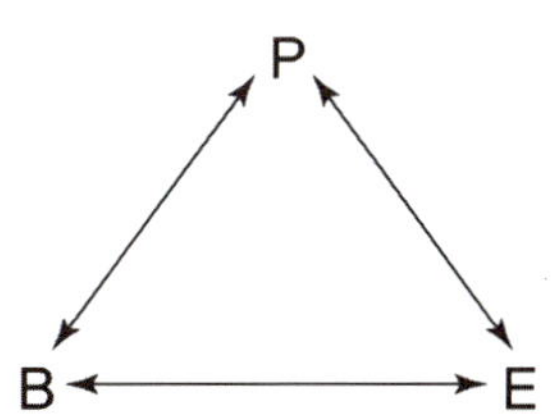

- 환경, 사람, 행동이 상호 영향을 줌
- P: Person, 개인, 개인의 인지적 능력, 신체적 특성, 신념과 태도
- B: Behavior, 행동, 운동반응, 정서적 반응, 사회적 상호작용
- E: Environment, 환경, 물리적 환경, 가족과 친구, 사회적 환경

학습정리

1. 스키너(B. F. Skinner)의 조작적 조건형성이론(Operant conditioning theory): 비둘기 상자실험으로 자극보다는 유발된 행동의 결과에 관심을 둠. 조작적 조건형성은 다양한 과정을 내포하고 있는데, 강화가 가장 중요하며, 강화는 어떤 특수한 반응이 일어날 확률을 증가시키는 모든 사건을 의미함
2. 반두라(Bandura)의 관찰학습이론: 주의집중 → 파지 → 재생 → 동기화
   상호결정론: 세 가지 요소, 환경(E)과 사람(P), 그리고 행동(B)의 세 가지 요소는 서로에게 영향을 주며 상호의존하며 발달

생각해보기

1. 행동주의 이론의 학자별 이론의 특징을 서로 비교해 보시오.
2. 강화에 대하여 자신의 학창시절에서 예를 들어 적용해 보시오.
   예) 행동주의: 쿠폰 10장 모으면 1개 더 받는 것

CHAPTER

09

인본주의이론

학습목표

1. 인본주의이론의 개념을 이해한다.
2. 학자별 이론의 특징을 비교 설명한다.
3. 인본주의 심리특성을 실제적으로 적용한다.

인본주의는 개인의 경험과 세계를 경험하는 방식을 강조하여 개인이 자기 자신과 세계를 어떻게 지각하고 해석하는가에 따라 성격이 다르게 형성된다는 입장이다. 이러한 입장은 한 개인 내에 존재하는 무의식적 욕구나 동기를 강조한 정신역동적 입장이나 외부 환경의 영향을 강조한 행동주의와는 다르다. 인간은 주어진 자극에 대하여 수동적으로 반응만 하는 것이 아니라, 스스로 가지고 있는 힘에 의하여 결정을 내리고 행동하는 존재라고 본다. 과거보다 미래가 더 중요하고 인간의 현재행동은 과거의 어떤 선행조건이 결정해 주기보다는 그가 지니고 있는 이상·이념·목적·가치체계가 결정해 준다는 견해를 나타낸다. 인간의 무의식보다는 의식이 중요하며 선행조건의 필연적인 산물보다 개인의 자유의지가 작용하는 의식의 작용을 중요시한다.

1 매슬로우의 욕구위계이론

1) 매슬로우의 생애

그림 9-1
매슬로우(Abraham H. Maslow, 1908~1970)

매슬로우(Abraham H. Maslow, 1908~1970)는 러시아에서 이주한 유대인이다. 그는 가난한 유대인 가정에서 7남매 중 장남으로 미국 뉴욕에서 태어났다. 매슬로우의 부모는 열심히 일해서 빈민가를 벗어나 중류층에 합세하였다. 매슬로우는 어린 시절에 이웃의 유대인에 대한 편견 및 자신의 신체적 외모에 대한 달갑지 않은 눈초리를 받으며 고립감과 외로움을 느끼면서 성장하였다. 그는 뉴욕시립대학에 입학하였지만 흥미를 못 느끼고 일 년 만에 학교를 그만두었다. 그는 코넬대학에 들어갔지만 심리학을 공부하기 위해 위스콘신대학으로 옮겼으며, 20세에 베르타(Bertha)와 결혼하였다. 그에게 결혼이 소속감과 방향감을 제공하는 전환점이 되었다.

그는 처음에 왓슨의 행동주의 심리학에 매력을 느꼈고, 1930년대 후반과 1940년대 초반에 호나이, 프롬, 아들러 등을 만나 지적 교류의 기회를 가졌으며, 심리학자 베르타이머(Max Wertheimer)와 인류학자 베네딕트(Ruth Benedict)와 교류하였다.

그는 제2차 세계대전과 첫 아이 출생 등을 통해 행동주의 관점에서 인본주의 관점으로 탈바꿈하게 된다. 그는 아이의 출생을 "청천벽력"으로 묘사하였고 "나는 신비감과 통제할 수 없는 기분에 휩싸였다. 이러한 경험 이전에 나는 별 볼 일 없고 정신적 및 신체적으로 약하다고 느꼈다. 나는 아이를 가져본 사람은 누구나 행동주의자가 될 수 없을 것이라고 생각한다"고 했다(Hall, 1968).

그 후 그는 인간의 가장 높은 이상과 잠재력을 다룰 심리학의 발달에 헌신할 것을 결심하였다. 그는 인간이 증오, 편견, 전쟁 행위보다 숭고한 행동을 표출할 수 있다는 것을 입증하고 인간 성격을 향상시키고자 하였다. 그는 1967년에 미국 심리학회 회장으로 선출되었고 심리학과 일반 대중에 지대한 영향을 끼쳤다.

인본주의 심리학에서는 인지적이며 정의적인 전반적인 측면에서 보이는 인간의 다양한 특성들이 동기유발에 어떤 영향을 미치는지에 관심을 갖는다. 따라서 인간의 개인적인 지각이나 내적 동기 그리고 자아실현에의 욕구 등에 초점을 둔다. 그리고 이러한 인본주의적 견해에서 볼 때, 사람들은 그들이 가지고 태어난 재능을 실현시키고자 하는 본능적인 경향이 있으므로 이를 발전시키고 고양시키기 위하여 동기가 유발된다는 것이다. 또한 인본주의적 관점에서는 동기를 인간의 성장과 발달에 있어서 원인이 되는 내적·적극적 힘으로 설명한다. 즉 동기유발은 내부에서 주어지는 것이 아니라 인간에게 이미 존재하고 있는, 성장하고 발달하며 새로운 경험을 통합하려는 긍정적 경향성을 북돋우는 일이다. 그리고 모든 사람은 항상 동기유발되어 있으며, 다만 그들이 하고 싶지 않은 일에는 동기유발이 안 될 수도 있다.

인간의 행동은 일반적으로 그 시발점에 있어서 그 개인의 가장 강한 욕구(needs)에 의해서 결정된다고 한다. 매슬로우는 행동의 동인과 이들을 만족시키는 유인에 대한 기본적인 기제를 다음과 같이 위계적으로 설명하고 있다.

2) 욕구위계이론

(1) 신체적 욕구

신체적 욕구는 인간 생명을 유지하기 위한 기본적인 욕구이기도 하다. 이러한 욕구가 행동을 충분하게 활동할 수 있도록 충분조건으로 주어지지 않는다면, 인간 활동의 대부분은 이 계층의 욕구를 충족하기 위해 작용하고 다른 욕구계층에 대해서는 거의 동기화되지 않을 것이다. 일단 생리적인 욕구가 충족되면, 욕구는 상승하여 또 다른 욕구가 중요하게 되므로 이는 행동을 유발시키는 동인이 되는 것이다.

(2) 안전의 욕구

안전의 욕구는 자기안전을 위한 욕구이다. 신체적인 욕구가 일단 충족되면 안전의 욕구로 상승하게 된다. 즉 사고, 전쟁, 질병, 경제적 불안 등으로부터 벗어나고 피하기 위하여 어떤 보장조치를 마련하고자 한다.

(3) 사랑과 소속감의 욕구

안전의 욕구가 어느 정도 충족되면, 인간은 여러 가지 집단에 소속되고, 여러 집단에 의해서 사랑과 인정을 받고 있다고 느끼고자 하며, 다른 사람들과 의미 있는 관계를 가지려고 노력한다. 이는 인간관계를 가지는 그것 자체를 즐거워하는 것이며, 친교를 통해서 얻어지는 금전이나 보호와 같은 보수를 얻기 위한 수단은 아니라고 한다.

(4) 존경의 욕구

일반적으로 모든 사람은 존경과 인정 등에 의해 현실에서 자기 자신을 확고하게 혹은 높이 평가하고 싶어 하는 욕구가 있다. 이러한 욕구가 만족이 되면 자신감, 위신, 지배 등과 같은 감정이 생기게 되고, 자기도 유능한 사람이고 주위에 대하여 영향력을 가지고 있다고 생각한다. 그러나 부정적으로 존경의 욕구가 만족되는 경우는 주의를 끌기 위해서 파괴적이고 미숙한 행동에 의존하는 경우가 있다. 즉, 다른 사람의 존경과 인정을 받기가 어렵다고 느끼는 사람들은 그 약점을 극복하기 위해 일부러 다른 사람의 주의를 집중시키려고 애를 쓴다.

(5) 자기실현의 욕구

자기실현(self-actualization)이란 자기 자신의 잠재능력을 극대화하려는 욕구이다. 매슬로우는 "사람은 자기가 가지고 있는 가능성을 최고도로 발휘할 수 있는 존재가 되어야 한다"고 보았다. 그래서 사람들은 이 같은 욕구를 충족시키기 위하여 자기 나름대로의 개별적인 방법을 통하여 만족감을 취하고 있다. 그런데 자기실현의 욕구는 능력(competence) 및 성취(achievement)와 밀접한 관련이 있다.

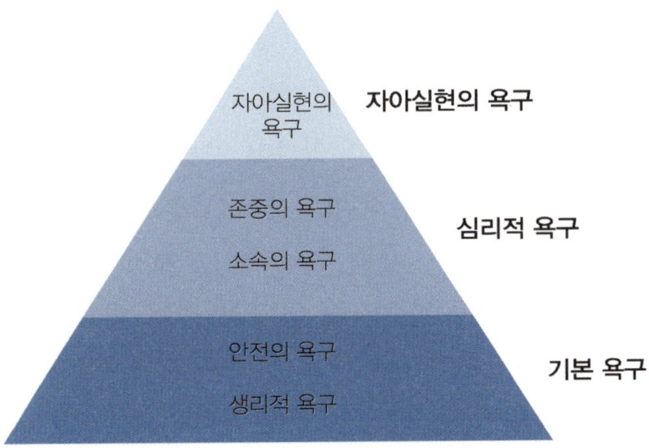

그림 9-2 매슬로우의 욕구위계론

2 로저스의 인간중심 상담이론

1) 로저스의 생애

그림 9-3
로저스(Carl Rogers, 1927~1987)

로저스(Carl Rogers, 1927~1987)는 매슬로우와 더불어 1960년대 인본주의 심리학을 이끌었던 인본주의 심리학자이다. 그는 미국 일리노이주에서 6남매 중 넷째로 태어났다. 그는 고등학교를 2년 이상 다닌 곳이 없을 정도로 사회적으로 고립된 상태에서 생활을 했다. 그의 부모는 근본주의 기독교인이었다. 그 가정은 표현의 억제, 열심히 일하는 것을 미덕으로 삼았다. 그는 농업을 연구하기 위해 부모의 모교인 위스콘신 대학에 입학했다. 그리고 그는 유니온 신학교에 입학하여 목사가 되고자 하였다. 그는 인근에 있는 컬럼비아 대학에서 심리학 강의를 듣고 새로운 관심을 갖게 된다. 그는 컬럼비아 대학에서 1931년에 임상심리학 학위를 받았다. 그리고 1957년에 위스콘신 대학에 와서 1963년까지 머물면서 행동심리학과 싸우고, 미국 심리학회에서 심리학에 기여한 공로로 첫 번째 공로상을 수상한다.

로저스는 인간 유기체가 분화, 자기책임감, 협동과 성숙의 방향으로 나아가려는 선천적 경향성을 가지고 있다고 보았다. 특히 개인의 주관적 경험과 감정, 개인적 견해와 사적 개념을 다루었으며, 그의 심리학은 인본주의의 범위를 사회적으로 더욱 확장시키는 계기가 되었다.

그는 사람이 어떻게 행동하는가는 그가 세계를 어떻게 지각하느냐에 달려 있다고 생각했다. 즉, 행동이란 개인이 세계를 지각하고 해석한 직접적인 사건의 결과로 발행하는 것이다. 이러한 접근에서는 특히 자기(self)가 강조된다. 그래서 로저스의 이론을 흔히 자기 이론(self theory)이라고 한다.

그는 훌륭한 삶이란 목적지가 아니라 방향이라고 주장하였다. 그는 자신의 잠재력을 인식하고 능력과 재질을 발휘하여 자신을 완벽히 이해하고, 경험을 풍부하게 하는 방향으로 나아가는 사람이 훌륭한 삶을 사는 것이라고 보았다. 그의 이러한 사상은 상담, 성격, 치료 분야에 실질적으로 많은 공헌을 하였다.

그의 사상을 요약하면 다음과 같다.

첫째, 존재하는 자아개념에 맞춰진 왜곡된 틀이 아니라 잠재적 자아를 형성한다.

둘째, 각 개인은 애정적인 관계들을 경험한다.

셋째, 각 개인은 타인이 자신을 좋아하고 타인을 존중할 수 있으며 자아를 좋아하게 한다.

성격의 관점에서 볼 때 자아실현 경향성의 가장 중요한 점은 자아실현을 지향하는 개인의 충동이다. 로저스는 자아실현 경향이란 모든 사람들 삶의 경험에 대한 평가 기준이라 보고, 구체적으로 자아를 실현시키는 과정에서 각 개인은 유기체적 평가과정을 갖게 된다고 하였다. 자기를 유지 혹은 향상시키는 것으로 지각된 경험들은 더욱 추구되고 긍정적으로 평가되므로 개인은 이러한 경험으로부터 만족감을 얻는다. 그러나 이와 반대로, 자아보존이나 증진을 부정하거나 반대하는 것으로 인식된 경험들은 부정적으로 평가되어 피하게 된다.

또한 자아는 로저스의 이론에서 중요한 구성개념이다. 자아는 개인의 현상적 혹은 지각적 장의 분화된 부분이며, 'I'나 'me'의 의식적 지각과 가치를 포함한다. 그는 자아를 행위자로서의 나와 대상물로서의 나, 그리고 나와 다른 사람, 나와 세계와의 관계에 대한 일관성 있고 조직된 지각, 태도, 가치의 실체라고 정의하였다. 그리고 자아개념(self-concept)은 자기의 현재 모습에 대한 지각뿐만 아니라 자기가 되어야 한다고 또 되고자 생각하는 것까지도 포함한다. 이러한 자아개념은 타인의 긍정적 관심이나 승인에 의해 강한 영향을 받기 때문에 다른 사람으로부터 가치 있는 사람으로 대우를 받고 인정을 받게 되면 보다 긍정적인 자아개념이 형성된다.

로저스가 주장하는 자아 이론은 인간발달 과정에 매우 낙관적인 견해를 가진다. 그러므로 이와 같은 관점에서 본다면 부모는 아동의 발달과정에 긍정적인 역할을 할 수 있다. 부모의 긍정적 관심을 받으면서 성장한 아동들은 그들 자신의 욕구와 감정을 이해하고 수용할 수 있는 동시에 사랑하는 부모에 대한 애정의 표현으로써 그들 자신의 행동을 통제할 수 있다. 그 결과 아동의 자아개념은 보다 바람직한 자기인식, 보다 더 큰 융통성 그리고 더 적은 갈등을 경험하면서 발달하게 된다(김정희 외, 1998).

인간발달에 관한 인본주의적 입장은 인간을 선한 존재로 보며, 낙관적이고 긍정적인 관점을 가진다. 무한한 잠재 가능성이 있는 존재로서의 인간을 가정하므로 인간연구에 관찰 가능한 행동에 제한하지 않고 느낌, 가치, 희망과 같은 인간의 본질 또한 고려한다.

자기라는 개념이 개인의 세계에서 중요한 역할을 한다는 것을 발견하고 심리치료의 목표를 '실제 자기가 되는 것'이라고 하였다.

로저스의 성격이론 중에서 가장 중요한 것은 자기개념이다. 자기는 주관적인 나, 객관적인 나, 타자(他者) 사이의 나를 모두 포함한다. 환경과 상호작용에 의해 자아는 분화되며 이 분화된 자아는 개인의 주관적인 경험에 영향을 미치고 우리의 체험과 기억을 걸러내는 역할을 한다.

사람은 자기가 느끼는 자기개념과 경험 사이에 일관성을 유지하려는 경향이 있다. 그러나 실제로 경험하게 되는 불일치 때문에 우리는 불안을 느끼게 된다.

로저스는 사람은 누구나 중요한 타인(他人)으로부터 사랑받고 인정받고

자 하는 긍정적 존중의 욕구를 지니고 있다고 하였다. 그러나 이러한 긍정적 존중은 특정한 조건을 충족시켰을 때 주어지는 것이다.

로저스는 자신의 잠재력을 발휘하고 자기가 부딪치는 여러 가지 체험에 대해 마음이 열려 있으며 자신이 있는 그대로 살 수 있다는 자유로움을 느끼는 사람을 '완전하게 기능을 하는 적응적인 사람'으로 보았다. 그리고 무조건적인 긍정적 존중이 이러한 능력을 발달시키는 데 핵심적인 영향을 미친다고 하였다.

그러한 자기실현의 핵심적인 측면이 바로 창조성이다. 로저스는 창조성이 무조건적인 사랑과 수용(가치조건이 없음), 외부의 비판이나 평가를 받지 않고 다양한 생각이나 표현을 할 수 있는 자유와 같은 자녀양육방식에 의해서 극대화될 수 있다고 주장하였다. 로저스의 관점에서 보자면 심리치료의 주요한 목적은 내담자로 하여금 타인의 판단(즉, 가치조건)에 덜 의존하게 함으로써 그들의 자기개념과 행동이 현실과 보다 잘 어울릴 수 있도록 하는 것이다. 치료자는 내담자가 말하는 모든 것에 귀를 기울이고 판단 없이 수용함으로써 이러한 목적을 달성할 수 있다. 로저스가 개발한 이러한 심리치료법을 내담자 중심치료(client-centered therapy)라고 한다. 상담자가 내담자를 조력하기 위해 갖추어야 할 세 가지 태도 혹은 특성은 일치성(congruence or genuineness), 무조건적인 긍정적 존중(unconditional positive regard), 그리고 공감적 이해(empathic understanding)이다(노안영 · 강영신, 2002). 치료자가 자기를 이해해 주고 수용해 주는 편안한 분위기 속에서 내담자는 자신의 갈등을 해결할 수 있는 능력을 점차적으로 획득하게 되고, 참된 자신의 모습을 발견하고 실현하게 되는 것이다.

2) 인간중심 상담이론

(1) 기본개념

로저스에 의해 창시된 이 이론은 인간의 잠재능력에 큰 신뢰를 두고, 내담자로 하여금 자신의 문제해결능력을 스스로 발견하고, 성장할 수 있는 촉진적인 조건을 제공하는 것을 강조한다.

(2) 상담목표와 과정

충분히 기능하고 자기 실현화되는 사람의 특성들은 내담자 중심이론의 기본적인 상담목표를 구성하는 데, 그 특성들은 경험에 대한 개방성, 자신에 대한 신뢰, 과정에 참여하고자 하는 자발성이다.

- 상담과정의 조건
  - 두 삶은 접촉점을 만나야 한다. 내담자는 불일치 상태, 취약한 상태, 불안정한 상태에 있다.
  - 상담자는 내담자에게 무조건 긍정적인 지각을 해야 한다.
  - 상담자는 공감적 이해를 경험하여야 한다.
  - 내담자도 최소한 긍정적 지각과 공감적 이해의 상태를 갖추어야 한다.

상담의 과정은 7단계로 정리될 수 있다(김계현 외, 2010).

① 첫째: 내담자들은 자신을 드러내려고 하지 않음, 자신의 감정이나 내면의 의미를 인식하지 못함, 상담자는 이러한 내담자에게 아무런 조건 없이 수용받는 경험을 주어야 함

② 둘째: 첫 단계보다 조금 개방, 두리뭉실한 단계(책임감 아직 느끼지 못함, 감정을 인식하거나 자신의 것으로 소화하지 못함)

③ 셋째: 현재 경험에 대해 이야기, 과거의 감정들을 자유롭게 이야기하지만 현재의 감정은 부정, 세 번째 단계에서부터 상담과정에 참여

④ 넷째: 과거의 강렬한 감정들을 인식하고 받아들이게 됨, 자신의 책임감을 어느 정도 수용

⑤ 다섯째: 현재의 감정들이 자유롭게 표현, 자신의 감정들을 수용, 자신의 경험을 있는 그대로 인식, 자신의 문제를 해결하려는 책임감을 받아들이게 됨

⑥ 여섯째: 금지되었던 감정들이 자유롭게 흐름, 불일치는→일치에 가깝게 소화, 현재의 문제를 가지고 있지는 않게 된다.

⑦ 일곱째: 내담자는 즉각성과 개방성을 가지고 새로운 감정들을 경험하게 됨. 자신의 감정뿐 아니라 자신의 감정상에서 변화도 인식하게 됨

(3) 상담기술

상담자가 갖추어야 할 인격적 특성 혹은 태도를 표현하고 전달하는 방법이라 할 수 있으며, 이러한 태도에는 내담자와의 관계에서 일어나는 경험과 감정을 솔직히 표현하는 태도인 일치성 혹은 진실성, 내담자의 모습 그대로를 수용, 존중하는 태도인 무조건적인 긍정적 관심, 내담자의 경험과 감정을 민감하고 정확하게 공감, 이해하는 태도인 공감적 이해가 요구된다.

즉, "기법보다는 태도를 필수적으로 한다."

이 같은 목표를 달성하기 위해 상담자는 다음과 같은 반응 방법을 사용하여야 한다.

① 안내 반응: 상담자는 지시적, 비지시적인 안내와 질문 통해 내담자를 이해시킨다(상담과정에 대해 이해).

② 반영 반응: 재진술, 명료화, 해석, 충고, 정보제공 등의 방법이 이에 포함된다.

③ 지지 반응: 내담자의 정서와 감정을 지지하고 도움을 제공해 준다 (예: 오늘 매우 기분이 우울합니다. → 상담자; 정말 힘드시겠어요).

④ 주의환기 반응: 내담자의 주의를 환기시키고 내담자의 불만이나 욕구에 대해 주의를 집중하게 한다.

(4) 비판

이론의 약점은 상담자가 내담자 중심적 입장의 주된 태도를 잘못 해석하거나 단순화하는 데 있다. 또한 상담자는 인간으로서 그 자신의 능력의 가치를 감소시키는 정도까지 내담자에게 몰두하여 그러한 태도가 내담자에게 영향을 주거나 효과를 미치지 못하게 될 수 있다. 그러므로 만약 상담자가 수동적이며 비지시적인 스타일로 그의 독특한 주체성을 나타내지 않는다면 내담자에게 영향을 줄 수 없을 것이다.

쉬어가기 마을의 바보와 어딘가로 가버린 당나귀

러시아 어느 작은 마을의 자랑거리는 단 한 마리밖에 없는 당나귀였다. 그 당나귀가 무슨 이유에서인지 갑자기 사라져 버려 마을에 큰 소동이 벌어졌다. 마을 장로들의 비밀회의가 소집되었다. 사흘 낮, 사흘 밤을 당나귀가 없어진 동기와 원인이 무엇인지 어떻게 하면 당나귀를 찾을 수 있는지 의논했다.

엄숙한 분위기 속에서 한참 회의가 진행되고 있을 때, 누군가가 문을 노크하는 소리가 들렸다. 마을의 바보가 들어와 잃어버린 당나귀를 찾았다고 말했다. 장로들이 모여 지혜를 짜내도 소용없었는데 어떻게 당나귀를 찾을 수 있었는지 밥에게 묻자 “저는 당나귀가 없어졌다는 말을 듣고 당나귀 우리로 가서 당나귀와 똑같이 벽을 향해 서 보았습니다. 그리고 당나귀가 되었다고 생각하고 어디로 갈가를 생각해 보았습니다. 그리고 그 장소에 가서 당나귀를 찾았습니다.”

— 남에게 공감을 할 수 있는 방법

3 에릭 번의 교류분석

1) 에릭 번의 생애

그림 9-4
에릭 번(Eric Berne, 1910~1970)

이 이론은 에릭 번(Eric Berne, 1910~1970)이 창시한 이론으로 일명 의사소통이론(transactional analysis, TA)으로 부르기도 한다. 그는 캐나다 몬트리올에서 태어났으며 맥길 의대에서 의학박사 학위를 받았다. 그는 1939년에 미국으로 이민을 가서 뉴욕 정신분석학회에서 훈련을 받고 1950년에 교류분석이론을 주창하였다.

이 이론의 인간관은 무의식적 욕구의 예속자로 보는 프로이트의 인간관과 다르고, 조건과 반응의 결정론적 인간관과도 다르다. 이 이론의 인간관은 자신의 행동을 자유롭게 선택할 수 있고, 그 행동에 책임을 질 수 있는 존재로 본다. 이 이론의 근거를 보면 인간의 긍정적 측면에 대한 확신과 인간존재의 본래성 회복, 그리고 사고 감정 행동 차원의 통합적 이해이다. 이를 정리해 보면 다음과 같다.

(1) 인간은 자율적인 존재

인간은 인간 현실세계에 대한 각성과 자발성과 다른 사람과 사랑을 나누는 친교성의 존재이다.

(2) 인간은 자유로운 존재

인간은 사회의 영향에서 완전히 벗어날 수 없지만 많은 자유를 가진 존재로 그 무엇에 의해 결정되는 존재가 아니다.

(3) 인간은 선택할 수 있는 존재

인간은 가정과 사회에 많은 영향을 받고 자란다. 이런 것들은 평생 지워지지 않을 수 있다. 그러나 인간은 그것에 좌우되는 것이 아니고, 그것이 적절하지 않을 경우 다른 대안을 찾아 선택하여 새롭게 결정할 수 있는 존재이다.

(4) 인간은 책임질 수 있는 존재

인간이 자율적인 존재라는 것은 자신에 대해 책임질 수 있는 존재하는 것이다. 어릴 때에 영향을 받는다 할지라도 자신의 삶에 대해 책임을 질 수 있다. 따라서 인간은 자신의 행동을 자유롭게 선택할 수 있고 그 행동에 책임을 질 수 있다.

2) 교류분석이론

교류분석(transactional analysis, TA)은 1957년 미국의 정신과 의사인 에릭 번에 의해 창안된 인간의 교류나 행동에 관한 이론체계이자 동시에 거기에 의거하여 실시하는 치료요법이다.

TA이론은 일본에서 현재 심리치료내과나 심리임상의 현장에서 환자들의 이해나 치료에 쓰이고 있을 뿐만 아니라 교육이나 산업의 현장에도 폭넓게 응용되고 있다. 그것은 TA가 자신 발견의 방법으로써, 또한 대인관계를 원활하게 하기 위해 알기 쉬우면서도 배운 것을 즉시 사용할 수 있다는 이점을 갖고 있다.

기본적인 사고방식이라는 단어를 사용한다. 우선 TA에서는 '지금－여기(Here and Now)'라는 대원칙이 있다. 사람은 누구나 지금-여기에 살고 있고 존재하고 있으므로 "과거와 타인은 바뀌지 않는다. 바꿀 수 있는 것은 자신뿐이다"라고 결론을 짓고 있다. 교류분석이론에는 3개의 욕구이론과 4개의 분석이론이 있다. 세 가지 욕구이론은 스트로크 이론, 시간의 구조화 이론, 대인관계에 있어서의 기본적 구조 이론이다. 마음의 네 가지 분석이론으로는 구조분석, 교류형태분석, 게임분석, 각본분석으로 구성되어 있다.

(1) 의사소통의 네 가지 형태

① I am not OK, you are OK(자기 부정, 타인 긍정)

내향적인 입장이며 피해적이다. 타인과 비교할 때에 무력감, 부족감을 느끼고 퇴행, 의기소침, 자살충동을 느낀다. 어린이는 부모를 OK로 보고, 자신을 not으로 본다. 타인과 친밀한 관계를 맺기 어려우며 열등감, 죄의식, 우울, 타인 불신, 정도가 심하면 자살로 이어진다.

② I am not OK, you are not OK(자기 부정, 타인 부정)

무용론 입장이며 무의미감을 보인다. 삶의 의미상실, 정신분열증, 타살 및 자살, 즉 파괴 충동을 느낀다. 자폐적 어린이, 어린이가 부모로부터 분리 독립할 때, 실패하게 될 때 되기 쉽다. 허무감, 정신분열, 자살이나 타살 충동을 느끼고 일생 동안 교도소나 정신병원 출입하게 된다.

③ I am OK, you are not OK(자기 긍정, 타인 부정)

투시적인 입장이며 공격적이고 자기 실수를 남에게 떠넘기고, 희생당했다고 생각한다. 비행, 범법자들의 일반적인 특징이다. 타살충동, 타인의 무관심을 견뎌내면 자생력과 저항력이 생겨 독립하게 된다.

④ I am OK, you are OK(자기 긍정, 타인 긍정)

발전적 입장이고 생산적이다. 정신·신체적으로 건강하고 이타적 의미를 인정하며, 건설적으로 문제해결을 시도한다. 의식적이고 언어적인 결단에 의해 정립된다.

표 9-1 5가지 자아상태의 구별

자아상태	특징적인 행동	장점	단점	적당한 사용	부적당한 사용
비판적 어버이 (CP)	칭찬이나 비판, 옳고 그른 것의 판단, 의사결정, 지시명령, 교육, 훈육, 기준이나 지침, 방침의 설정	의사결정, 신속성, 명확한 판단, 칭찬이나 비판, 판단기준의 설정, 지휘감독, 위기에 대처할 때	남을 무시, 남의 의견을 듣지 않음, 경직되어 있고 자기를 과시	능력과 사기가 떨어진 사람이나 위기에 처했을 때, 건설적인 비판이 필요할 때	능력과 사기가 높은 동료가 당신의 피드백을 원할 때, 조언이 필요할 때, 협력을 얻고자 하는 상대에게
양육적 어버이 (NP)	보호하고, 돕고, 가르치고, 지지하고, 격려하는	상대의 보호와 지지적인 태도가 필요할 시, 상담할 시 상대의 의견을 돕고 싶을 때	의존적 태도를 키우게 됨, 스스로 어려움을 껚어 보지 못하게 됨	원조가 필요한 사람, 친구를 부당하게 공격할 때, 긍정적인 배려가 필요한 사람에게	동료들의 독자성이 요구될 때, 위기상황, 사기가 높은 동료 도전이 필요한 업무, 신나게 놀 때
성숙상태 (A)	정보수집, 원인분석, 문제해결, 의사결정, 심사숙고	목표지향적, 언제나 공평 합리적, 객관적	시간의 지연, 의사결정을 못함, 비인간적이라는 비판을 받음	넉넉한 시간이 있을 때, 위기 상황이 아닌 새로운 사항일 때, 동료의 능력과 사기가 적당할 때	지시나 안내를 원할 때, 창조성이 필요할 때, 위험을 무릅써야 할 때, 감정의 발상이 필요할 때
자율적 어린이 (FC)	웃고, 놀고, 공격적, 개방적, 충동적	창조적, 재미있음, 솔직함, 의욕적, 적극적	유치함, 주변에 불안감을 줌, 질서를 무시	성숙된 동료에 사용, 아이디어가 필요할 때, 신뢰받고자 할 때	엄숙한 회의장, 신중해야 할 때, 능력과 사기가 떨어진 동료에게
순종적 어린이 (AC)	순종적, 상대의 눈치를 봄, 협조적, 자기주장이 약함	시간절약, 중요한 일을 할 때, 남의 모범이 됨	자기가 없음, 양보가 너무 많음, 우물쭈물함	아무런 소득이 없다고 판단했을 때, 솔선수범이 필요할 때	자기주장을 해야 할 때, 의사결정이 요하는 사람에게 적극성이 필요할 때

3) 에고그램

미국의 정신과 의사이며 TA치료자인 잔 듀세이(J. Dusay, 1972)에 의하여 창안된 에고그램(Egogram)은 자신의 P · A · C 보급을 보다 객관적으로 알 수 있는 도구이다. 직관적으로 그리기도 하고, 체크리스트를 활용하기도 한다. 에고그램은 각자의 여러 가지 심리 · 사회적(psychosocial) 생활형태와 문제를 이해하는 데 크게 도움이 되며, 종합적으로 부부관계, 가족관계를 이해하는 데 중요한 자료가 된다.

학습정리

1. 인본주의는 개인의 경험과 세계를 경험하는 방식을 강조하여 개인이 자기 자신과 세계를 어떻게 지각하고 해석하는가에 따라 성격이 다르게 형성된다는 입장
2. 매슬로우(Maslow) 의 욕구위계이론: 신체적 욕구, 안전의 욕구, 사랑과 소속감의 욕구, 존경의 욕구, 자기실현의 욕구
3. 로저스(Carl Rogers)의 인간중심 상담이론: 인간의 자아실현의 경향성이 있음. 공감적 이해, 긍정적 존중, 일치성
4. 에릭 번(Eric Berne)의 교류분석: 인간의 교류나 행동에 관한 이론체계이자 동시에 거기에 의거하여 실시하는 상담기법. 네 가지 의사소통의 형태와 다섯 가지 자아상태 유형이 있음.

생각해보기

1. 인본주의에서 가장 중요하게 여기는 것은 무엇인가?
2. 매슬로우의 욕구위계설에 대한 비판이 되는 이유를 생각해 보시오.
3. 로저스의 인간중심 상담이론에서 상담자나 교사가 가져야 할 태도 세 가지는 무엇인가?
4. 에릭 번의 교류분석에서 자신의 의사소통 유형 및 에고(ego)는 어떤 유형인지 생각해 보고 함께 토론해 보시오.

PART **03**

사회환경의 이해와 적용

CHAPTER 10

사회와 사회환경

학습목표

1. 사회와 사회문제를 이해한다.
2. 사회환경과 관련된 주요 이론을 이해한다.
3. 환경 속의 인간 관점을 이해한다.

1 사회와 사회문제

1) 사회와 문제

사회문제는 '사회'라는 말과 '문제'라는 말의 합성어이다. 먼저, 사회(social)는 공동생활을 하는 사람들의 조직화된 집단이나 세계로 개념을 정리할 수 있다. 사회문제에서 사회는 문제의 영향을 받는 범위와 사람에 의해 만들어진 현상의 성격을 의미한다. 문제(problems)는 해결하기에 어렵거나 대응하기 곤란한 일로 개념을 정리할 수 있다. 사회문제에서 문제는 이 사회 현상이 부정적인 것임을 시사한다. 사회 현상이 부정적이고 바람직하지 않다고 판단하려면 일정한 기준과 근거가 필요하다. 일반적으로 그 기준과 근거는 사회 구성원들이 공유하는 가치, 규범, 윤리 등이 있다. 이와 같은 내용을 바탕으로 사회문제를 정의하면 다음과 같다. 사회문제는 사회의 가치, 규범, 윤리 등에 비추어 사회적 다수가 바람직하지 않다고 판단하거나 이들의 삶에 부정적 영향을 끼치므로, 시정이 요구되는 사회 현상이다(김종일 외, 2006).

2) 사회문제의 성립조건과 특성

사회문제를 구체적으로 이해하기 위해서는 사회문제의 성립조건 여섯 가지와 사회문제 특성 세 가지를 기초적으로 이해해야 하며 주요 내용은 다음과 같다(고명석 외, 2022).

사회문제의 성립조건은 크게 여섯 가지로 볼 수 있다. 첫째, 사회적 가치 또는 규범에서 벗어나야 한다. 둘째, 상당수의 사람들이 그 현상으로 인하여 부정적인 영향을 받아야 한다. 셋째, 그 원인이 사회적이어야 한다. 넷째, 다수의 사람들이나 영향력 있는 일부의 사람들이 문제로 판단하여야 한다. 다섯째, 사회가 그 개선을 원하여야 한다. 여섯째, 개선을 위한 집단적 사회적 행동이 요청된다.

사회문제의 특징으로 크게 상대성, 객관성과 주관성의 결합, 선별성으로 볼 수 있다. 첫째, 상대성이다. 어떠한 사회 현상을 '바람직하지 않다' 또는 '문제가 있다'라고 판단하는 기준은 한 사회의 가치와 규범이다. 이 가치와 규범은 고정불변의 것이 아니라 시간과 공간에 따라 달라진다. 따라서 사회문제는 본질적으로 상대적이다. 둘째, 객관성과 주관성의 결합이다. 사회 현상의 객관적인 측면에 초점을 맞춘다. 어떤 사회 현상이 '문제'로 판단되는 과정에서 중요한 역할을 하는 것은 객관적 현상 자체가 아니라 그것에 대한 사람들의 인식이다. 객관적 상황과 주관적 인식을 동시에 다루어야 한다. 셋째, 선별성이다. 우리가 사는 사회에는 숱한 문제 상황이 발생한다. 이 모든 문제가 다 사회문제로 규정되는 것은 아니다. 사회문제는 '선별'되는 것이다. 다수결의 원칙에 의해 선별되는 것보다 일반 대중이 어떤 상황을 인식하는 데 대중매체의 역할이 크다.

3) 사회문제를 바라보는 시각과 해결 주체

사회문제는 바라보는 시각에 따라 개념 정의와 해결방안이 달라진다. 사회문제를 바라보는 시각은 크게 기능론, 갈등론, 상호작용론으로 구분될 수 있으며 사회문제 해결 주체는 크게 국가, 시장, 제3섹터로 구분할 수 있다(김종일 외, 2006). 구체적으로 보면 사회문제를 바라보는 시각으로 첫째, 기능론이다. 사회문제는 사회의 안정과 질서를 방해하고 그것의 원활한 기능을 위협하는 모든 상황으로 정리한다. 둘째, 갈등론이다. 마르크스주의(Marxism)의 영향을 받았다. 갈등을 사회변화의 기본적인 변화의 원인으로 파악하고 있으며, 일정한 힘을 지닌 어떤 집단이 자신들의 가치와 이익이 제대로 지켜지지 않고 있다고 판단할 때 사회문제가 존재한다고 본다. 사회문제의 원인을 잘못된 사회 구조에서 찾는다. 셋째, 상호작용론이다. 사회 구조적 측면보다 개개인의 상황 정의에 주목한다. 한 학생이 훈계하는 선생님의 눈을 똑바로 쳐다보고 있는 상황에 대해 누군가는 예의 바르다고 생각하고, 누군가는 대들고 있다고 생각할 수 있다. 이는 상황에 대한 정의가 각자 다르기 때문이라고 이해할 수 있다.

사회문제 해결 주체로는 첫째, 국가이다. 국가는 공익의 수호자 역할을 한다. 종합적이고 장기적인 계획과 자원마련이 가능하다. 둘째, 시장이다. 국가의 역할 최소화, 관료제의 폐해, 개인의 자유 위축에 대한 입장이다. 시장은 효율성 중심으로 국가가 투입하는 비용의 일부만을 가지고

도 더 나은 결과를 가져올 수 있다. 또한, 선택의 자유이다. 사회문제 해결에서도 다양한 길을 제시할 수 있다. 개인의 처지와 선호에 따라 원하는 기능을 선택하면 된다. 셋째, 제3섹터이다. 국가와 사장 사이의 영역을 의미한다. 지역사회, 자원봉사, NGO 등이 속한다. 국가의 문제점을 인정하면서도 그 대안이 시장이 되어서는 안 된다는 생각이다. 자유와 효율성 아래 상품화로 엮어버리고 있다. 사회적 기업으로 지역사회문제 해결을 일차적인 목표로 삼고 이윤 추구도 가능하다.

2 사회환경의 이해와 주요 이론

사회환경은 개인을 둘러싸고 있는 여건, 상황, 사람들 간의 상호작용으로 이루어진다(장수한, 2014). 사회환경이라는 용어는 가족, 집단, 조직, 지역사회, 사회제도, 문화를 비롯하여 물리적 환경과 사회환경 그리고 이들 간의 상호작용 모두를 의미하는 생태체계와 동일하다고 할 수 있다(권중돈, 2014).

인간행동은 상호작용하고 서로의 행동에 영향을 주는 사람들이나 사람들의 집단, 조직, 지역사회, 문화 등은 사회환경의 관계에서 이루어진다. 그리고 체계는 개인들로부터 집단, 조직, 문화에 이르기까지 모든 수준에 존재한다(유성이, 2017). 사회환경에 대한 연구는 생태학적 접근을 통해 이루어진다.

생태학적(ecological) 접근은 가족, 지역사회, 문화 등 인간 개개인이 몸담고 있는 실제 삶의 맥락 내에서 그 생태환경을 보다 체계적으로 구조화하고, 이들 환경체계와 개인 간의 관계를 이해하고자 하는 데 연구의 초점을 둔다. '실험실에서 삶에로(from lab to life)'라는 말은 생태학적 접근이 지향하는 발달연구의 방향을 명료하게 보여주는 것인데, 이러한 경향은 최근 발달심리학의 여러 영역에서 강하게 부각되고 있다. 지각, 성격 및 사회성 발달 연구영역에서 특히 이러한 경향이 중시되고 있다(송명자, 1997). 생태학적 접근을 행동생물학(ethology)적 관점에서 본 로렌츠(Lorenz)의 각인이론과 최근 인간환경을 생태학적 접근으로 구조화한 바 있는 브론펜브레너(Bronfenbrenner)의 이론으로 나누어 살펴보고자 한다.

1) 로렌츠의 행동생물학 이론

로렌츠(Konrad Lorenz, 1903~1989)는 오스트리아 출신으로 다윈의 진화론적 관점을 도입하여 행동생물학의 독자적인 이론을 구축하였으며, 이는 1960년대에 이르러 처음으로 아동발달 연구에 적용되기 시작하였다. 그는 1930년대 초에 자신의 저택에서 동물을 관찰하며 동물행동에 대한 연구를 시작하였다. 연구결과 그는 신체적 특징과 함께 동물의 본능적 행동양식에서도 진화가 이루어진다고 확신했다.

로렌츠는 '현대 비교행동학의 아버지'라고 불리며, 생태이론을 처음으로 제안한 학자이다. 그는 동물연구의 방법으로 각인설(imprinting)을 주장하였고, 자연환경 속에서만 동물을 제대로 이해할 수 있다고 생각하였다. 따라서 자연관찰로써 동물의 고유한 행동유형을 관찰해야 함을 주장하였다. 동물학에서는 새로운 종류의 동물을 연구할 때 자연관찰이 그 첫 단계가 된다. 로렌츠는 자연관찰을 통해 종특유(species-specific)의 행동패턴을 알면 이 행동이 그 종의 고유한 적응행동에 어떤 역할을 하는지도 알아낼 수 있다고 보았다. 이와 같은 자연관찰의 연구방법을 통하여 그는 동물들은 본능적 행동을 갖고 있으며, 이러한 본능은 종 특유의 패턴이 있다는 것을 발견하였다(정옥분, 2008).

로렌츠는 그의 동물행동 연구에서 자연관찰법을 사용하면서 동물들이 갖는 상대적 본능행동 외에 후천적·사회적 본능이 생의 초기에 획득된다는 사실에도 관심을 가졌다. 예를 들어, 많은 종류의 새들과 포유동물의 새끼는 그들 어미에게 추종반응을 보이게 되는데, 이 행동은 선천적인 것이 아니다. 이는 가장 민감한 특정 시기에 후천적·사회적 본능을 유발시키는 자극을 획득했기 때문이라는 것이다. 다시 말해, 새끼들이 그들 생의 초기, 즉 태어나서 맨 처음에 보고 따른 최초의 대상이 어미였기 때문에 어미에게 추종반응을 보인다는 것이다.

로렌츠는 거위새끼들을 어미거위 없이 손수 키웠다. 그랬더니 새끼거위들은 그를 어미인줄 알고 어미거위를 무시한 채 그가 가는 곳마다 열심히 줄지어 따라다녔고, 이 실험을 통하여 그는 각인설을 주장하게 되었다. 각인설은 생의 어떤 결정적 시기(critical period) 동안에 각인현상이 일어난다는 주장이다. 즉, 각인현상은 생의 초기 중, 어떤 행동을 결정하는 과민한 결정적 시기에 형성되어 그 이후에는 지울 수 없는 행동으로 되는 강력한 작용을 하기 때문에 학습의 과정과는 다르다는 것이다. 본능으로 설명될 수 있는 새끼 때의 추종반응만이 아니라 그 이후의 사회적 행동도 결정한다는 이론이다. 적응, 생존, 행동의 가치 그리고 진화론적 역사 등에 관심을 갖는 행동생물학에 의해 제안된 각인과 결정적 시기의 개념은 아동 초기의 특정한 시기에 습득되어야 할 인지적·사회적 행동과 관련된 것이다. 이는 인간행동을 볼 수 있는 새로운 관점을 제시하였다. 즉, 새로운 개념과 신비로운 행동결정의 시기에 대한 시사를 한다. 인간에게도 어떤 특정 행동패턴이 각인되는 결정적 시기가 있는가, 그런 시기가 있다면 그것에 동물의 시기처럼 생의 초기 특별히 과민한 일정 기간이 되는가, 또한 인간의 수많은 행동은 각인되는 결정적 시기가 서로 다른가, 아니면 모두 인생의 초기에 집중되어 있는가 등이다.

많은 학자들은 로렌츠의 각인설이 학습과 경험의 역할은 무시했다고 비판하였다. 그러나 그럼에도 불구하고 그의 이론은 동물행동 연구를 통해 상대적 본능이 환경과 어떻게 상호작용을 거쳐서 그 종류 특유의 행동패턴을 형성, 발달시키는가를 규명하려는 시도로써 그 의의가 크다고 본다(이경화 외, 1999).

쉬어가기 각인이론을 이해하기 좋은 영화 "아름다운 비행"

에이미는 교통사고로 엄마를 잃고 아버지와 10년 만에 만나 다시 고향을 찾는다. 늪 주위를 거닐던 에이미는 미처 부화하지 못한 야생 거위 알을 발견한다. 조심스럽게 집으로 옮겨진 거위 알들은 에이미의 따뜻한 손길 속에서 귀여운 새끼 거위들로 태어난다. 세상에서 가장 먼저 본 에이미를 어미 새로 알고 있는 거위들은 오로지 에이미의 곁에서 쉬거나 그녀의 행동만 따라 한다. 서로 엄마가 없는 상황에서 에이미는 이제 16마리 거위의 작고 소중한 엄마가 되는 이야기이다.

출처: https://movie.naver.com/movie/bi/mi/basic.nhn?code=17903

2) 브론펜브레너의 생태학 이론

또한 브론펜브레너(Bronfenbrenner)의 생태학(ecological theory) 이론을 이해할 필요가 있다(이우언 외, 2018). 1942년에 미시간 대학에서 발달심리학 박사학위를 획득하였는데, 그는 발달과학의 미개척 분야에 대한 연구설계와 탐색연구를 계속하고 있으며, 정책과 실제분야에 연구결과와 이론을 접목시키는 노력을 하고 있다. 그가 주장하는 생태학적 접근에서의 주요 과제는 가족, 지역사회, 문화 등의 생태환경을 보다 체계적으로 구조화하고 이들 환경체계와 개인 간의 관계를 이해하는 것이다. 이 접근의 대표적 학자인 브론펜브레너는 '맥락 속의 발달' 혹은 '발달의 생태학'을 연구해야 한다고 주장하였다. 여기서 생태학이란 개인이나 유기체가 경험하고 있는 혹은 개인과 직접, 간접으로 연결되어 있는 환경적 상황을 의미한다. 그러므로 발달 연구는 사람들이 생활하는 사회적·물리적 환경과 그 고유 특성 간의 관계를 분석하는 것이다.

인간의 생태환경에서 직계가족의 관계에서부터 보다 넓은 사회적 환경에 이르기까지 환경의 다양한 측면들이 어떠한 방식으로 인간발달에 영향을 주는지를 보여준다(임규혁, 1996). 그는 아동의 발달을 보다 정확히 이해하고 그들에게 도움을 주기 위해서는 아동에게 영향을 주는 환경의 개념이 보다 확장되어야 하며, 그렇게 확장된 환경과 아동 간에는 단순히 영향을 주거나 받는 관계로서가 아니라 상호작용적 관계가 형성되어야 한다고 주장한다.

브론펜브레너는 인간을 둘러싸고 있는 생태학적 환경을 가장 가까운 것에서부터 가장 먼 것에 이르기까지 네 개의 층으로 구분하였다(송명자, 1997). 그림 10-1에 제시된 바와 같이 가장 가까운 층인 미시체계(microsy-stem)는 가정, 학교, 또래집단, 놀이마당처럼 아동들의 발달에 직접적으로 영향을 미치는 환경맥락이다. 이 수준에서는 직접적으로 접하는 환경에 대한 아동의 능동성과 상호작용 패턴에 관심을 갖는다. 이들 미시체계가 아동발달에 미치는 영향은 유아기와 아동기에 중시되던 가정의 존재가 청년기에 그 중요성을 잃게 되는 것처럼 아동이 성장함에 따라 변화한다. 그러나 이들 모든 관계는 쌍방적인 것을 알 수 있다. 예를 들어, 친절하고 예의 바른 아동은 부모로 하여금 긍정적이고 인내하는 반응을 유도하는 반면, 그렇지 못한 아동은 부모에게 벌과 엄격한 반응을 유발시킨다.

다음 층인 중간체계(mesosystem)는 아동이 적극적으로 참여하는 미시체계 맥락들 간의 상호관계를 포함한다. 예를 들어, 아동이 다니는 학교와 아동의 또래집단의 특성 그리고 가정변인은 상호관계를 가지며 아동기의 중간체계를 형성한다. 따라서 아동의 학업성취는 학교에서의 활동과 교우관계 및 부모의 참여와 가정에서의 학습지도 등이 상호작용함으로써 이루어진다는 것이다. 그러므로 가정과 중간체계의 각종 기관들은 상호연계되어 밀접한 관계를 이루어야 만이 바람직한 아동발달을 도모할 수 있을 것이다.

세 번째 층인 외체계(exosystem)는 아동의 발달에 영향을 미치지만 직접

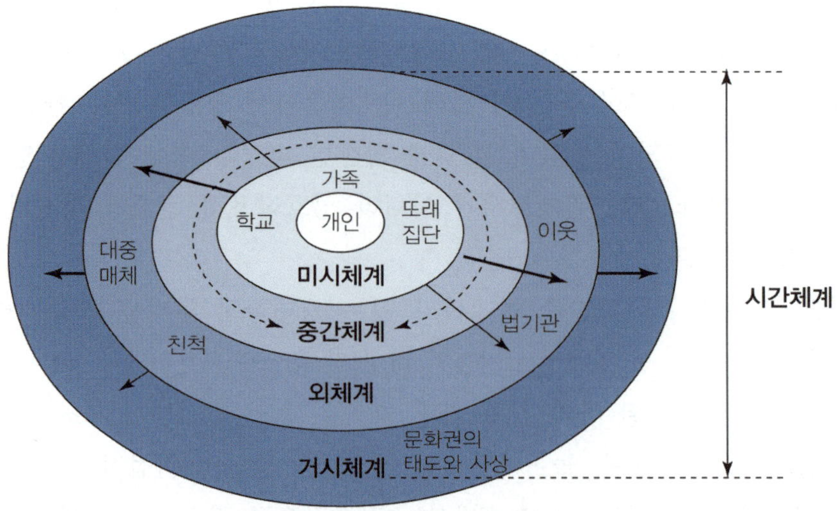

그림 10-1 브론펜브레너의 생태학 이론

적인 역할은 하지 않는 생태환경을 의미한다. 부모의 직장, 이웃, 교회, 보건소 등은 아동기 외체계의 대표적인 예이다. 집을 자주 비우는 아버지의 직업은 아동이 직접 몸담고 있지는 않으나 아동의 발달에 중요한 영향을 미치는 외체계의 기능을 가진다.

최근 실업이 증가하고 있는데, 부모가 직장을 잃고 사회적으로 고립되게 된다면 가정에서 자녀들과의 관계에 부정적인 영향을 미칠 수 있다. 아버지의 실직이 아동학대의 주요 원인이 된다는 조사 결과도 아동발달에 있어서 외체계가 중요하다는 것을 보이는 한 예가 될 수 있겠다.

네 번째 층인 거시체계(macrosystem)는 중간체계와 외체계를 포괄하는 체계로서 각 문화권 특유의 가치, 태도, 신념, 이데올로기, 법률 그리고 관습 등이 이에 속한다. 예를 들어, 한국에서 태어난 아이가 한국에서 자라는 것과 일찍이 미국에 이민 가서 자라는 경우에 그 아이가 보여주는 여러 발달적 특성들은 두 문화권의 차이에 의해 크게 달라질 것이다. 이와 같이 거시체계가 아동발달에 미치는 영향을 생각할 때, 아동발달 연구에 있어서 거시체계에 대한 고려는 중요하다.

다섯 번째 수준의 체계는 연대체계(chronosystem) 또는 시간체계라 할 수 있다. 이는 사회역사적 상황에 의해 형성된 것으로, 아동의 환경에서 발생하는 사건들의 양식과 생애에 있어 전환점이 되는 사건들을 의미한다. 즉, 환경과 상호작용하는 아동을 이해하는 데는 시간이라는 변인이 중요하게 작용한다. 예를 들어, 부모의 이혼이 자녀들에게 미치는 부정적인 영향은 매우 크며, 이를 극복하기에 걸리는 시간도 거의 1년 이상이 필요하다고 본다. 약 2년이 경과했을 경우에야 비로소 혼자가 된 부모도 안정을 찾게 되고, 자녀들과 대화하는 가운데 많은 문제를 해결할 수 있다고 한다. 따라서 아동발달을 이해함에 있어서 이러한 시간의 경과라는 변인의 효과란 대단히 중요한 의미를 갖는다.

지금까지 살펴본 인간행동의 이해와 사회환경에 대한 여러 이론들은 많은 학자들이 연구한 연구의 결과물이다.

학문을 위한 연구의 목적은 일반적으로 기술, 설명, 예측, 통제의 네 가지 측면에서 다루어진다. 인간행동과 사회환경과 관련된 많은 이론과 연구를 다루게 되는데 생애발달에 대해 특징을 기술하고, 성격의 형성에 대해 설명하고, 현재의 사회환경을 이해하여 실천적 대안을 마련하고, 더 나은 미래를 위해 고민하고 토론하고 더 나아가 미래를 예측하고 일어날 상황들을 통제할 수 있도록 하는 것이 학문적 기초의 완성이라고 본다.

앞으로 학문은 살펴본 인간의 행동특성, 가정환경, 학교환경, 사회환경, 문화환경뿐만 아니라 보다 나은 미래를 위하여 급변하는 사회환경에 어떻게 준비할 수 있는지 사회문제를 심층적으로 연구되어야 한다. 예를 들어, 최근 우리나라가 다문화사회로 진입함에 따라 다양한 제도가 도입되고 정착되지 않은 제도로 인하여 갈등을 야기시키기도 하고, 인공지능의 출현으로 로봇이 인간을 앞서는 두려움도 안고 있으며, 우주여행을 위한 준비와 지구 온난화로 인한 기후 변화 등 사회환경 변화는 양과 질에 있어서 속도감을 가늠할 수 없을 정도가 된 것이다. 이러한 변화에 적응하며 미래를 준비하고 예측할 수 있는 힘을 길러야 하겠다. 행복한 개인의 삶을 영위할 뿐 아니라 나와 너, 우리가 더불어 함께 행복한 삶을 일구기 위해 누군가는 사회와 사회를 개인과 개인을 연결해 주는 통로 역할을 하고 윤택하고 원활하게 도움을 줄 수 있어야 할 것이다.

3 환경 속의 인간

인간이 하는 행동은 자신이 속한 주변의 환경과 개인이 서로 상호작용의 결과이다. 또한 이러한 행동들은 사고, 감정과 인지적, 정서적 요소뿐만 아니라 다양한 요인들에 의해 특정한 행동으로 드러난다. 따라서 한 인간을 이해하기 위해서는 그 개인에게 둘러싸인 환경 내에서 이해해야 한다(노수희, 2022). 인간을 환경과 분리된 실체가 아닌 통합된 존재로 이해한다. 인간은 독립된 존재가 아닌 인간을 둘러싼 다양한 사회적 환경과 관계를 맺고 상호작용을 통해 영향을 주고받는다. 따라서 인간의 욕구를 해소하거나 문제해결을 위해서 인간이 교류하는 다양한 환경에 대한 이해와 개입이 필수적이다(김윤정, 2011).

환경은 물리적 환경뿐 아니라 사회환경을 포함하는 것으로 가족, 친구, 동료, 이웃, 집단, 조직 등 개인이 접촉하는 다양한 체계들이 포함되며, 정책, 법, 문화, 교육 등 거시적 측면의 사회제도가 포함된다. 인간의 행동과 욕구를 이해하기 위해서는 인간을 둘러싼 다양한 환경체계 안에서 인간과 환경의 상호작용과 반응을 살펴보고 개입해야 한다(장수복 외, 2021).

환경 속의 인간(person-in-environment)이라는 인간이해의 도식은 휴먼서비스 전문직에서는 없어서는 안 될 필수 요소이다. 휴먼서비스 전문직의 이론기반 구축과 실천기술의 발전뿐 아니라 전문직 자체의 정체성 확립에도 많은 기여를 한다(조홍식 외, 2010). 이러한 환경 속의 인간이라는 관점은 인간의 발달과 생애주기에 대한 개입이나 휴먼서비스의 실천 대안을 마련할 때도 기본 전제가 된다. 인간의 발달은 전 생애에 걸쳐 이루어지는 과정이며, 각 발달단계별로 나타나는 인간의 보편적 특성과 함께 개별적 특성의 역동적 과정에 대해서도 관심을 가져야 한다.

학습정리

- 사회문제는 사회의 가치, 규범, 윤리 등에 비추어 사회적 다수가 바람직하지 않다고 판단하거나 이들의 삶에 부정적 영향을 끼치므로, 시정이 요구되는 사회 현상임.
- 로렌츠의 각인이론: 후천적, 사회적 본능을 유발시키는 자극을 획득하는 결정적 시기(critical period)가 있음. 새끼들이 그들 생의 초기, 즉 태어나서 맨 처음에 보고 따른 최초의 대상이 어미였기 때문에 어미에게 추종반응을 보인다는 것.
- 브론펜브래너의 생태학이론: 미시체계, 중간체계, 외부체계, 거시체계, 시간체계의 다섯 가지 체계를 규정
- 환경 속의 인간: 인간이 하는 행동은 자신이 속한 주변의 환경과 개인이 서로 상호작용의 결과임. 이러한 행동들은 사고, 감정과 인지적, 정서적 요소뿐만 아니라 다양한 요인들에 의해 특정한 행동으로 드러남.

생각해보기

1. 인간행동과 사회환경을 학습해야 하는 이유를 토론해 보시오.
2. 최근에 부각되는 사회문제는 무엇인지 설명해 보시오.
3. ‘환경 속의 인간’ 관점을 바탕으로 자신을 설명해 보시오.

CHAPTER

11

주요 사회체계

학습목표

1. 사회체계에 대한 기본 개념을 이해한다.
2. 다양한 문화의 형성을 이해한다.
3. 한국문화의 심리적 요소를 이해한다.

1 집단

집단이란 두 사람 이상이 공동목적이나 관심을 가지고 모여서 서로 인지하고 감정을 공유하며, 집단기능을 위해 규범을 만들고 행동을 위한 목표 수립을 하며, 응집력을 발전시키는 사회적 조직 형태이다. 사회 집단의 의미는 어떤 공통의 속성을 지닌 구성원들이 지속적인 상호작용을 하는 모임이다(고명석, 2017).

1) 집단의 특성

집단은 대면적 접촉의 특징을 가지므로 대개 조직보다 규모가 작다. 구성원 간의 역할분담은 최소한에 그치며 비공식적인 경향을 띤다. 집단 구성원은 공통된 집단 정체성을 띠며 집단을 하나의 실체로 인식한다. 집단은 구성원에게 중요한 사회화 및 사회통제 기능을 수행한다. 집단 구성원 간의 상호작용은 구성원의 내적 혹은 자연적 상태를 토대로 이루어지며 정서적 특성이 강하다.

2) 집단체계의 유형

집단체계의 유형을 쿨러(Cooler)는 1차 집단과 2차 집단으로 구별하였다. 구성원의 접촉 방식에 따라 1차 집단은 혈연과 지연을 바탕으로 자연발생적으로 형성된 집단, 심리적 · 정서적 만족감을 제공(가족)하는 집단을 의미하며, 2차 집단은 간접적 접촉의 관계이며 의식적 · 목적적 관계, 인간관계는 공식적이며 비개인적(회사), 어떤 목적을 위해 의도적으로 만들어진 집단이라고 할 수 있다.

또한 퇴니스(Tönnies)는 구성원들의 결합 의지를 기초로 공동 사회와 이익 사회로 구분하였다. 공동 사회는 본질적 · 자연적인 의지, 친밀하고 상호 신뢰와 협동심(가족, 촌락)을 의미하며, 이익 사회는 선택적 · 목적적 의지, 협동보다는 경쟁심으로 모인 집단으로 회사를 예로 들 수 있다.

섬너(Sumner)는 구성원들이 가지는 소속감 정도에 따라 내집단과 외집단으로 구분하였다. 내집단은 소속감과 공동체 의식이 강한 '우리 집단'이라고도 하며, 외집단은 이질적이고 적대 의식이 강한 집단으로 내집단과 반대되는 '그들 집단'이라고 한다.

3) 집단관계와 사회생활

자신이 속해 있는 소속집단과 어떤 판단이나 행동의 기준으로 삼는 집단의 준거집단으로 구분할 때, 사람이 어떤 성격을 가진 집단에 소속되어 있느냐에 따라 사람의 의식과 행동에도 영향을 주는 것을 알 수 있다. 이러한 집단의 성격에 따라 집단 간의 협력, 경쟁, 갈등을 일으키기도 하는데, 사회 전체 공익을 고려하지 않고 자기 집단의 이익만 추구하는 집단 이기주의와 자기 지역이나 지역사회의 이익만을 고집하는 형태의 지역 이기주의가 그 예이다. 이러한 집단 간의 사회생활은 지나치게 집단을 고집하는 상태에서 여러 문제와 갈등이 야기되는데, 개별 집단 이익과 사회 전체 이익의 조화를 위하여 공익을 위한 이해와 양보, 공정한 경쟁, 정당한 요구의 정책 반영과 이해관계의 조정 등을 통한 문제해결 방안을 서로가 노력할 필요가 있다.

2 조직

조직이란 목표와 경계가 뚜렷하고, 구성원의 지위와 역할이 명백하게 구별되어 전문화된 실제적인 집단 또는 조직을 의미한다. 구성원의 개인적인 행동을 상당히 제한하는 사회 집단이며 기업체, 노동조합, 정당 등의 2차 집단에서 많이 발견된다. 조직은 업무와 권력, 의사소통책임의 분담, 조직의 협동 노력을 통제해서 목표를 지향하는 권력의 집중, 구성원 교체의 기능이 있다. 조직의 특성은 첫째, 1차적 관심은 목표와 과업의 효율적 달성에 있고, 둘째, 현대인들은 조직의 한 구성 부분으로 전락되어 주체성과 자율성을 상실해 가고 있다고 할 수 있다.

조직의 형태는 공식적 조직과 비공식적 조직으로 나눌 수 있는데, 공식적 조직은 2차적 관계의 특성 지니고, 구성원들의 상호작용이 체계화되어 있으며, 형식적·비인격적 관계라고 할 수 있다. 이에 비해 비공식적 조직은 1차적 관계의 특성을 지녔으며, 구성원들 사이에 정서적 유대와 친밀감이 있고 조직의 효율성 증대에 목적이 있다.

조직을 유지하는 데는 여러 가지 전략과 기술이 필요한데 이러한 조직의 체계유지에 필요한 네 가지 기능은 적응, 목적달성, 통합, 유형유지의 기능을 수행하는 것이라고 하였다(권중돈, 2014).

1) 조직의 특성

굴드너(Gouldner)는 조직의 특성을 세 가지로 제시하였다.

① 조직은 하나의 체계이며, 유기적인 속성을 갖는다.

② 조직의 구조적 변화는 합리적 작용보다는 조직의 평형상태를 깨트리는 위협에 대한 누적적·비계획적·적응적 반응의 결과이다.

③ 조직의 욕구 중 가장 중요한 것은 목표 달성이다.

2) 조직의 유형

(1) 파슨스의 분류: 조직이 사회에서 수행하는 기능을 중심으로 한 분류

① 생산조직: 적응기능, 수행, 기업

② 정치조직: 목적달성기능 수행, 정당, 국회

③ 통합조직: 사회질서 유지, 군대, 경찰

④ 유형유지조직: 사회화 담당, 교회, 학교

(2) 블라우와 스코트의 분류: 조직활동에 의한 이익의 분배 형태를 기준으로 한 분류

① 호혜조직: 조직구성원 모두가 이익을 얻는 조직
② 기업조직: 조직의 소유자가 이익을 독점하는 조직
③ 봉사조직: 조직의 이용자가 가장 이익을 얻는 조직
④ 공익조직: 일반대중이 조직활동의 대상이 되는 조직

(3) 에치오니의 분류: 조직에 참여 형태를 기준으로 한 분류

① 강제적 조직: 조직 구성원의 의사와 관계없이 참여가 강제된 조직, 교도소나 군대
② 자발적 조직: 가입이나 탈퇴가 자유로운 조직, 종교 단체나 전문적 단체
③ 공리적 조직: 조직원이 실리적 목적을 위해 가입하거나 탈퇴할 수 있는 조직, 회사

(4) 에치오니의 분류: 조직의 통제 형식을 기준으로 한 분류

① 강압적 조직: 위협과 처벌을 통제수단으로 사용
② 보상적 조직: 조직 구성원으로 하여금 그들이 받는 혜택을 계산하여 통제
③ 규범적 조직: 도덕적 개입과 사회적 수용을 통제수단으로 사용

3 지역사회

지역사회의는 “공공의 장소, 이해, 정체감, 문화, 활동에 기반하고 있는 사람들을 구성한 사회 단일체”, “일정한 지리적 공간 안에서 서로 사회·심리적 인연을 가지고 있는 사람들”, “인간행동의 혼합다면체”로 정의된다(장수한 외, 2013).

또는 지역사회란 다른 지역과 구별될 수 있는 일정한 지역에 모여 살면서 구성원 간의 상호작용을 통하여 서로의 생활에 도움을 주며, 같은 전통, 관습, 규범, 가치를 공유하는 공동체라고 할 수 있다. 이러한 지역사회는 자체의 생존과 발전을 위하여 생산, 분배, 소비의 기능, 사회화의 기능, 사회 통제의 기능 및 사회 통합의 기능을 수행한다(고명석 외, 2016).

1) 지역사회의 특성

지역사회의 특성을 다음 네 가지로 정리할 수 있다.

① 물리적 또는 지리적 장소에 근거한 사회적 조직형태이다.
② 공통된 지역에 살거나 동일시된 사람에 초점을 둔다. 지역 공동체가 추구하는 최상의 목적은 지역 공동체 구성원을 위한 삶의 질을 향상시키는 것이다.
③ 상호 의존은 공통된 욕구, 공통된 문제, 성장과 발전을 위한 기회가 있다는 것을 전제한다.
④ 지역 공동체는 개인을 전체 사회에 그리고 전체 사회를 개인에 연결하는 중간체계이다. 지역 공동체는 사회의 하위체계이다.

2) 지역사회의 유형

① 공동의 유대나 연대 정신을 지칭하는 공동체와 다문화를 의미하는 지역 공동체
② 기능적 공동체와 지리적 공동체
③ 농촌 공동체와 도시 공동체

3) 지역사회와 관련된 주요 용어

(1) 지역사회 욕구

개개인에게도 욕구가 있듯이 지역사회도 결국 개개인이 모인 하나의 유기체이므로 욕구가 있다. 그 지역사회의 특성과 조건에 따라 주민이 공동으로 갖는 욕구이다.

(2) 지역사회 문제

지역사회의 욕구를 적절하게 충족시키지 못했을 경우에는 지역사회의 문제로 대두된다. 이것은 지역사회 주민이 공동으로 떠안고 함께 해결해야 하는 문제이다.

(3) 지역사회 문화

지역사회는 지리, 역사, 정치, 경제적 맥락에서 고유의 특성을 갖는다. 지역사회가 위치하고 있는 자연환경과 주변 여건, 지역사회의 경제적 수준 등에 의하여 독특한 성향을 지니는데 이것이 지역사회 문화이다(장수한, 2013). 그 지역사회가 갖는 독특한 생활양식이라고 할 수 있다.

4) 지역사회의 기능

지역사회의 기능은 생산 · 분배 · 소비의 기능, 사회화의 기능, 사회통제의 기능, 사회통합의 기능, 상부상조의 기능이 있다.

4 문화와 환경

1) 문화의 이해

(1) 문화의 정의

문화는 사람들의 생활양식이며 의식주를 포함하여 사회, 경제, 종교 등을 어떤 방식으로 해나가는지에 대한 생활의 모습이라고 할 수 있다. 타일러(Tylor)는 "문화란 지식, 신앙, 예술, 도덕, 법률, 관습 그리고 사회구성원으로서 인간이 획득한 모든 능력과 습성의 복합적인 총체"라고 하였다(엄태완 외, 2012).

윌리엄스(Williams)는 땅을 가꾸고 식물을 경작하고 동물을 키우는 행위, 마음을 가꾸는 것, 사회의 발전과정, 특정 집단에 의해서 공유되는 의미 가치와 삶의 방식, 의미를 만들어 내는 의미화의 실천이라고 정의하고 있다.

코탁(Kottak)은 문화란 사회구성원들에 의하여 학습되고, 공유되고, 양식화되면서 다음 세대로 이어지는 것이라고 보고 보다 구체적으로 문화의 속성에 대해 정의하고 있다. 문화는 언어라는 매개로 학습되고 그것이 사회적으로 공유된 것이라고 하였다.

(2) 문화의 특성

일반적으로 문화의 특성은 문화가 특정한 사회에서 살아온 자들의 삶의 결과로써 학습된다고 보는 학습성, 인간의 본능, 의식주, 가족과 부모-자녀 관계 등 모든 사람이 갖는 보편성, 모든 문화가 외형으로 드러나는 것 외에 속으로 품고 있는 의미가 따로 있다는 상징성, 문화가 고정되어 존재하는 것이 아니라 특정 문화 내에서뿐만 아니라 문화 간 움직임에 매우 강하게 영향을 받는 역동성, 그리고 인간사회의 문화가 매우 상이함을 일컫는 다양성으로 설명할 수 있다.

(3) 문화의 주요 용어

- 문화화: 문화에서 요구하는 지식, 기술, 태도 등을 내면화하는 과정
- 문화지체: 정신문화와 물질문화의 변동속도의 차이로 발생
- 문화실조: 문화적 결핍현상(시기적 부적절, 과잉, 소멸)
  → Head start program, Higher Hariaon program 문화 충격
- 문화 변용: 이미 자치권이 있는 두 사회가 밀접한 관계 속에서 지속적으로 접촉하여 두 문화가 서로에게 많은 부분이 전파된 것을 의미하며 문화 접촉이라고도 한다.

(4) 문화 변용

이미 자치권이 있는 두 사회가 밀접한 관계 속에서 지속적으로 접촉하여 두 문화가 서로에게 많은 부분이 전파된 것을 의미하며, 문화 접촉이라고도 한다.

2) 한국 문화의 심리적 요소

한국사회는 경제발전과 정치 변화로 인하여 해방과 한국전쟁 이후 급격한 변화가 있었고, 이에 따라 일반적인 사회문화도 많은 변화가 진행되고 있는 실정이다. 이에 가장 큰 변화는 대가족제도에서 핵가족사회의 변화로써의 가족 제도변화와 농경사회에서 도시사회로, 민간신앙과 유교의 영향에서 기독교와 불교의 종교의 변화를 대표적인 예로 들 수 있다. 이에 한국인의 심리에 뿌리가 될 수 있는 특성들을 살펴보고자 한다.

(1) 정(情)의 문화

정의 사전적 의미는 "사귐이 깊어감에 따라 더해가는 친근한 마음"이라고 한다. 이 같은 정은 뚜렷한 목적 없이 장기간 함께하는 경험을 통해 형성되기 때문에 정을 바탕으로 한 행동은 의도성이 약하고 규범에 의한 책임이나 의무를 지니지 않는다(장수한 외, 2013). 정은 인간관계에서 개인 간을 결합시켜 주는 중요한 역할을 한다. 정은 한국인의 가족관계에서 가장 두드러지게 형성되어 사회생활까지 이어져 사적인 인간관계는 물론 공적인 관계에까지 크게 영향을 미친다고 볼 수 있다. 한국인의 정의 문화는 상호 간 의리, 신뢰가 중요하고 배신행위를 금기시하며 외국인이나 모르는 타인에 대해 배타적인 면이 있는 것도 정의 문화에 기인한 것으로 본다.

정이 많은 사람은 남을 사랑하고 잘 도와주고, 남의 어려움에 공감과 관심을 잘 보이는 사람이고, 무정한 사람은 타인의 고통에 무감각하고, 이기적이고, 감정이 없는 사람들이라고 사람들은 생각을 한다. 그리고 자기과시적인 행동을 하는 사람, 이기적인 행동을 하는 사람, 냉정한 행동을 하는 사람, 이지적인 사람, 완벽한 행동을 하는 사람들은 정이 안 가는 사람들이라고 생각을 한다고 한다. '정'이라는 정서는 상대방에게 의지하고, 상대를 신뢰하게 해서 심리적 유대감과 소속감을 느낄 수 있도록 하는 기능이 있는데, 정이 들었기 때문에 상대를 위한 희생이 요구되고 상대의 요구를 거부하기 힘들고 그래서 공정성과 합리성을 유지하기 힘든 부정적인 측면도 있는 것이다. 한국에 오래 체류한 외국인들이 한국인에게서 가장 부러운 것으로 꼽는 것이 한국인의 끈끈한 정이라고 하는데, 정에는 역사성, 동거성, 다정성, 허물없는 인식의 네 가지 특징이 있다(최상진, 2000).

(2) 한(恨) 많은 문화

한의 사전적 의미는 "욕구나 의지의 좌절에 따르는 삶의 파국에 대처하는 강박적인 마음의 자세와 상처가 의식적·무의식적으로 얽힌 복합체"이다(위키백과사전). 최상진(1991)에 의하면 '한'은 "자신의 불행에 대한 자책의 정념과 자신의 불행에 대한 부당함의 심리가 결합된 복합감정 상태"라고 설명하고 있다. 한이 생겨나기 위해서는 부당한 차별대우를 받았을 때, 타인에 비해 현저히 결핍되어 고통을 당할 때, 돌이킬 수 없는 큰 실수를 범했을 때의 세 가지 조건이 있을 때 '한' 정서가 발생한다고 하였다. 한은 자신의 불행에 대해 후회하는 억누를 수 없는 생각과 부당하다는 엇갈린 심리가 결합된 감정상태라고 할 수 있다. 조선의 유교문화, 일본의 침략과 전쟁을 겪으면서 우리문화가 한이 많은 민족일 수밖에 없는 역사적·시대적 요인이 있다. 이를 불안과 위축의 역사, 계층의식, 남존여비사상, 사대부의 가혹행위 등으로 설명될 수 있다. 이러한 한의 문화로 인한 부정적인 결과는 "화병"이라는 용어로 한국인에게만 나타나는 병으로 DSM-Ⅳ에 등록된 바 있다.

(3) 체면

체면은 '남을 대하기에 떳떳한 도리나 얼굴'로 정의를 할 수 있다(최상진, 2000). 떳떳하기 위해서는 도덕성 혹은 능력 면에서 인정을 받을 수 있어야 하며, 그래서 도덕적인 인격을 갖춘 사람은 예의와 염치를 아는 사람이고, 이것을 갖추지 못한 사람은 부끄러움을 느껴야 한다고 한국 사람들은 대개 생각을 한다. 부끄러움은 두 가지로 구분할 수 있는데 기준에 못 미쳐서 스스로 느끼는 '자괴성 부끄러움'과 남이 알게 되어 느끼는 '창피성 부끄러움'으로 구분될 수 있다. 창피성 부끄러움(즉, 남부끄러움)이 사회생활에서의 체면행위로 나타난다고 한다.

체면은 서열관계나 공식관계에서 특히 많이 나타나고, 한국사회에서는 체면이 떨어지게 되면 권위와 함께 영향력을 상실한다고 보고 인격도 의심을 받을 수 있다. 체면은 행위적인 면에서 지키는 체면과 내세우는 체면을 구분할 수 있는데 지키는 체면은 상하관계에서 체면이 실추되는 상황을 막거나 회복하는 행위이며, 이는 어느 사회에서건 보편적으로 나타나는 현상이지만, 내세우는 체면은 한국사회에서 유난히 강하게 나타나는 특징으로, 한국인 혹은 유교문화권 사람들의 독특한 사회심리라고 하였다(최상진, 2000).

(4) 눈치

눈치는 겉으로 드러난 자료가 분명함에도 불구하고 이면에 숨은 진실을 꿰뚫어 보는 독특한 재주를 일컫는다(임태섭, 1997). 특히 눈치는 한국인의 대인관계에 있어서 중요한 요소이며, 관계를 해치지 않으려는 염원에서 발달된 의사소통의 형태(한규석, 1995)라고 하였다. 한국인에게서의 눈치는 체면과 자존심을 유지하기 위해 필요하며 당혹스러운 상황을 피하고, 서로 마음을 상하지 않게 하며 상대방에게 지나친 압력을 부담시키지 않는 기능을 하는 것(한규석, 1995)으로 본다.

(5) 교육과 동조현상

한국인의 눈치와 더불어 동조현상도 함께 살펴보고자 한다. 긍정적이든 부정적이든 한국사회에서의 한국인에게 교육열은 사회문제로 도출되어 있다. 호(Ho, 1993)는 동양문화를 집단주의적이라는 용어 대신 관계 지향적 문화라고 규정하였다. 집단주의적이고 타자지향적인 성향과 대인관계에서의 원활함의 강조는 개인에게 사회적 규범에 동조하고 집단의 요구에 따르도록 하는 강한 압력으로 작용한다는 것이다. 이러한 동양적 사고방식을 바탕으로 "남이 하니까 한다"는 동조 의식을 내재하게 되며, 부모는 다른 자녀들이 과외나 학원에 다니는 것에 대한 강한 압력을 받게 된다. 때문에 부모는 자신이 그릇된 것인 줄 알면서도 지속적으로 부정적인 교육관행을 행하게 된다. 트리안디스(Triandis, 1983)에 의하면 동양문화에서는 내집단과 구별되는 자신의 신념을 주장하기보다는 내집단과 공유하는 신념에 동조하려는 경향이 강하다. 이러한 문화적 풍토에서는 지속적으로 다른 사람의 의견을 탐색하고 다른 사람의 불인정을 피하려 하는 행동특징이 나타난다. 즉, 문화권 안의 모든 수험생의 부모라는 집단의 의견에 공유하여 높은 사교육비 지출과 교육열을 지니게 된다.

(6) 한국인의 집단주의(한규석, 2012)

비교문화심리학자들과 문화비평가들에 의하면 한국사회는 강한 집단주의 사회의 모습을 보인다고 한다. 한국사회의 집단주의 양상과 관련하여 특히 가족주의, 인정주의, 권위존중, 관계주의 특징이 있다.

- 가족주의: 집단주의 문화는 집단의 화목을 매우 중시하는 특징이 있

다. 집단의 원초적 단위는 가족이고 따라서 가족 내의 화합이 중요시되기 때문이다. 한국의 가족집단의 특성은 부모-자식 간의 긴밀한 관계와 유교적 관습에 의한 부모의 절대적인 권위, 자식이 부모에게 보이는 행위인 효와 순종에 바탕을 두고 있는데 한국 사람들은 대화 중에 우리나라, 우리 학교, 우리 엄마, 우리 집, 우리 회사, 우리 아이 등 '나'를 써도 될 곳에 '우리'라는 표현을 자연스럽게 사용하는 경향이 있으며, 이는 한국문화의 매우 독특한 현상으로 볼 수 있다.

- 인정주의: 한국 사람들은 정에 이끌려서 공적인 처리를 해야 할 때 인정에 끌리는 사적인 처리를 한다는 비판을 받기도 한다. 공정과 인정이 갈등하는 상황에서 공정을 선호하는 집단은 인간관계에서 인간적 가치를 물질적 혹은 경제적 가치로 대체시키는 경향이 있다. 연구에 의하면 한국 사람들은 일반적인 판단은 공정 지향을 선호하지만, 행동과 규범적 판단은 인정의 논리에 크게 좌우됨을 보이고 있다고 본다.
- 효의 사회심리: 그리고 한국사회에서 효 개념이 중요한데, 자식이 부모와 선조를 공경 및 감사하는 마음을 바탕으로 부모-자식 관계에 작용하는 매우 강력한 규범으로 부모를 공경하고, 어른 앞에서는 말을 가려서 하고, 존댓말을 쓰며, 불만이 있더라도 대들어서는 안 되며, 자세를 방자하게 해서도 안 되며, 항상 자기를 낮추어야 하며, 부모에게 걱정을 끼치게 하여서는 안 되는 등 많은 경우 효의 윤리에 의해서 영향을 받는다.
- 관계주의: 그리고 한국사회의 집단주의는 집단 위주보다는 관계 위주로 진행되는 특징을 강하게 보여준다. 관계주의 문화에서는 사람들은 자신의 사적인 관계망을 유지하고 확대하기 위하여 노력하며, 개인의 정체성은 자신이 형성하고 있는 관계망과 그 망 속의 위치에

의해서 판단이 되는 경향을 보이므로 따라서 좋은 연결망(학연 같은 연결망)을 확보하려는 행위의 관행이 보편화되어 있으며, 연줄이 돈 못지않은 중요한 사회적 자산으로 간주되기도 한다.

(7) 한국사회의 가치관 변화

한국사회는 옛날에 비해서 가치관의 변화가 크게 나타났다. 현재의 한국사회를 잘 이해하기 위해서는 가치관의 변화를 파악하는 것이 필요하다. 가치관은 그 문화권에서 지향하는 바를 보여주는 추상적 신념 혹은 행동철학을 의미하는데, 사회구성원들에게 나타나는 보편적 가치관을 파악하는 것은 그 사회의 전통과 특성을 이해하는 중요한 방법이다.

한국사회에서는 대인관계에서 수직적 위계성을 중시하는 사람들의 비율보다 수평적 평등성을 중시하는 사람들의 비율이 거의 모든 연령층과 교육층에서 다수로 나타나는 탈권위주의 양상이 나타나고 있다고 한다. 이것은 한국사회에서 위계질서의 엄격성이 무너지고 대등한 대인관계가 사회적 규범으로 작용하고 있음을 보여준다고 할 수 있다.

그리고 사회 질서유지를 위한 상하구별보다 직업능력의 구분이 더 중요하다는 응답이 늘어나고 있는 추세이며, 연령이 증가하면서는 상하구별이 중요하다는 응답이 아직도 높게 나타나고 있으며 세대에 따른 가치관에서는 20대에 비해서 40대가 충효사상을 더 옹호하는 것으로 나타났으며, 이는 20대에 급진적인 성향을 보이다가도 40~50대가 되면 보수적으로 변화할 수 있음을 암시한다.

한국사회는 1960년대와 1970년대에, 공동체적 전통사회에서 벗어나 근대화 추구 시대를 거치면서 자본주의 원리에 입각한 경제체제 생활에 익숙해졌다. 따라서 근대화에 의한 물질적 가치의 중요성을 중시하는 방향으로 가치관의 변화가 빠르게 진행이 되었는데, 1990년대 이후부터 경제적 성장보다는 삶의 질과 행복 추구 등을 강조하기 시작했고, 근대화 과정에서의 주된 가치는 성취와 성장이었다면, 탈근대화 과정에서는 삶의 질을 강조하고, 판단의 주관성을 강조하고 인정과 우애 있는 대인관계를 선호하는 등의 다양한 가치들이 부각되는 것을 볼 수 있다.

3) 다문화사회와 다문화가정

(1) 다문화사회의 이해

한국은 2000년대에 진입하면서 다문화사회로 인식되기 시작하였다. 이는 1988년 올림픽 이후 3D 업종 기피로 국내의 인력난이 심각해짐에 따라 산업연수생제도를 도입하면서 시작되었다.

① 다문화가정: 내국인과 외국인이 결혼한 가정을 일컫는 표현은 크게 '혼혈인 가족(서로 다른 인종 간 태어난 자녀)', '국제결혼가족(국경을 넘나드는 결혼의 형태)', '다문화가족(다양한 가족의 형태 중 하나)' 등 최근에는 한국인 남성과 결혼한 이주여성가족, 한국인 여성과 결혼한 이주남성가족, 이주민가족(이주노동자, 유학생)을 포함한다.

② 다문화가구: 귀화의 방법으로 국적을 취득한 자 또는 외국인이 한국인(귀화자 포함) 배우자와의 혼인으로 이루어진 가구 또는 그 자녀가 포함된 가구로서 다문화가구원은 다문화가구의 구성원으로서, 집단시설에 거주하고 있는 다문화대상자나 자녀는 포함되지 않는다.

③ 기타 동거인: 한국인 배우자의 직계존속 또는 외국인 배우자의 직계존속 등 다문화가구 구성원이나 한국인 배우자, 결혼이민자, 귀화자, 자녀가 아닌 동거인이다.

(2) 다문화가정의 현황과 실태

① 결혼이민자 및 국적취득자 현황

2022년 여성가족부의 다문화가족 관련 연도별 통계자료에 따르면 2020년 11월 기준 결혼이민자와 국적취득자는 372,884명으로 남성이 76,555명, 여성이 296,329명으로 나타났다. 구체적으로 결혼이민자는 173,756명으로 남성이 35,679명, 여성이 138,077명이다. 국적취득자(혼인귀화자 + 기타사유 국적취득자)는 199,128명으로 남성이 40,876명이고, 여성이 158,252명으로 나타났다.

표 11-1 연도별 결혼이민자 및 국적취득자 현황 (단위 : 명)

연도	계			결혼이민자			국적취득자 (혼인귀화자 + 기타사유 국적취득자)					
	계	남	여	계	남	여	계	남		여		
2020	372,884	76,555	296,329	173,756	35,679	138,077	199,128	40,876		158,252		
2019	359,610	72,312	287,298	173,882	34,628	139,254	185,728	37,684		148,044		
2018	343,797	69,515	274,282	166,882	32,858	134,024	176,915	36,657		140,258		
2017	330,188	65,507	264,681	160,653	30,745	129,908	169,535	34,762		134,773		
2016	318,948	61,544	257,404	159,501	28,728	130,773	159,447	32,816		126,631		
2015	294,663	56,652	238,011	144,912	25,263	119,649	93,249	10,308	82,941	56,502	21,081	35,421
2014	295,842	48,787	247,055	149,764	21,953	127,811	90,439	4,261	86,178	55,639	22,573	33,066
2013	281,295	45,348	235,947	147,591	20,887	126,704	83,929	4,264	79,665	49,775	20,197	29,578
2012	267,727	42,459	225,268	144,214	19,630	124,584	76,473	4,268	72,205	47,040	18,561	28,479
2011	252,764	39,825	212,939	141,654	18,561	123,093	69,804	4,317	65,487	41,306	16,947	24,359
2010	221,548	34,144	187,404	125,087	15,876	109,211	56,584	3,796	52,788	39,877	14,472	25,405
2009	199,398	30,988	168,410	125,673	15,190	110,483	41,417	2,047	39,370	32,308	13,751	18,557
2008	168,224	26,339	141,885	102,713	13,711	89,002	41,672	2,991	38,681	23,839	9,637	14,202
2007	142,015	21,905	120,110	87,964	12,497	75,467	38,991	2,624	36,367	15,060	6,784	8,276

출처: 여성가족부(2022) 재인용
외국인주민현황조사, 행정안전부, 2020.11월 기준

구체적으로 연도별 인원을 확인해 보면 2007년도 142,015명, 2008년도 168,224명, 2009년도 199,398명, 2010년도 221,548명, 2011년도 252,764명, 2012년도 267,727명, 2013년도 281,295명, 2014년도 295,842명, 2015년도 294,663명, 2016년도 318,948명, 2017년도 330,188명, 2018년도 343,797명, 2019년도 359,610명, 2020년도 372,884명으로 지속적으로 증가하였다. 2010년도에는 전체 221,548명으로 10년간 151,336명이 증가하였다.

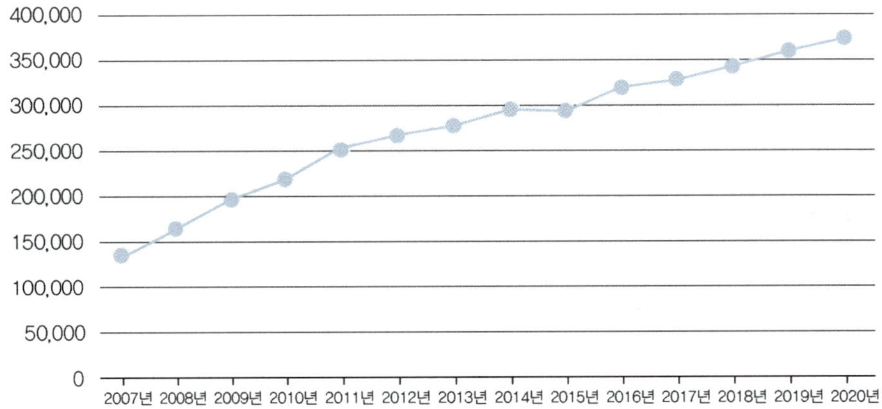

그림 11-1 연도별 결혼이민자 및 국적취득자 추이

2020년도 지역별 결혼이민자 및 국적취득자 현황을 보면 전체인원이 372,884명으로 경기도가 118,883명으로 전체 32%를 차지하였다. 다음으로 서울이 75,430명 20%, 인천이 27,871명으로 7%이다. 대부분이 수도권 주변에 집중되어 있다. 기타지역은 경남(20,778명), 충남(17,978명), 경북(15,756명), 부산(13,787명), 전남(13,148명), 전북(12,004명), 충북(11,486명), 대구(10,143명), 강원(명), 광주(7,206명), 울산(6,843명), 대전(6,766명), 제주(5,207명), 세종(1,607명) 순으로 나타났다.

표 11-2 지역별 결혼이민자 및 국적취득자 현황 (단위 : 명)

연도	계(자녀 제외)			결혼이민자			국적취득자		
	계	남	여	계	남	여	계	남	여
계	372,884	76,555	296,329	173,756	35,679	138,077	199,128	40,876	158,252
서울	75,430	23,270	52,160	31,661	10,071	21,590	43,769	13,199	30,570
부산	13,787	2,076	11,711	7,365	1,307	6,058	6,422	769	5,653
대구	10,143	1,395	8,748	5,474	913	4,561	4,669	482	4,187
인천	27,871	6,979	20,892	11,771	2,812	8,959	16,100	4,167	11,933
광주	7,206	833	6,373	3,723	548	3,175	3,483	285	3,198
대전	6,766	924	5,842	3,538	521	3,017	3,228	403	2,825
울산	6,843	1,009	5,834	3,461	548	2,913	3,382	461	2,921
세종	1,607	272	1,335	878	166	712	729	106	623
경기	118,883	28,767	90,116	52,907	12,366	40,541	65,976	16,401	49,575
강원	7,991	713	7,278	3,927	391	3,536	4,064	322	3,742
충북	11,486	1,480	10,006	5,670	785	4,885	5,816	695	5,121
충남	17,978	2,362	15,616	9,032	1,166	7,866	8,946	1,196	7,750
전북	12,004	900	11,104	6,059	554	5,505	5,945	346	5,599
전남	13,148	754	12,394	6,755	422	6,333	6,393	332	6,061
경북	15,756	1,478	14,278	7,987	940	7,047	7,769	538	7,231
경남	20,778	2,489	18,289	10,661	1,709	8,952	10,117	780	9,337
제주	5,207	854	4,353	2,887	460	2,427	2,320	394	1,926

출처: 여성가족부(2022) 재인용
외국인주민현황조사, 행정안전부, 2020.11월 기준

② 국적별 결혼이민자 및 국적취득자 현황

2020년 국적별 결혼이민자 및 국적취득자 현황을 보면 한국계 중국이 121,615명으로 전체 32.6%로 가장 높게 나타났다. 그다음으로 베트남 85,283명 22.9%, 중국 71,145명 19.1%로 나타났다.

표 11-3 국적별 결혼이민자 및 국적취득자 현황 (단위 : 명)

국적	'07	'08	'09	'10	'11	'12	'13	'14	'15	'16	'17	'18	'19	'20
합계	142,015	168,224	199,398	221,548	252,764	267,727	281,295	295,842	294,663	318,948	330,188	343,797	359,610	372,884
중국 (한국계)	59,902	70,901	77,853	87,565	88,922	97,796	100,524	103,194	103,171	110,619	114,101	119,989	123,967	121,615
중국	33,577	39,434	53,864	60,183	69,671	65,832	67,944	71,661	59,813	64,524	67,257	68,304	68,064	71,145
베트남	16,305	21,306	31,080	34,913	42,159	47,754	52,323	56,332	62,072	66,554	69,774	72,137	80,773	85,283
필리핀	7,146	8,033	10,150	10,868	12,428	13,829	15,256	16,473	17,576	18,247	18,695	19,199	19,834	20,473
일본	6,742	6,653	5,742	5,594	11,070	11,705	12,338	12,875	11,391	11,278	12,117	12,302	12,247	13,550
캄보디아[2]	–	–	–	3,354	4,422	5,316	5,684	6,184	6,902	7,221	7,621	7,958	8,575	8,903
몽골	1,605	2,121	2,591	2,665	2,959	3,068	3,186	3,257	3,308	3,394	3,523	3,663	3,905	4,052
태국	1,566	1,896	2,291	2,350	2,914	2,918	2,975	3,088	3,069	3,328	3,803	4,526	5,312	6,468
미국	1,436	1,750	1,911	1,890	2,598	2,747	3,081	3,350	5,368	7,377	7,711	8,402	8,041	9,139
러시아	997	1,854	1,162	1,279	1,827	1,943	2,025	1,976	1,937	1,895	2,253	1,892	2,093	2,376
대만	5,696	4,336	1,211	1,856	1,836	2,390	2,661	2,953	4,298	4,552	5,308	4,066	5,952	6,345
기타	7,043	9,940	11,543	9,031	11,958	12,429	13,298	14,499	15,758	19,959	18,025	21,359	20,847	23,535

출처: 여성가족부(2022) 재인용
외국인주민현황조사, 행정안전부, 2020.11월 기준

③ 다문화가정 자녀의 현황

2020년도 다문화가족 자녀 연령별 현황을 보면 275,990명으로 만 6세 이하가 115,579명, 만 7세~12세는 107,286명, 만 13세~15세는 34,445명, 만 16세~18세 18,680명으로 연령이 낮은 집단에 인원수가 더 높게 나타났다.

연도별로 보면 **표 11-4**와 같이 2007년 44,258명, 2008년 58,007명, 2009년 107,689명, 2010년 121,935명, 2011년 151,154명, 2012년 168,583명, 2013년 191,328명, 2014년 204,204명, 2015년 197,550명, 2016년 201,333명, 2017년 222,455명, 2018년 237,506명, 2019년

---

2) 캄보디아의 경우 2009년 이전에는 '기타'에 포함되었다.

264,626명, 2020년 275,990명으로 지속적으로 증가하고 있다.

표 11-4 연도별 다문화가족 자녀 현황 (단위 : 명)

연도	연령별 현황				
	계	만6세 이하	만7~12세	만13~15세	만16~18세
2020	275,990	115,579	107,286	34,445	18,680
2019	264,626	117,045	104,064	26,524	16,993
2018	237,506	114,125	92,368	19,164	11,849
2017	222,455	115,085	81,826	15,753	9,791
2016	201,333	113,506	56,768	17,453	13,606
2015	197,550	116,068	61,625	12,567	7,290
2014	204,204	121,310	49,929	19,499	13,466
2013	191,328	116,696	45,156	18,395	11,081
2012	168,583	104,694	40,235	15,038	8,616
2011	151,154	93,537	37,590	12,392	7,635
2010	121,935	75,776	30,587	8,688	6,884
2009	107,689	64,040	28,922	8,082	6,645
2008	58,007	33,140	18,691	3,672	2,504
2007	44,258	26,445	14,392	2,080	1,341

출처: 여성가족부(2022) 재인용
외국인주민현황조사, 행정안전부, 2020.11월 기준

2020년 국적별 다문화가족 자녀 수를 보면 베트남이 93,617명, 중국이 50,662명, 한국계 중국이 41,529명, 필리핀이 24,243명, 캄보디아가 11,301명, 미국이 9,708명, 일본이 7,932명, 태국이 4,389명, 몽골이 3,678명, 대만이 3,609명, 러시아가 1,386명, 기타가 23,936명으로 나타났다.

표 11-5 국적별 다문화가족 자녀 현황 (단위 : 명)

국적	'07	'08	'09	'10	'11	'12	'13	'14	'15	'16	'17	'18	'19	'20
합계	44,258	58,007	107,689	121,935	151,154	168,583	191,328	204,204	197,550	201,333	222,455	237,506	264,626	275,990
중국(한국계)	14,201	16,681	18,669	31,404	33,186	39,278	42,294	43,890	35,439	36,610	38,090	39,642	41,149	41,529
중국	7,716	10,889	35,932	29,800	34,852	33,231	37,084	38,824	40,351	37,963	43,197	44,016	49,826	50,662
베트남	5,062	8,194	22,491	27,517	34,256	41,238	49,458	54,737	57,464	56,468	71,864	77,218	88,476	93,617
필리핀	6,013	6,378	10,687	11,926	13,937	15,820	18,020	19,568	19,918	20,146	22,270	22,873	24,502	24,243
일본	6,016	6,508	6,838	5,734	14,510	16,237	17,806	18,185	7,773	9,485	6,886	6,930	7,858	7,932
캄보디아	–	–	–	2,554	3,565	4,690	5,961	6,777	7,016	6,909	9,448	10,037	10,850	11,301
몽골	405	816	1,681	1,807	2,250	2,468	2,802	2,952	2,771	2,719	3,132	3,212	3,607	3,678
태국	799	870	1,563	1,711	2,082	2,427	2,663	2,767	2,254	2,543	2,609	2,875	3,944	4,389
미국	852	2,406	683	821	1,207	1,422	1,697	1,855	6,140	5,874	4,899	5,581	8,417	9,708
러시아	263	303	736	766	1,090	1,139	1,289	1,319	1,017	1,058	1,155	1,034	1,304	1,386
대만	878	1,515	770	1,129	1,191	1,615	1,758	1,892	2,877	2,522	2,995	3,081	3,543	3,609
기타	2,053	3,447	7,639	6,766	9,028	9,018	10,496	11,348	14,530	19,036	15,910	21,007	21,150	23,936

출처: 여성가족부(2022) 재인용
외국인주민현황조사, 행정안전부, 2020.11월 기준

(3) 다문화가족지원법

① 다문화가족지원법의 개념

2008년 3월 21일 제정되어 2008년 9월 22일 시행된 다문화가족지원법은 결혼이민자 및 그 자녀 등으로 구성되는 다문화가족은 언어 및 문화적 차이로 인하여 사회부적응과 가족구성원 간 갈등 및 자녀교육에 어려움을 겪고 있음에 따라, 다문화가족의 구성원이 우리 사회의 구성원으로 순조롭게 통합되어 안정적인 가족생활을 영위할 수 있도록 가족상담, 부부교육, 부모교육 및 가족생활교육 등을 추진한다. 또한, 문화의 차이 등을 고려한 언어통역, 법률상담 및 행정지원 등의 전문적인 서비스를 제공하도록 하는 등 다문화가족에 대한 지원정책의 제도적인 틀을 마련하려는 것이다.

다문화가족 구성원이 안정적인 한국 생활을 할 수 있도록 국가와 지방자치단체에서 필요한 제도와 여건을 조성하며, 다문화가족 내 가정폭력을 예방하기 위하여 노력하고 대한민국에서 생활하는데 필요한 기본적 정보를 제공한다. 사회 적응교육과 직업 교육·훈련 및 언어소통 능력 향상을 위한 한국어교육 등을 받을 수 있도록 하며, 가정폭력으로 피해를 입은 결혼이민자 등을 보호하고 결혼이민자가 건강하게 생활할 수 있도록 영양·건강에 대한 교육, 산전·산후 도우미 파견, 건강검진을 지원하는 내용으로 구성되었다.

② 다문화가족지원법의 주요내용

다문화가족지원법의 주요 내용을 살펴보면, 첫째, 평등한 가족관계의 유지(제7조)를 위해 국가와 지방자치단체는 다문화가족이 민주적이고 양성평등한 가족관계를 누릴 수 있도록 가족상담, 부부교육, 부모교육, 가족생활교육 등을 추진하고, 문화의 차이 등을 고려한 전문적인 서비스가 제공될 수 있도록 노력하여야 함을 포함하고 있다.

둘째, 가정폭력 피해자 보호·지원(제8조)을 위해 국가와 지방자치단체는 결혼이민자 등이 가정폭력으로 혼인관계를 종료하는 경우 의견진술 및 사실 확인 등에 있어서 언어통역, 법률상담 및 행정지원 등 필요한 서비스를 제공할 수 있도록 하였다.

셋째, 다국어에 의한 서비스 제공(제11조)하기 위해 국가와 지방자치단체는 다문화가족에 대한 지원정책을 추진함에 있어 결혼이민자 등 의사소통의 어려움을 해소하고 서비스 접근성을 제고하기 위하여 다국어에 의한 서비스 제공이 이루어지도록 노력하여야 함을 포함하고 있다.

넷째, 다문화가족지원센터의 운영(제12조) 근거를 마련하여 여성가족부장관은 다문화가족 지원 정책의 시행을 위하여 필요한 경우에는 다문화가족 지원에 필요한 전문 인력과 시설을 갖춘 법인이나 단체를 다문화가족지원센터로 지정하여 운영하도록 하였다. 2022년 '다문화가족센터'에서 '가족센터'로 명칭이 변경되었다.

학습정리

1. 집단이란 두 사람 이상이 공동목적이나 관심을 가지고 모여서 서로 인지하고 감정을 공유하며, 집단기능을 위해 규범을 만들고 행동을 위한 목표 수립을 하며 응집력을 발전시키는 사회적 조직 형태
2. 문화는 사람들의 생활양식이며 의식주를 포함하여 사회, 경제, 종교 등을 어떤 방식으로 해 나가는지에 대한 생활의 모습
3. 한국인의 심리특성: 정, 한, 체면, 눈치, 집단주의

생각해보기

1. 한국인의 문화 심리 특성의 예를 들어 장단점을 토론해 보시오.
2. 현재 한국사회는 집단주의 문화인가? 혹은 관계주의문화인가?
3. 함께 더불어 잘 살기 위한 다문화사회가 되기 위한 조건을 생각해 보시오.

CHAPTER

12

가족과 환경

학습목표

1. 가족의 의미와 특성을 이해한다.
2. 가족의 형성과정을 이해한다.
3. 부모교육의 방향성을 이해한다.

1 가족의 의미와 변화

1) 가족의 의미

인간이 태어나서 처음으로 맺는 관계가 바로 가족과의 관계이다. 가족은 혼인관계로 맺어진 부부와 혈연관계로 맺어진 그 자녀들로 구성되는 사회의 기본단위이다. 가족은 인간의 성장발달에서 매우 중요한 역할을 하며 우리는 누구나 가족의 사랑과 보호를 받으면서 성장하고, 여러 가지 생활규범을 배우고 익히며, 사회생활에 적응할 수 있는 능력을 기른다(고명석 외, 2017).

2) 가족의 특성

- 가족은 혼인이나 혈연 또는 입양에 의해서 이루어진다.
- 가족 성원은 대체로 한 지붕 밑에 같이 살고 있는 단일 가구로 형성된다. 과거에는 3대 이상의 자손들이 모여 가족원을 구성하였다.
- 가족은 남편과 아내로서, 또는 어머니, 아버지, 자녀로서, 형제, 자매로서 사회적 역할을 수행하며 상호작용하는 사람들의 결합체이다.
- 가족은 그 사회의 기본적인 문화를 소유하면서 이를 유지한다. 그러나 사회가 복잡해짐에 따라 가족이 소유하고 있는 기본문화에서 여러 가지 파생문화를 생성시킨다.

3) 가족의 형태

(1) 구성 상태에 따른 구분

① 핵가족

가족 형태 중 가장 작은 단위이다. 핵가족은 부부와 미혼 자녀로 구성된 2세대로 형성되어 있다. 산업사회에서 오는 현상이다.

② 확대가족

한 집에 여러 세대가 사는 가족으로서 자녀들은 결혼해도 분가하지 않고 부모와 함께 산다. 결국 확대가족은 핵가족이 종적·횡적으로 연결된 가족형태인 것이다.

③ 노인가족

노인만으로 이루어진 가족, 핵가족의 증가, 노인인구의 증가, 가치관의 변화 등으로 노인가족이 크게 증가하고 있으며, 앞으로도 계속 증가 추세로 보인다. 대부분의 노인가족은 저소득이며 다양한 문제를 보이고 있다.

④ 한부모가족

한부모가족은 부모 중에서 어느 한쪽이 없는 가족인데, 대부분 편모가족이 더 많다. 한부모가족은 혼전임신, 별거, 이혼, 사망, 입양 등으로 인해 형성되는데, 과거에는 비정상적인 가족으로 간주되었으나 오늘날에는 흔한 가족형태가 되었다.

⑤ 가족의 해체: 이혼

결혼의 해체는 주로 성년기에 일어나는 현상이다. 여성은 남편에게 경제적으로 덜 의존하며, 따라서 불행한 결혼생활을 덜 참는 경향을 보여준다. 법적인 장애도 거의 없으며 이혼에 대한 종교적 제재나 이혼에 따르는 사회적 오명도 이전보다 덜하다. 과거에는 '자식들' 때문에 참고 살았지만, 오늘날 그것이 최선의 방법이라고 생각하지 않는 부부들이 늘어나고 있다.

⑥ 가족의 재형성: 재혼

최근 들어 주변에서 이혼이나 재혼한 사람들을 찾아보기란 그다지 어렵지 않을 정도로 산업화 이후 급변하는 한국 사회의 사회변동과 관련된 가족변동의 양상을 단적으로 잘 나타내는 현상이 이혼과 재혼의 증가이다. 그러나 이혼이나 재혼 같은 직접적인 가족행동상의 변화는 현저하게 달라졌으나, 우리 사회에서 이혼자나 재혼자 또는 그 가족을 보는 시각과 가치관에 있어서는 부정적인 고정관념이 여전히 강하게 자리 잡고 있는 실정이다. 또한 재혼이나 이로 형성된 새로운 가족은 우리사회는 물론 동서고금을 막론하고 존재해왔지만 오늘날의 재혼과의 차이점은 과거에는 배우자의 사별로 인한 재혼이 전형적이었으나 오늘날은 이혼자의 재혼이 지배적이라는 점이다.

이렇게 이혼과 이로 인한 재혼이 증가하는 현실을 볼 때 이제는 이혼과 재혼에 대한 부정적인 사회적 통념과 고정관념에서 벗어나 보다 객관적인 관점에서 이혼, 재혼의 문제를 생각해 볼 인식의 전환이 필요하다.

4) 세대 간 거주 상황에 따른 분류

- 직계가족: 부모와 자녀 중 한 자녀의 부부가 동시에 거주하는 형태이다. 전통적인 직계가족 형태는 장자가 직계가족의 관행이다.
- 방계가족: 형제의 부부들이 같이 거주하는 형태로, 농경사회에서 흔히 볼 수 있는 형태이다.

5) 가족의 구성원 수에 따른 분류

- 소가족: 핵가족이 여기에 포함된다. 그러나 핵가족이라 할지라도 자녀가 많으면 대가족이 될 수 있다.
- 대가족: 확대가족이 포함된다. 대가족도 가족의 구성원이 적으면 소가족이 될 수 있다.

6) 가족의 역할과 기능(기능주의 관점)

- 행위의 규제: 어느 사회를 막론하고 남녀가 자기 멋대로 결혼하는 것

을 허용하지 않는다. 또 성행위의 대상을 개인이 선택하도록 허용하지 않는다.

- 성원의 충원: 가족은 출산의 책임을 맡게 하여 성원을 충원하여 사회를 영속시키는 수단이 된다.
- 사회화: 한 인간이 사회화되기까지의 기능의 중요한 기관이 가족이다.
- 양육과 보호: 어린이는 태어나면서부터 독립해서 생활할 수 없다. 가족은 그들을 양육과 애정을 제공한다.
- 사회적 정치(定置): 사회는 가족에서 합법적으로 출생한 개인에게 사회적 지위를 부여해 준다. 우리는 전대(前代)의 가족으로부터 물적 재화뿐만 아니라 우리의 사회적 지위도 물려받는다. 성(姓)은 물론 민족, 종교, 사회 계급 등을 가족을 통해 물려받으며, 가족 배경은 사회 안에서 우리의 지위를 결정하는 데 중요한 요인이 된다.

7) 우리나라 가족변화와 문제

우리나라는 급격한 산업발달과 경제성장의 문제로 가족의 형태가 급격히 변화하고 있다. 이로 말미암아 핵가족화, 1인 가족, 개인주의 현상이 급격하게 일어나고 있는 실정이다(장수한, 2017).

첫째, 가족의 규모가 급격히 축소하고 있다.

둘째, 가족의 형태는 부부와 자녀로 구성된 2세대가 보편화되고 있다. 노인 가구와 소년소녀 가장이 증가, 이혼으로 인한 한부모가족 증가, 여성 세대주가 증가하고 있으며, 이는 사회문제가 되고 있고 이로 인한 정부정책이 급격하게 바뀌고 있는 실정이다.

셋째, 가족관계는 권위적이고 지배적인 부부관계에서 민주적이고 대등한 관계로 부부의논형으로 바뀌고 있다.

넷째, 가족 기능은 전통적인 생산기능이 쇠퇴하고 소비기능과 문화기능이 강화되고 있다.

다섯째, 기족문제가 증가하고 있다. 경제부양부담의 증가, 신체적인 보호기능의 약화, 정서적 기능의 약화, 결손가정의 증가 등이 있다.

2 가족의 형성

1) 이성교제

(1) 이성교제의 의의

이성교제는 평생을 함께할 배우자 선택의 기초과정으로 이성에 대한 관심을 구체화시키고 사랑의 기쁨을 느끼며 서로의 인격을 존중하고 나아가 삶의 의미를 찾게 한다. 이성교제의 의의는 다음과 같다.

① 배우자가 될 수 있는 다양한 이성과의 인간관계를 형성하고 발전시킬 수 있는 기회이다.

② 자기 자신을 상대에 투사하여 자신을 성찰하기 위한 자기 평가를 할 수 있는 계기이다.

③ 자신의 인간관계 기술을 발전시키는 촉진제 역할을 한다.

④ 이성과의 사귐을 통하여 만족을 증진시킨다.

⑤ 이성과의 조화를 경험할 수 있는 기회를 제공한다.

(2) 이성교제의 단계

① 그룹 데이팅

남녀교제에 익숙하지 않은 사람들에게 선호되는 형태로써 여럿이 함께 경험을 나눔으로써 부담이 적은 형태이다.

② 임의로운 데이팅

축제 파트너를 구한다거나 기타, 다른 이유로 자유롭게 만나는 것이다. 이들은 언제든지 누가 먼저 교제를 끝내고 싶으면 끝낼 수 있으며, 한 사람과 지속적으로 만나는 것이 아니라 여러 사람과 교제를 나눌 수 있는 단계이다.

③ 규칙적인 데이팅

임의로운 데이팅보다 감정이 강하며 가까운 사이로 발전하게 된다. 즉, 이제는 두 사람의 관계가 고정화되며 친구들은 그들의 관계를 인정한다. 한 사람과 계속 만나게 됨으로써 상대방에 대해 더욱 잘 알게 되지만 두 사람의 사이가 너무 빨리 전개될 수 있기 때문에 심리적으로 구속감을 느낄 수 있으며 어떤 때는 성행동이 포함되기도 한다.

④ 약혼단계

전 단계와 다른 점은 주로 결혼으로 방향을 잡고 결혼 준비 시기로서 교제를 갖는다는 것이다. 즉 결혼 후의 생활계획, 대책을 논의하고 양쪽 집안에 서로를 소개하기도 하며, 더욱 밀접한 신체 접촉이 있게 된다.

(3) 이성교제의 기능

① 사회적 자아의 확인

우리는 다른 사람과의 상호작용을 통해서 자신이 어떤 사람인가를 알게 된다. 상대방이 말과 태도로 긍정적 피드백을 주었을 때 자신에 대해 좋은 감정을 느끼고 긍정적으로 자신을 지각하는 경향이 있다.

② 오락

데이트를 기대하고 이성과 함께 시간을 보내는 것은 즐거운 것이다. 이성교제는 오락의 한 형태이고 그래서 그 자체가 목적이 된다. 만약 데이트 관계 내에서 즐겁지 않으면 데이트를 계속하지 않을 것이다.

③ 심리적 욕구충족

이성교제는 동료애, 우정 그리고 친밀감 등 개인의 심리적 욕구를 충족시켜준다. 또한 데이트는 사랑과 애정에 대한 욕구를 충족시키는 수단이다. 애정에 대한 이러한 욕구는 데이트의 가장 중요한 동기 중의 하나이다.

④ 사회화

이성교제는 개인으로 하여금 사회적 기술을 배우게 하고 확신과 안정을 얻게 하며, 대화 · 협력 · 타인에 대한 배려 등에 대한 기술을 배우도록 해 준다.

⑤ 인성발달

다른 사람과의 관계를 통해서 정체감을 발견하기 때문에 이성교제는 인성발달에 중요한 요소이다. 이성교제를 통해서 사람들은 자신의 장·단점을 알게 될 뿐 아니라 단점을 보완하려는 노력으로 바람직한 인성발달을 도모할 수 있다.

⑥ 배우자 선택의 기회

궁극적으로 이성교제는 결혼에 적합한 파트너를 찾는 기능을 갖는다. 즉 여러 단계를 통해 가능성 있는 사람 중에서 구체적인 소수의 사람으로, 그리고 결국에는 한 사람으로 그 범위를 좁혀간다.

(4) 이성교제와 관련된 문제

① 이중기준

이성교제에 있어 남녀 간에 차이가 있을 수 있다. 예를 들어 여성에게는 순결이 요구되나 남성에게는 그렇지만은 않다든가, 남성이 데이트의 제반비용을 부담하는 것을 기대하는 등의 문제이다. 그리고 남녀 성별의 문제를 떠나 한쪽은 관계를 즐기는 측면에서 보는 반면, 다른 한편은 결혼을 전제로 한 지속적 관계를 원할 경우와 같은 문제도 나타날 수 있다.

② 데이트 불안

이성교제는 사회생활이므로 대인관계에 있어서의 기술과 자기 확신이 필요하다. 성장과정에서 이러한 기술을 올바르게 습득하지 못한 경우에 또 자기 확신이 부족한 경우도 이성관계에 있어서 불안감을 야기한다.

③ 부모와의 갈등

오늘날 부모의 요구보다는 자신의 요구가 더욱 중요시되는 세태 속에서 예전보다 부모와의 갈등이 심화되고 있다. 부모들은 데이트를 곧 결혼과 관련시켜 심각하게 생각하여 지나친 염려와 반대를 하기도 한다. 그러나 성격의 차이라던가 가치관의 차이는 성장과정에 지대한 영향을 준 사회적 특성에서 기인하기 때문에 부모의 주장을 소홀히 생각해서는 안 된다.

④ 일, 학업의 지장

이성교제는 삶에 활력을 주는 긍정적인 측면이 있는 반면, 이성교제에 대한 집중이 지나칠 경우 자신의 다른 생활에 악영향을 미칠 수 있다.

⑤ 데이트 폭력

일반적으로 데이트 폭력은 미혼의 남녀가 혼전에 교제하는 과정에서 상대에게 해를 끼칠 의도 아래 행한 모든 언어적·신체적 행위를 의미한다. 가정 폭력과 마찬가지로 데이트 폭력도 생각보다 빈번하게 나타난다.

⑥ 혼전 성행위

혼전 성행위는 이성교제가 증가하면서 자연스럽게 남녀의 신체적 접촉의 기회와 빈도가 늘고 육체적 쾌락에 대한 통제력의 상실이 그 원인이다. 오늘날 혼전 성행위에 대하여 비교적 자유롭고 개방적이 되면서 성경험의 연령이 낮아지고 있다.

⑦ 관계종료

두 사람의 관계를 끝내고 싶을 때 여러 가지 이유로 관계의 종료가 지연될 수 있다. 두려워서 말을 못 하거나 상대방의 협박 때문에 또는 결심대로 되지 않는 경우 등이 있다. 결심대로 헤어지지 못하는 경우는 정 때문인 경우가 많다. 관계를 종료할 때는 다음의 사항을 고려해야 한다.

㉠ 종료하는 것이 자신이 진정 원하는 것인지를 분명히 한다.
㉡ 서로에게 고통이 될 수 있다는 사실을 인정하고 슬픔을 받아들인다.
㉢ 종료이유를 상대에게 정확하고 분명하게 밝힌다.
㉣ 상대를 위해 관계를 완전하게 끊는다.
㉤ 문제점을 파악하고, 학습의 기회로 삼아 다음 교제 시 참고한다.
㉥ 잘 적응하기 위해 새로운 관계를 시작한다.

(5) 바람직한 이성교제

① 부모의 올바른 태도가 형성되어야 한다

어려서부터 성교육을 실시하여 남녀의 차이를 알고 바람직한 역할을 알 수 있도록 일상생활에서 지도하며, 지나친 권위의식을 버리고, 자녀와의 대화로 문제를 능동적으로 받아들여야 한다.

② 문화적 갈등이 조화롭게 극복되어야 한다

부모나 학교 또는 사회가 젊은 남녀들이 자연스럽게 교제할 수 있는 분위기를 형성해 줌으로써 건전한 이성교제가 이루어질 수 있도록 해야 한다.

③ 올바른 행동규범이 형성되어야 한다

젊은 남녀의 이성교제를 올바르게 인도할 만한 예의범절, 방법 등 교제의 일반적 원칙과 구체적인 지침을 마련해 주어야 한다.

④ 혼전 성관계에 대한 올바른 가치관이 형성되어야 한다

결혼 전 성관계에 대하여 이론적으로 찬반양론이 있지만 우리나라와 같이 혼전 성행위를 금기시하는 사회에서는 정신적인 갈등에 빠지기 쉽고 여러 가지 문제가 뒤따르므로 심각하게 판단하고 행동해야 한다.

신세대 젊은 남녀들은 순결에 의미를 크게 부여하지 않으려는 경향이 많지만 생각과 행동은 다르다. 이런 의미에서 순결교육도 중요하다. 무엇보다 당사자의 가치관이 올바르게 형성되어야 한다.

2) 사랑

사랑을 하고 사랑을 받는 것만큼 우리를 행복하게 만드는 것은 없다. 인간관계가 행복에 그토록 중요한 이유는 관계 속에서 느낄 수 있는 사랑과 친밀감 때문이다. 결혼한 사람들이 미혼자나 이혼한 사람들보다 더 행복하고, 연애를 하는 대학생이 하지 않는 대학생보다 더 행복하다는 연구 결과가 있다. 사랑에는 헬라어로 다섯 가지 유형이 있다.

(1) 아가페(Agape)

무조건적이고 헌신적으로 타인을 위하고 보살피는 이타적 사랑이다. 이런 종류의 사랑에서는 자기희생이 중요한 요소가 된다.

(2) 스토르게(Storge)

부모와 자식 간에 생기는 사랑이다. 모성애는 여기에 속한다.

(3) 필리아(Philia)

친한 친구에게서 느껴지는 친밀감과 우정이 주된 요소가 되는 동반자

적 사랑이다.

(4) 에로스(Eros)

뜨거운 열정과 욕망이 중요한 요소가 되는 강렬한 낭만적 사랑이다. 사랑이 영원할 것이라고 믿으며 사랑을 위해선 무엇이든지 하려는 충동과 더불어 강렬한 성적인 요소가 개입된다.

(5) 마니아(Mania)

상대방에 대한 강렬한 소유욕과 집착을 중요한 요소로 하는 집착적 사랑이다. 사랑은 상대방을 완전히 소유하거나 자신이 상대방에게 소유당하는 것이라고 생각하기 때문에 강한 흥분과 깊은 절망의 극단을 오간다.

사랑은 기쁨과 슬픔, 환희와 고통, 행복과 불행을 좌우하는 감정 상태에 빠지게 만드는 강렬한 정서적 경험을 수반한다. 그러므로 사랑에 빠진 한 사람과 또 다른 한 사람을 융합시키고 강렬한 열정으로 서로를 원하게 하는 신비한 마력을 지니고 있다. 즉 애정의 유지 여하에 따라 상반된 감정상태가 될 수 있고, 우리의 행동이나 동기에 미치는 영향이 막대하다.

스턴버그(Sternberg)는 한 번 이상 사랑해 본 사람을 대상으로 한 연구에서 사랑은 친밀감, 열정, 결정 및 언약의 세 가지 요소로 되어 있다고 하였다.

- 친밀감으로서 가깝고 편하게 느껴지는 것, 서로를 잘 이해해 주는 것, 함께 공유하는 것, 의사소통이 원활한 것, 뜻을 잘 따르는 것 등 따뜻하고 푸근하게 느껴지는 정서적 상태로 설명하였고, 만나는 횟

수에 따라 시간의 흐름에 따라 더욱 친밀해지고 보다 가까워지면 친밀감을 의식하지 못하는 수준에까지 도달하게 된다.

- 열정은 서로 흥분시켜 들뜨게 하고 늘 함께 있고 싶어 하고, 일체가 되고 싶은 강렬한 욕망을 느끼게 한다. 이러한 열정은 시간이 지남에 따라 감소하거나 다른 형태로 바뀌게 된다.
- 결정 및 언약으로서 사랑하는 사람과 사랑을 지키겠다는 결정으로 책임의식을 가지고 지속적인 관계를 유지하기 위하여 자신을 묶어두는 약혼이나 결혼 등이 해당된다.

어떠한 사랑이든지 상기의 3요소 중 최소 하나라도 강해야 지속된다. 또 대부분의 사랑의 관계는 시간이 지나면서 변하는데, 이는 그때마다 이 3요소의 비중이나 강도가 달라짐을 뜻한다.

표 12-1 사랑의 3요소와 사랑의 형태(스턴버그)

사랑의 형태	사랑의 요소		
	정서	동기	인지
	친교	열정	결정 · 언약
① 비(非)사랑	약	약	약
② 우정	강	약	약
③ 열정적 사랑	약	강	약
④ 공허한 사랑	약	약	강
⑤ 낭만적 사랑	강	강	약
⑥ 어리석은 사랑	약	강	강
⑦ 우애적 사랑	강	약	강
⑧ 완성된 사랑	강	강	강

3) 결혼

(1) 결혼의 나이

결혼의 적령기는 여성의 경우 임신과 출산의 시기가 고려되어야 하고, 남성의 경우 가족 부양 능력이 참작되어야 한다.

(2) 결혼과 의미

결혼의 개인적인 측면을 보면 사회적 지위와 역할의 변화를 가져와서 새로운 사회적 지위와 역할을 취득하게 된다. 그리고 사회적인 측면에서는 성행위 규제 등 사회적 질서와 도덕의 기반을 제공해 주어서 사회발전에 기여하게 된다. 이를 종합하면 다음과 같다.

- 결혼은 정서의 관계이다.
- 결혼은 성적인 일부일처의 관계이다.
- 결혼은 법적 책임의 관계이다.
- 결혼은 자녀의 적출의 보장 관계이다.
- 결혼은 공적 의식의 관계이다.

(3) 결혼의 특징

- 결혼은 구속력이 강하다(책임감이 따른다).
- 결혼은 주위의 사람들로부터 부부로서의 공식적인 인정을 받는 것이 된다.
- 부모가 두 분이 되는 것이며, 성씨가 다른 사람을 자신의 가족으로 받아들이는 것이며, 상대방을 위해 때로는 자신의 생각을 접어야 한다.

- 감성보다는 합리적이고 냉철한 이성이 요구된다.

(4) 결혼의 목적

- 사랑의 실현
- 성적 욕구 충족
- 경제적 안정 유지
- 정서적 안정 유지
- 자녀 출산의 유지
- 성인으로서의 신분 획득
- 사회적 기대 부합

3 가족관계

1) 부부관계

부부는 혼인 의식 또는 제도에 의해 이루어지는 관계로 비혈연적이기는 하지만 가장 친밀한 인간관계이다. 부부는 생리적·심리적·사회적 욕구를 충족하는 보완적인 관계이다. 부부는 '너와 나'의 합의가 아닌 '너와 나'의 공동으로 이루어지는 새로운 우리의 관계이다. 부부는 수직적 관계가 아닌 수평적 관계이다. 부부는 일시적 관계가 아닌 지속적 관계이다. 부부는 바른 지식과 가치관과 의식적인 노력이 없으면 가장 불편한 관계가 될 수 있다.

부부의 역할은 전통적인 남편의 역할은 가족의 균형 유지와 대외 목적에 대한 바람직한 관계를 수립한다. 전통적인 아내의 역할은 가족 구성원을 통합하고 긴장을 완화시키는 표현적 역할을 한다. 그러나 현대 사회는 맞벌이 증가로 남녀평등의 가치관으로 인해 공동으로 가족을 위한 역할을 수행한다.

결혼한 사람들은 그렇지 못한 사람들보다 연령대, 소득 및 교육 수준, 인종에 상관없이 더 행복한 것으로 나타나 있다. 그러나 결혼 자체가 행복을 보장하는 것은 아니며 결혼생활의 질이 중요하다. 부부가 긍정적인 상호작용과 정서표현을 많이 하고 역할분담이 잘 될수록 결혼 만족도는 증가한다. 이러한 부부 만족도에 영향을 미치는 주요한 요인들을 살펴보면 다음과 같다.

(1) 성격특성

개인의 성격적 특성은 부부관계에 중요한 영향을 미치며, 남녀 모두 바람직한 배우자의 성격특성으로 신뢰성, 성실성, 따뜻함, 친절함, 지적 능력, 정서적 안정성, 유머감각, 충성심, 다정다감함을 중시한다. 반면에, 정서적 불안정성과 신경증적 성향은 관계만족도를 저하시키는 주요한 성격요인으로 알려져 있다. 행복한 부부일수록 우호성, 성실성, 개방성, 정서적 안전성이 높고 성격이 비슷할수록 부부생활의 만족도가 높다.

가트만(Gottman)에 따르면, 상대방에 대한 존중적 경청, 상대방 행동의 수용, 갈등이 있더라도 상대방에 대한 기본적 배려, 상대방의 욕구를 수용하고 절충하려는 노력이 부부만족도가 증진한다. 갈등을 해결하지 못하고 증폭시키는 부부들은 비판적 행동, 경멸적 행동, 방어적 태도, 장벽 쌓기의 네 가지 의사소통 특성을 나타낸다.

게이블, 레이즈, 임페트 그리고 애셔(Gable, Reis, Impett & Asher, 2004)는 부부의 대화방식이 결혼만족도에 중요한 영향을 미친다는 점을 밝혀내었으며, 부부의 대화방식을 적극성–소극성, 건설성–파괴성의 두 차원에서 나누어 분석하였다.

미국의 부부들을 대상으로 부부관계에서 개선하고 싶은 점을 조사한 결과 대다수 부부들이 더 많은 시간을 함께 보내며 더 원활한 대화를 나누기를 원했다. 이처럼 부부의 행복은 대단한 사랑의 표현이 아니라 평소에 서로에게 지지와 애정을 전달하는 작은 몸짓을 주고받음으로써 가능한 것이라고 할 수 있다.

행복한 부부들은 배우자에 대해서 실제보다 긍정적인 환상을 지니는 경향이 있으며, 이를 긍정적 환상이라고 한다. 긍정적인 환상을 지니는 것은 자존감과 부부만족에 모두 유익하다. 배우자의 특징을 높이 평가하고, 부부관계에 대한 자신의 통제력을 과장되게 생각하며, 부부관계의 미래에 대해 낙관적인 기대를 하는 부부들이 더 행복하다고 한다. 그러나 배우자에 대한 환상이 중요한 정보를 부인하거나 갈등을 회피하기 위한 것일 경우에는 오히려 관계에 부정적인 영향을 미치기 때문에 주의해야 한다.

(2) 부부의 상황적 요인들

부부는 결혼생활을 하면서 다양한 상황에 처하는데, 이것은 부부만족도에 영향을 미친다. 결혼 생활 속에서 여러 가지 상황적 스트레스가 가중되더라도, 부부가 서로 깊은 관심과 애정을 보이면서 부모의 역할을 함께 풀어나간다면 부부만족도는 신혼기처럼 유지되거나 더 증가할 수 있다.

2) 부모-자녀 관계

결혼을 하여 자녀를 갖는 것은 인생에서 중요한 사건이다. 자녀양육은 성인으로서의 인식과 책임감, 부부의 삶의 방식과 결혼생활을 많은 부분에서 달라지게 한다. 부모가 되면서 자녀를 양육하기에 급급하기보다는 먼저 부모됨에 대한 역할과 부모-자녀 관계에 대한 준비가 필요하다. 결혼을 하고 가족이 형성되고 자녀를 낳고 자녀들을 키우며 돌보는 일은 인생에서 가치 있고 의미 있는 과업임을 인식하게 해 주는 교육이 필요하다.

자녀양육에서 처음 아이가 태어나고 영유아기를 지나는 부모들은 애정의 기회 제공, 외로움 해소, 자녀의 성장과 교류를 통한 심리적 보상의 효과를 갖는다(구혜영, 2017). 그러나 자녀가 아동기, 청년기를 지나면서 영유아기의 순종적이고 부모 위주의 생활방식에서 벗어나 이제 부모와 대등한 신체와 인지적 기능이 발달되면서 자녀양육이라는 표현보다는 원만한 부모-자녀 관계의 어려움을 호소하는 경우가 증가하게 된다. 특히 청년기의 사춘기 자녀를 둔 부모는 극심한 스트레스로 가정의 위기를 겪는 경우도 생기는데, 사춘기를 겪는 청소년들의 발달심리 특성을 이해하고 적절한 양육방식과 의사소통 증진을 위한 다양한 방안을 시도하여 부모로서 노력하는 모습을 자녀에게 보여줌으로써 부모가 자녀를 양육하는 방식에서 함께 인생을 살아갈 동반자로서의 부모-자녀 관계로서의 수평적으로 역할이 변화됨을 인지할 필요가 있다.

따라서 자녀를 어떻게 잘 양육시킬지에 대한 부모로서의 역할을 생각해 볼 필요가 있는데, 이에 바움린드(Baumrind, 1971)는 수용과 반응이라는 차원과 요구와 통제라는 차원에 의해 부모의 양육방식을 권위주의적 양육방식, 권위 있는 양육방식, 허용적인 양육방식, 무관심한 양육방식이 있다고 하였다(유성이, 2017).

자녀양육 스트레스와 자녀가 성장함에 따른 부모-자녀 관계에 대한 스트레스는 사회문제가 되고 있다. 부부의 맞벌이 증가로 자녀양육은 주로 조부모나 어린이집과 같은 보육시설에서 이루어지는 경우가 대부분인 현실에서 부모교육에 대한 다양한 프로그램들이 활성화되고 있는 실정이다. 부모교육의 핵심은 부모됨에 대한 가치를 알게 해 주는 것이 되어야 할 것이다. 자녀양육의 가치를 심어주며 가족 간의 의사소통을 증진시키고 자녀의 발달에 대해 이해하게 되며 보다 효율적인 양육 전략을 적용할 수 있게 된다. 부모-자녀 간의 상호작용 증진, 자녀의 교육자로서 부모 역할에 대한 인식을 증가시키는 것뿐만 아니라 같은 고민을 하고 있는 부모들끼리 네트워킹을 형성하여 서로 의견 교환을 하고 정보를 공유할 수 있는 사회조직이 생길 수 있다(유성이, 2017).

4 우리나라 가족의 변화

우리의 가족제도는 시대가 변천함에 따라서 현대사회에 적합한 핵가족의 형태로 변해왔다. 핵가족이 증가됨에 따라 부부 사이 사랑의 관계가 가족생활에 주는 영향이 증대되었다. 또 가족의 구성원들은 친족조직의 속박에서 벗어나 직업을 자유롭게 선택하여 생활도 독립적으로 운영하게 되었다.

가족 형태가 핵가족화되면서 가부장권의 축소현상이 나타나고, 이로 인해 부자관계에 있어서도 호혜평등화 경향이 증가되었다. 또한 여성의 경제력이 증대되어 젊은층과 여성들의 사회적 지위가 상승되었다. 그러나 가족의 형태가 핵가족화되면서 여러 가지의 사회문제가 나타났다. 그 중에서도 핵가족화에 의해서 나타난 대표적인 사회문제는 노인문제이다. 노인문제는 우리의 전통적인 유교윤리를 부정하는 면에서 나타난 사회문제이기 때문에, 유교적 전통을 중시하는 우리의 사회에서는 사회질서를 혼란시키는 요인 중에 하나가 되고 있다.

학습정리

1. 가족의 의미: 가족은 혼인관계로 맺어진 부부와 혈연관계로 맺어진 그 자녀들로 구성되는 사회의 기본단위
2. 스턴버그의 사랑의 3요소: 친교, 열정, 결정(어약)
3. 가족의 형태: 핵가족과 대가족, 직계가족, 방계가족, 확대가족, 노인가족, 한부모가족

생각해보기

1. 현대 가족 형태의 변화 양상과 그로 인한 사회문제에 대해 토론해 보시오. 1인가족의 증가, 대가족의 변화
2. 부모와 학부모의 차이는 무엇인가?
3. 동양과 서양의 부모-자녀 관계의 차이는 무엇인가?
4. 각 나라별 결혼제도에 대해 조사해보고 서로 토론해 보시오.

CHAPTER 13

교육과 환경

학습목표

1. 지능, 학습과 같은 교육환경의 요소에 대해 이해한다.
2. 다양한 수업의 형태를 설명한다.
3. 동기와 동기유발의 방법을 이해한다.

1 학습의 구성요소

1) 학습의 개념

학습은 새로운 지식을 습득하고 익히는 과정이다. 그래서 학습과 관련되어 연상되는 것은 어려운 학습과제를 익히기 위하여 노력했던 것들이다. ‘공부한다’ 혹은 ‘배운다’와 관련하여 떠오르는 학습에 대한 개념은 수학문제를 푸는 것이나 외국어를 습득하는 일일 것이다. 하지만 새로운 사실을 습득하는 것은 항상 어려운 과제를 포함하는 것만은 아니다. 어린아이를 생각해 보자. 그들에게 세상은 온통 배워야 할 것들로 가득 차 있다. 뜨거운 불에 가까이 가면 위험하고, 거짓말을 하면 혼나고, 공부를 잘하면 칭찬을 받는다. 따라서 학습이란 고등적인 지적 능력을 요하는 과제를 습득하는 것뿐만 아니라 이보다 훨씬 수준이 낮은 학습과정의 습득도 포함하고 있다. 예컨대, 학습심리학자들은 음식을 보면 먹기도 전에 침이 고이는 과정이나 지렛대를 누르면 먹이가 나오는 상자에서 지렛대 누르기를 습득하는 과정과 같은 단순하고 수준이 낮은 학습에 관심을 갖는다. 학습심리학자들이 이와 같이 단순한 행동에 관심을 갖는 이유는 통제하기가 쉽고 또한 그 행동을 이해하기가 쉬우며 아울러 설명하기도 용이하기 때문이다. 행동의 법칙을 이해하는 데 있어서, 복잡한 행동과 단순한 행동의 바탕에 깔려 있는 기저원리가 같다면 굳이 복잡한 행동을 연구할 필요가 없는 것이다.

행동의 측면에서 본다면 새로운 지식을 습득하는 과정은 행동의 변화이다. 따라서 학습이란 "경험에서 결과하며, 질병, 피로, 약물 등에 의한 일시적인 신체적 상태에 귀인시킬 수 없는 행동 또는 행동잠재력의 비교적 영속적인 변화"라고 정의할 수 있다(Hergenhahn, 1982). 이러한 정의에서 알 수 있는 것처럼 우선 학습은 경험의 결과여야 한다. 따라서 자연스런 생물학적 성숙에 의한 변화는 학습으로 볼 수 없다. 학습은 자신이 직접 경험한 것의 결과일 수도 있고(예: 불에 덴 경험 후 불을 무서워하게 됨), 남에게 일어난 일을 관찰함으로써 일어날 수도 있으며, 또한 자신의 생각으로부터 나올 수도 있다. 둘째, 학습은 비교적 영속적인 변화여야 한다. 즉, 신체적 피로나 약물 등에 의한 일시적 행동의 변화는 학습으로 볼 수 없다는 것이다. 한편 학습(learning)은 수행(performance)과 항상 일치하는 것은 아니다. 수행이란 우리가 관찰할 수 있는 행동적 결과인 반면, 학습은 경험의 결과로 생기는 행동상의 변화뿐만 아니라 내적 변화(정신과정의 잠재력에 있어서의 변화)를 포함하는 보다 포괄적인 개념이다. 따라서 학습의 결과가 수행에 반영될 수도 있고 안 될 수도 있는 것이다. 예컨대, 필요한 지식이나 기술을 습득한 학생들이 긴장, 불안, 피로 등으로 인해 자신들의 학습된 능력을 충분히 발휘하지 못하는 경우도 있을 수 있는 것이다.

학습은 어떻게 이루어질까? 학습원리에 대한 설명은 크게 연합학습, 인지학습, 관찰학습 등으로 나누어 살펴볼 수 있다. 학습에 대한 행동주의 접근이라 할 수 있는 연합학습이론은 고전적 조건형성과 조작적 조건형성으로 크게 구분된다. 고전적 조건형성은 자극과 자극(두 개의 자극) 간의 연합을 학습하는 것이며, 조작적 조건형성은 어떤 행동과 그 행동의 결과와의 연합을 학습하는 것이다. 시간과 공간에서 연결된 사건들 사이의 학습된 관계성을 연합(association)이라고 부른다. 이처럼 연합을 학습한다는 뜻에서 조건형성(conditioning)이라는 용어를 사용하며, 조건형성이론에서는 조건형성이라는 용어를 학습과 같은 의미로 해석할 수 있다.

한편, 인지학습을 주장하는 심리학자들은 학습에서 중요한 것은 단순한 수동적인 조건형성이 아니라 내적 사고과정이라고 설명한다. 즉, 행동이나 반응을 일으키게 하는 사고과정을 연구해야 한다는 것이다. 또한 인간은 타인의 행동을 보고 따라 함으로써 배우기도 하는데, 이를 관찰학습이라고 하며 사회적 동물이라 할 수 있는 인간의 많은 행동을 설명한다.

이와 같이 학습원리에 대한 다양한 이론적 입장들이 있는데, 실제 어느 한 가지 이론도 모든 학습상황을 다 설명하지는 못한다. 현실적으로 학습상황은 여러 학습원리의 복합인 경우가 많으며, 또 학습상황에 따라 좀 더 잘 설명하는 이론이 각각 다르다는 점을 이해할 필요가 있다. 이제 이러한 다양한 이론들을 보다 구체적으로 살펴보기로 한다.

2) 지능

(1) 지능의 이해와 변천과정

1857년 독일의 라이프치히대학(Universität Leipzig)의 분트(Wundt)의 실험실에서 출발한 심리학은 많은 학문들 가운데 가장 변화의 속도가 빠른 학문이었다. 그만큼 인간은 마음에 대한 호기심이 많았으며 인지적인 능력의 근거와 발달과정에 대한 연구가 많았다. 성공적인 인생에 대한 관심은 지능이라는 요소로 확신하며 지능에 대한 연구가 활발하였다.

지능이란 고등사고력, 추리능력, 적응능력, 잠재능력, 종합능력이라는 학습에서의 능력적인 요소로 정의한다.

스피어먼(C. Spearman)은 요인분석이라는 측정학적 관점에서 인간의 정신기능을 규정하려고 시도한 최초의 인물일 뿐만 아니라 지능의 일반요인론을 제안한 것으로 더욱 유명하다. 즉, 지능을 일반요인(general factor)과 특수요인(specific factor)으로 구분하였다. 흔히 머리가 좋다 또는 나쁘다고 할 경우 이것은 여기서 말하는 일반 지능이 높다 또는 낮다는 것을 의미한다고 할 수 있다. 그러나 일반지능이 보통임에도 불구하고 계산능력에 있어서 천재적이라고 한다면 이것은 특수요인에 의한 결과라고 해석할 수 있다.

지능이 여러 가지 요인으로 구성되었다고 주장하는 사람들은 지능이 단일의 일반요인으로 구성되어 있다는 이론을 부정하고 지능이 개별적인 다요인(多要因)으로 성립된 것이라고 본다. 스피어먼의 일반 정신능력에 동의하면서도 그보다는 다양한 정신능력들 간의 차이에 좀 더 관심을 가졌던 써스톤(L. Thurstone)은 다요인 분석방법을 적용하여 7개의 집단요인이 존재함을 확인하고, 이것을 인간능력 밑에 내재하는 기본정신능력(primary mental abilities: PMA)이라고 지칭하였다. 7개의 기본정신능력은 공간능력(S), 기억(M), 지각속도(P), 단어유창성(W), 수리능력(N), 추리(R), 언어적 의미(V)이다. 써스톤은 이러한 능력들의 각각은 서로 고유한 특성을 갖는 독립적인 본질을 갖고 있다고 가정하면서, 이러한 기본적 정신능력은 우리들의 지적 활동에서 발견될 수 있는 정신적 요인이고, 이것이 일반적으로 말하는 지능이라고 보았다.

써스톤의 기본정신능력 검사의 각 요인에서 변별적 차이가 있다는 사실은 각 개인이 지닌 적성 혹은 실행능력에 차이가 있다는 증거로서, 개인마다 능력의 정도가 다르고 적성의 강약이 다르기 때문에 각 사람은 적성의 정도에 따라 적재적소에서 자기의 가치를 발휘할 수 있다는 생각이 지배적이다. 이는 곧 기본정신능력 검사가 지능에 관한 우리의 사고를 평등주의적인 관점으로 전환시키는 데 크게 기여하였음을 의미한다. 그러나 각 요인들이 고유한 독립적 특성을 가졌다는 가정하에 각각 하나의 검사를 만들어 실시하고 상관계수를 산출한 결과, 요인들 간의 상관이 높아 기본정신능력 요인을 독립적인 특성으로 보기에는 한계가 있다(김동기 외, 1994).

지능의 요인수와 관련해서 가장 많은 요인수를 주장하는 것이 길포드(J. P. Guilford)의 지능이론이다. 길포드는 스피어먼과 써스톤의 지능이론이 모두 그 설명에 한계점을 갖고 있어 불완전하다고 주장하면서 또 다른 지능이론을 제시하였다. 그는 처음에는 지능이 120개의 요인들로 구성된다고 제안했었지만, 좀 더 최근에는 지능의 구조모형에서 내용차원으로 설정했던 도형, 상징, 언어, 행동의 네 가지 내용요소 가운데 도형요소를 시각적 내용과 청각적 내용으로 수정함으로써 총 150개의 지능요소를 제시하였다(Guilford, 1982).

(2) 인지론적 접근

지능의 요인을 인지론적 접근으로 시도한 학자들의 연구가 있는데, 인지요소접근(cognitive-components approach)은 스턴버그(Sternberg, 1985; 1994)의 연구가 대표적이라고 할 수 있다. 그는 인간의 지능에는 조직화된 반응을 하기 위한 일련의 정신과정으로써의 인지요소들이 내재하고 있다고 가정하며, 이러한 인지요소는 상황과 경험과의 삼위일체를 통해서 대부분의 단일한 지능이론이 지능에 관한 질문에 답해온 것보다 훨씬 더 광범위한 질문에 답할 수 있다고 주장하고 있다. 스턴버그는 지능을 단일 차원에서 이해하기보다는 위계적 구조 속에서 이해하려 한다. 즉, 맥락 하위이론(contextual sub-theory), 경험 하위이론(experiential sub-theory), 요소 하위이론(componential sub-theory)의 삼정 이론(triarchic theory)을 통해서 인간의 지능을 사회문화적 상황, 새로운 종류의 과제 및 장면의 도구를 다루는 능력, 정보처리를 자동화하는 능력 그리고 지적 행동의 기저에 있는 정신구조와 기제를 명시함으로써 인간지능에 대한 이해를 추구하고 있어 보다 포괄적이라 할 수 있다.

지능을 인지발달적 견해에서 보는 입장은 피아제(J. Piaget)가 대표적이라 할 수 있다. 그는 지적 행위와 비지적 행위를 엄밀히 구분하는 것을 거부하고 환경에 적응하는 능력으로서의 지능은 동화(assimilation)와 조절(accommodation)을 통해서 개체의 행동이 더욱 지적으로 된다고 하는 연속선을 선호하였다. 피아제의 아동의 지적발달에 대한 기본적 관점을 요약하면 다음과 같다.

첫째, 아동의 발달을 초래하기 위해 상호작용하는 것은 성숙, 물리적 환경의 경험, 사회적 환경의 영향, 그리고 아동 자신의 자기 조정과정이다. 둘째, 지적발달은 단계로 나타나고 다음 단계가 전 단계의 성취내용을 통합하고 확장하는 불변의 계열을 따른다. 셋째, 지적발달에는 개인차에 관계없이 모든 인간이 따라야 하는 하나의 경로가 있다고 주장하였다. 지능은 1980년대까지 학습능력을 결정하는 요소로 많은 발전을 하였으나 1987년 레빈슨에 의해 지능이 학습능력 요소가 아니라는 주장과 함께 지능 요인은 배제되기 시작했고, 학습능력의 요소로만 활용되던 지능은 정서적인 측면과 창의성의 중요성이 대두되면서 다중지능이론과 정서지능 등의 새로운 이론이 등장하였다.

(3) 다중지능이론(multiple intelligence, MI)

하워드 가드너(Harward Gardner, 1993, 1999)는 스피어먼(Spearman)과 이후의 심리 측정가들이 중심이 된 고전적 관점에 정면으로 도전하였다. 인간의 모든 지적 활동이 전반적으로 영향을 미치는 단일한 정신에너지, 즉 일반지능(g)이 있다고 보는 것에 가드너는 심리 측정적 관점의 세 가지 문제점으로 지능을 단일 요인으로 가정한 것과 지능의 유전을 지나치게 강조한 것, 그리고 측정방법으로 객관화된 검사인 지필검사에 의존한 것을 지적하였다. 가드너는 '고전적 관점'에서 보는 지능은 수학자들에게서 나타나는 논리적 추론능력에 불과하며 그 외에도 인간에게는 다양한 지적 능력이 있다고 주장하였다. 그는 지능을 사회 속에 직면해 있는 문제를 해결하는 지적능력으로 보았고, 풍부한 환경과 자연스러운 상황에서 그 문화권이 가치를 두고 있는 산물을 창조하는 능력으로 정의하였다. 가드너는 특히 지능을 IQ검사라는 단일한 척도로 보려는 관점에 동의하지 않았다. 전통적인 지능검사는 주로 언어적 영역에 국한되어 있는데 가드너는 다섯 개의 영역 – 음악적 영역, 공간적 영역, 신체·운동적 영역, 대인관계 영역, 개인이해 영역 – 을 추가할 것을 강력히 주장하였다. 즉, 언어적·논리적 상징체계를 뛰어넘어 위의 다섯 개 영역을 포함하는 일곱 개 영역으로 인간의 정신을 설명하는 다중지능(MI)이론을 수립하였다(김명희, 1996).

① 논리-수리지능(logical-mathematical intelligence)

수학, 과학, 논리 분야의 천재들에게서 발견되는 능력으로 수리적·논리적 사고와 관련된 재능이다.

② 언어지능(linguistic intelligence)

문학가나 언론인에게서 나타나는 재능으로 기존의 지능검사의 언어요인(verbal intelligence)에 해당된다. 어휘의 소리, 리듬, 의미, 언어의 서로 다른 기능을 민감하게 파악하는 능력을 말한다.

③ 음악지능(musical intelligence)

작곡가, 연주가, 성악가, 지휘자 등 음악가에게서 발견되는 음악적 재능을 말한다.

④ 공간지능(spatial intelligence)

건축가, 기술자, 조각가, 미술가에게서 발견되는 재능으로 시각, 공간적 세계를 정확히 지각하고 그 지각한 내용을 머릿속에서 변형, 회전시켜 볼 수 있는 재능이다.

⑤ 신체-운동지능(bodily-kinesthetic intelligence)

운동선수, 무용가, 마술사에게서 나타나는 재능으로 자신의 신체적 동작을 완벽하게 통제하고 물체를 솜씨 있게 다루는 재능이다.

⑥ 대인관계지능(interpersonal intelligence)

카운슬러, 판매원, 석가나 간디, 소크라테스와 같은 종교인, 사상가 등에게서 발견되는 능력으로 손다이크(1920)가 말한 사회 지능(social intelligence)과 유사한 것이다. 가정이나 집단 등에서 다른 사람들의 기분, 기질, 동기, 의도를 잘 파악하고 적절히 대하는 능력이다.

⑦ 개인이해지능(intrapersonal intelligence)

자신의 감정을 잘 알고 다스리는 사람, 신체적 건강 상태와 행동을 잘 조절하는 사람, 종교인에게서 발견되는 능력으로 자신의 느낌(feeling), 장단점, 특기, 희망, 지능, 관심 등을 잘 파악하는 재능을 의미한다.

⑧ 자연관찰지능(naturalist intelligence)

동·식물이나 주변 사물(가령 머리 스타일, 자동차, 운동화 등)을 자세히 관찰하여 차이점이나 공통점을 찾고 분석하는 능력이다. 사냥꾼, 진화론을 세운 다윈과 같은 사람이 대표적인 인물이다.

다중지능을 객관화된 지필검사와 같은 한 가지 방법만으로 측정하는 것은 충분치 못하고, 스펙트럼(Spectrum) 교실과 같은 다양한 종류의 활동 코너를 설치하고 아동들의 활동에서 지능의 징표를 찾는 것으로 측정을 한다. 그러나 가드너의 지능이론은 몇 가지 점에서 비판을 받고 있는데 다음과 같은 것이다.

첫째, 지능을 여러 가지로 분류하여 명명하는 것은 지능과 다른 인성 특성이나 재능과의 구별을 흐리게 할 뿐이며 지능의 이해에 별로 도움이 되지 않는다는 비판이다. 또한 학업이나 직업에서 유용한 방향으로 지능을 분류하지만 어떤 종류의 지능도 측정해 보면 서로 독립적이지 못하다.

둘째, 지능 측정 방법으로 심리 측정적 관점이나 인지발달론적 관점에서와 같은 객관화된 검사가 없다는 점이다. 가드너는 다중지능을 그러한 손쉬운 객관화된 검사에 의해 측정하는 것은 불완전하며 자연사태에서의 관찰, 검사, 포트폴리오 사용 등 다양한 방법으로 측정할 것을 주장한다.

셋째, 학교 교육에서 학생들의 다양한 지능을 발견하고 개발하여 활용하기가 쉽지 않다는 점이다. 이 문제는 지능의 측정, 발견과 관련된 문제일 뿐 아니라 교사의 창의성과도 연관된 것으로 계속 탐구해야 할 숙제이다.

(4) 정서지능이론(emotional intelligence, EI)

① 이론적 배경

골먼(Goleman, 1995)은 IQ 검사나 SAT(Scholatic Aptitude Test: 학업적성검사)와 같은 표준화된 검사로 측정한 인지적 능력에 의존하여 인간의 성공 가능성을 예측하고 교육의 준거로 삼아온 전통에 대해 비판하고 정서지능개념의 도입을 주장하고 있다. 이로 인해 정서지능을 IQ와 같이 표준화된 지수로 측정할 수 있는지에 대한 심리측정학적 연구나 감성과 지능이라는 다소 모순되어 보이는 두 가지 개념의 합성에 대한 논리적 검토 없이 EQ란 단어가 대중적인 용어로 자리 잡아 가고 있다.

지능을 전통적인 IQ 검사가 측정하고 있는 것 이상의 다양한 능력을 포함하고 있는 것으로 광범위하게 정의할 때 포함될 수 있는 중요한 능력의 하나가 바로 자신과 타인을 이해하고 인간관계를 효과적으로 다룰 수 있는 능력으로 정의되는 사회적 지능이다. 사회적 지능은 다른 사람의 내적 상태, 즉 동기, 정서, 사고 등을 파악하고 이를 토대로 사람을 대하는 최선의 방법을 찾는 능력이다.

샐로비와 메이어(Salovey & Mayer, 1990)는 정서지능이란 사회적 지능의 부분 집합이며 가드너가 말한 바 인격지능의 일부라고 보았으며, 정서지능을 자신과 타인의 정서에 대한 평가와 표현, 자신과 타인의 정서 조절, 문제해결에 있어서 정서의 사용이라는 면에서 그때까지 흩어져 있는 연구들을 종합하여 체계화하였다(윤길근 외, 2009). 이와 같은 샐로비와 메이어의 제언을 정리하여 골먼은 정서지능이 다음과 같은 다섯 가지 요인으로 구성되는 것으로 정리하였다.

㉠ 자기 정서에 대한 이해

자기 자신에게 일어나는 느낌을 인식하는 능력으로 정서지능의 핵심이다. 자신의 감정을 관찰하는 능력은 자신에 대한 심리적 통찰과 이해에 필수적이다. 이런 능력이 풍부한 사람은 자신의 인생을 보다 적절하게 이끌어 가며 개인적 결정의 순간에 어떤 감정을 가져야 할지에 대한 정확한 감각을 가지고 있다.

㉡ 정서의 조절

자기 지각에 기초하여 자신의 느낌을 적절하게 전환하고 조절하는 능력으로 이런 능력이 풍부한 사람은 분노, 흥분, 우울, 불안을 쉽게 떨쳐버리고 좌절과 혼돈에서 빨리 벗어날 수 있지만 부족한 사람은 늘 괴로운 느낌에 시달린다.

㉢ 자기동기화

자신의 감정을 생의 목적에 적합하도록 정렬시키는 능력이며, 이런 능력은 주의집중, 동기부여, 자기정복, 창조에 필수적이다. 이런 능력이 많은 사람은 혼란스러운 상황에서도 보다 생산적이고 효율적으로 일을 한다.

㉣ 다른 사람의 감정 인식, 즉 공감

다른 사람이 느끼는 기분을 이해하고, 그에 상응하는 정서적 경험을 하고, 이를 표현하는 능력이 "사랑 기술"이다. 공감적인 사람은 돌보는 직업, 가르치는 일, 판매, 관리와 같은 일에 능력을 발휘한다.

ⓜ 관계 다루기

다른 사람의 감정을 보다 바람직한 방향으로 변환하도록 하는 능력이다. 이런 것들은 인기, 지도력, 대인관계 효율성을 뒷받침하는 능력이다. 이런 기술이 잘 발달된 사람들은 다른 사람과 부드럽게 교류하는 사회적 유형이다.

정서지능은 EQ(정서지능지수 또는 감성지수)라고 불릴 만큼 단 하나의 측정치로 나타낼 수 없는 복잡하고 다면적인 개념이다. 골먼도 이 위험성은 인정하고 있다. 다만 스스로의 생활태도를 점검해 보고 자신의 감성지능 수준을 확인해 볼 수 있는 자기보고식 체크리스트의 개발은 가능하다고 본다. 이런 검사들은 이미 몇 가지 시도되고 있다(최은순, 2003).

(5) 창의성

로메이(Romey)는 창의성을 '아이디어, 사물, 기술, 접근방법을 새로운 방식으로 결합하는 능력'이라고 정의하였다. 게젤스(Getzels)는 새롭고 유용한 산출물, 확산적이고 풍부한 사고과정, 고양되고 내재적인 주관적 경험의 범주로 정의하였다(윤길근 외, 2009). 또한 무엇인가에 대해 새롭고 독특한 아이디어나 새로운 시각으로 보는 '확산적 사고'라 하였다(Guilford, 1967). 창의력이란 고도의 사회적 유용성 또는 좋은 형태를 갖는 참신한 사회를 만드는 능력을 의미하며, 지능구조의 조작적인 차원 중 확산적(발산적) 사고를 말하는 것으로 융통성, 유창성, 독창성 등을 특징으로 하는 사고를 말한다. 확산적 사고란 새로운 독특한 아이디어 또는 문제를 새로운 시각으로 보는 능력, 즉 여러 가지 다른 생각이나 다양한 가능성을 생각해 내는 능력이고, 수렴적 사고는 여러 가지 가능성 중에서 지식과 논리적 판단과 추론을 사용하여 한 가지 답으로 수렴되는 것이라고 하였다. 창의성의 3요소를 유창성, 융통성, 독창성이라고 하였다. 유창성이란 주어진 자극에 대하여 제한된 시간 동안 어느 정도의 반응을 보일 수 있는가의 능력이고, 융통성은 변화에 적응하기 위해 환경을 변화시키는 능력이며, 독창성은 새롭고 독특한 방식을 의미한다(송인섭 외, 2008). 또한 창의적인 사람의 정의적인 특징은 다음과 같다.

첫째, 창의적인 사람은 새롭고, 어렵고, 복잡한 문제를 선호하는 경향이 있다. 둘째, 자신이 지각하는 것이 조금 지연되더라도 참을 줄 안다. 셋째, 실패에 대해 불안함이 적으며, 위험부담을 즐기는 경향이 있다. 넷째, 관행에 동조하기를 거부하는 경향이 있다. 다섯째, 자신의 경험에 대해 개방적이다(이성진, 1996).

창의력 개발 기법으로는 브레인스토밍(Brain Storming, 두뇌 폭풍)방법이 있다. 오스본(Osborn, 1963)에 의해 주장된 것으로 창의력 개발을 위한 특수기법으로 회의에서 여러 사람의 지혜와 아이디어를 규합해서 어떤 문제해결이나 의사결정을 하려는 데서 비롯된 것이다. 이를 위한 기본전제는 인간은 잠재적으로 창의력을 갖고 있는데, 비창의적인 사회문화적 풍토 때문에 불가능하므로 개인이 가진 부정적 태도를 바꾸어 줌으로써 창의력이 개발된다고 보았다. 따라서 기본원리는 비판금지, 자유개방, 양산, 결합과 개선이다.

21세기에 우리 사회의 문화발전을 위해서는 각 개인들이 시시각각으로 변화하는 주위 환경에 대하여 예리한 민감성을 가지고 새롭고 독특하게 적응할 수 있는 능력을 갖추는 창의적 노력이 절실히 요구되고 있다. 창의성은 인간의 내면에 잠재된 무한한 가능성을 실현해 나가는 과정에서 필수적인 요소이며, 각 개인은 창의력을 통하여 보다 질 높은 삶을 추구하고 원만하게 성장할 수 있는 것이다. 그러므로 창의적 사고력 교육은 개개인의 생존과 직결될 뿐만 아니라 나아가서는 사회와 국가 발전의 원동력이 되는 창의적 사고력을 교육을 통해 신장시키고자 하는 일은 오늘날의 교육에서 더욱더 강조되어야 할 것이다.

창의적 사고력이란 말은 일반적으로 창조적 사고력과 독창력, 창조적 재능 등을 포함하는 의미를 가지고 있다. 이것은 경험의 재생이 아닌 다른 방법에 의한 문제해결의 방법과 태도를 말하고, 생산적 사고나 확산적 사고에 의한 새로운 아이디어의 산출이나 새로운 유형의 사고능력을 말하기도 한다. 즉, 창의적 사고력은 새로운 것을 만들어 내는 능력이나 아이디어를 창출하는 사고 관련의 특성 및 문제해결 능력이라 할 수 있다.

2 수업과 교수법

효과적이고 조직적인 교수활동을 위해서 교사는 체계적인 교수계획을 세워야 한다. 효과적인 교수계획의 기초를 확립하기 위하여 교수의 개념과 다양한 교수이론에 대해 알아보고자 한다.

교수이론가들은 효율적인 교수방법을 찾아내고자 끊임없는 노력을 기울여 왔다. 그 결과 여러 교수 모형이 제시되었는데, 그중에서 어떠한 모형은 적용범위가 넓은 반면에 어떤 것은 특수한 목적을 위해서만 사용되기도 한다. 따라서 특정한 교수모형이 효과적이라고 하여 그 모형을 모든 교과 내용에 사용해야 한다는 생각은 바람직하지 않다. 우리에게 필요한 것은 교과의 특성과 교수의 목적에 따라 적합한 모형을 응용할 수 있는 융통성이다.

교수는 교사가 의도적으로 하는 일의 일체 활동을 의미하고 수업은 학습이 일어날 수 있도록 학습자의 내·외적 조건을 체계적으로 조정하는 과정이라고 할 수 있다.

표 13-1 학습이론의 비교

구분	행동주의	인지주의	인본주의	구성주의
학습동기 요인	강화물, 보상, 유인가, 처벌	신념, 기대 등	자존심, 자기충족, 자기결단 등	성취감, 과제물 등
학습주체	교수자	학습자	학습자	학습자
교수학습 방법	강의법, 발문법	개념개발 교수법 발견적 교수법	개별화 교수법	역할극, 토의법, 문제해결 교수법
학습 목표	습관의 형성	인지구조의 변화	자기 자신의 행동결정	지식을 이용하여 문제해결, 수행
교수학습 형태	교수자 중심의 기계적·공학적 교수-학습 형태	학습자 중심의 통찰 학습형태	학습자 중심의 학습자의 자각학습 형태	학습자 중심의 능동적·실제적 열린 학습형태
학습자의 역할	환경의 자극에 수동적으로 반응	새로운 정보를 얻기 위해 기존 정보를 재조직하는 능동적 존재	자율적·능동적 참여하는 존재	능동적 참여하는 존재
문제해결 방법	행동적 시행착오	인지·대리적 시행착오로 사고나 강화 등에 의한 문제해결	인지·대리적 시행착오로 사고나 강화 등에 의한 문제해결	사회적 타협
교수자의 역할	학습경험(환경)의 배열자, 강화·체계적 보상 제공자, 학습자의 행동 모델 인물이 될 수 있음	1. 학습자들의 주의집중을 의한 자극의 제시자(예-선수학습요소제시) 2. 학습자들의 파지·인출을 돕기 위해 학습정보를 약호화하는 자 3. 피드백 시행자	1. 학습자의 고유 특성 등을 개인적 비판 없이 수용하는 자 2. 학습자원 자료를 제공, 학습자의 능동적 학습참여를 도와주는 조장자 3. 개방적 자세를 취해 학습자들에게 학습의 외적 위협을 최소화시켜야 함	관찰자, 진행자, 자극자
문제점	교육의 목적과 방향에 대해서 무관심한 채로 목적에 도달하는 방법에만 치중하면 교육은 도구적인 의미만을 갖게 됨 강제적인 성격을 지니고 있다. 교육받는 사람의 요구가 아니라 교육하는 사람의 요구에 따라 인간이 만드는 것임	-학습자들이 정보를 의미 있는 형태로 조직할 때 잘못된 형태로 조직 -개인차 반영(통찰) x -발견하는 데 너무 많은 시간을 들여야 함	객관적 현실을 무시함으로써 진정한 문제해결에 어려움. 목표가 지나치게 포괄적이어서 학습자가 혼란스러울 수 있음.	-학생들에게 구체적인 상황을 제시할만한 물리적 환경구성 불가능(시간, 입시) -학생 스스로 수학적 지식을 구성하기 어려움 -흥미위주수업(교육과정에서 꼭 다루어야 하는 내용을 학생들이 흥미를 갖지 않을 경우)

이론	손다이크 연합주의이론 고전적 조건형성이론 조작적 조건형성이론	쾰러 통찰학습이론 레빈 장이론 톨먼 기호형태이론 정보처리이론	매슬로우 욕구위계이론 로저스 자기이론	인지적 도제이론 상황적 학습이론 인지적 유연성이론
학습법	• 강의식 학습법 • 프로그램학습 • 컴퓨터보조학습 • E-Learning • 완전학습 • 계약학습 • 동료지도	• 역할극 • 발문	• 자기주도학습법 • 봉사학습	• 문제중심학습법 • 시뮬레이션 • 팀기반학습 • 액션러닝 • 플립러닝 • 토론학습

1) 원탁토의

원탁토의(round table discussion)는 10명 내외의 소규모 인원이 원탁에 둘러앉아 전원이 자유롭게 의견을 교환한다. 사회자는 회의규칙을 잘 이해하여 토의의 진행을 지도하며, 성원은 자유로운 분위기에서 토의하고 상호 협력적 태도로써 충분한 의견을 발표·청취할 수 있는 자유로운 분위기가 필요하며 또한 토의가 잘 진행되도록 하여 결론에 도달되도록 해야 한다.

원탁토의는 충분한 경험을 지닌 사회자와 기록자, 그리고 전문 지식을 가진 청중들 또는 관찰자와 함께 대화하는 비형식적 집단의 성격을 띤다. 토의에 참가한 구성원들이 자신의 생각을 마음껏 발표하고 청취할 수 있는 분위기를 유도해야 하며, 특히 침묵하거나 소외되는 참가자들이 없도록 전체 분위기를 조정해야 할 필요가 있다.

그리고 원탁토의에서 가장 주의해야 할 것은 참가자 모두가 발언할 수 있도록 기회를 적절히 제공해야 한다는 점이다. 원활한 토의를 위해서는 집단구성원들 간에 충분한 협조와 개방적인 자세, 그리고 공동체 의식이 형성되어야 하는데, 만약 그렇지 못할 경우 토의를 위한 토의 내지는 심각한 언쟁이나 반목의 상태로 약화될 우려가 있다.

2) 심포지엄

심포지엄(symposium)은 준비된 회의장에서 동일한 문제에 대하여 의견을 2명 또는 그 이상이 발표하고 사회자 또는 청중이 이에 질문하고 강연자는 해답하는 형식이다. 사회자는 강연 · 질문 · 해답이 적당히 진행될 수 있도록 한다. 사전에 강연의 개요 또는 필요한 통계 등을 인쇄하여 청중에 배부하고 효과를 돕기도 한다.

토의 주제에 대해 권위 있는 전문가 몇 명이 각기 다른 의견을 공식 발표한 후, 이를 중심으로 의장이나 사회자가 토의를 진행시킨다. 단상토의에 참가한 전문가와 사회자, 그리고 청중 모두는 특정 주제에 관한 전문적인 지식이나 정보, 경험 등을 지니고 있어야 한다는 점이 특징이다. 따라서 한 주제를 다양한 측면에서 깊이 있게 다룰 수 있다.

3) 대화식 토의

대화식 토의(colloquy)는 어떤 문제에 대하여 그 방면의 권위자나 전문가를 학교나 학급에 초청하거나 현장에 가서 면접을 통하여 그 문제에 대하여 그 방향의 권위자나 전문가를 학급이나 학교에 초빙하거나 현장에 찾아가서 그 문제에 대하여 설명을 듣고 질문을 하여 더 잘 이해하도록 하는 것이다.

토의에 참가하는 인원은 보통 6~8명 정도로, 이 가운데 3~4명은 청중 대표이고, 나머지 3~4명은 전문가나 지원인사로 구성된다. 대담토의는 주로 청중 대표와 전문가 집단에 의해서 이루어지나, 사회자의 진행에 의해 일반 청중이 직접 토의과정에 참가할 수도 있다. 토의시간은 청중 대표, 전문가와 일반 청중이 비슷하게 안배되어야 하며, 서로 간에 의사소통이 원활하게 이루어질 수 있도록 배려해야 한다.

4) 세미나

세미나(seminar)는 참가자 모두가 토의주제 분야에 권위 있는 전문가나 연구자들로 구성된 소수집단 형태이다. 세미나를 주도해나갈 주제 발표자의 공식적인 발표에 대해 참가자들이 사전에 준비된 의견을 개진하거나 질의하는 방식으로 토의가 이루어진다.

세미나는 참가자들에게 특정 주제에 대한 전문적인 연수나 훈련의 기회를 제공해 주는 데 목적이 있다. 따라서 참가자 전원은 보고서 형식의 간단한 자료들을 상호 교환할 수 있어야 한다. 이 토의방식은 참가자 전원이 해당 주제에 관련된 지식이나 정보를 체계적이고도 깊이 있게 토의할 수 있게 하는데, 이는 사전에 철저한 연구와 준비를 전제하는 것이다.

5) 문제중심학습

문제중심학습(problem based learning, PBL)을 이론적으로 정립하여 활용하는 데에 가장 큰 공헌을 한 사람은 의과대학 교수인 바로우(Barrows)이다. 바로우는 구성주의 이론과는 별개로 그가 교육현장(의과대학)에서 교수로서 활동하면서 느꼈던 기존 교육환경의 부실성, 비현실성 등의 문제에 대한 대안적 방편으로 문제중심학습을 제시하였다. 그러다가 문제중심학습은 구성주의에 의한 이론적인 성원을 받게 되었다. 문제중심학습의 학습목표는 "학습자로 하여금 어떤 문제나 과제에 대한 해결안을 혹은 자신의 견해나 입장을 전개(develop)하여, 제시(present)하고, 설명해야(explain)하며, 나아가 옹호(defense)할 수 있어야 한다"(Duffy, 1992)이다. 문제중심학습의 특징은 첫째, 관련 분야에 실재하는 복잡하고 비구조적인 문제들을 풀어가는 것이다. 둘째, PBL은 학습자중심이라는 것이다. 기존의 교육방식에 비해 교사의 역할은 상당히 축소된다. 자기주도적 학습능력이 강조된다. 셋째, 구조적 특성으로써 PBL은 협동학습과 자율적 학습, 그리고 다시 협동학습의 세 과정으로 이루어져 있다. 구체적으로 문제사례의 제시, 자기주도적 학습, 소집단 학습, 일반화, 반성(reflective thinking)의 다섯 가지 단계를 거친다(Ryan, 1994).

문제중심학습을 활용하고 있는 사례는 다양하다. 20여 년 전 맥마스터 의과대학이 처음으로 문제중심학습에 의하여 교육과정을 운영하기 시작한 이래로 많은 대학에서 실시되고 있다. 이들 대부분이 의과대학으로서 하버드대학, 뉴멕시코 대학, 하와이 대학, 캐나다의 셔브룩 대학의 경우, 의과대학 교육과정 전체를 PBL방식으로 전면 개편을 시도하거나 이미 개편하여 실시하고 있으며, 미국 의과대학 협회의 발표에 따르면 현재 미국 전역의 90개 이상의 대학들이 PBL방식을 도입하고 있다(Barrows, 1994)고 한다. 그 외에도 오하이오 대학의 MBA프로그램, 영국의 임페리얼 공과대학의 기계공학과 등에서 널리 활용되고 있다.

6) 컴퓨터를 이용한 수업

(1) 컴퓨터 보조수업

컴퓨터를 이용한 수업은 보통 컴퓨터 보조수업(computer assisted instruction, CAI)이라고 부르며, 그 유형에는 개별교수형, 반복연습형, 게임형, 모의실험형, 발견학습형, 문제해결형, 자료제시형 등이 있다.

(2) 컴퓨터 관리수업

사무처리에 관한 컴퓨터의 활용 이외에도 컴퓨터 관리수업(computer managed instruction, CMI)이 있는데, 이는 컴퓨터를 통해 개별학습자의 학습내용, 진도, 성취도 등 학습에 관한 정보를 저장하고 평가하면서 개별적인 지침을 주어 학습을 관리하고 도움을 주는 시스템을 말한다. 따라서 CMI의 기본적인 기능은 ① 개발 학습자에 대한 각종 데이터의 저장과 관리, ② 이러한 데이터를 바탕으로 한 개별 학습자를 위한 학습내용 및 자료의 선정, ③ 평가 등 세 가지이다.

또한 컴퓨터를 이용한 학습의 단점은 다음과 같다.

① 수업목적에 맞는 좋은 소프트웨어를 구하는 것이 쉽지 않다.
② 컴퓨터와 주변기기를 구입하는 데 비용이 많이 든다.
③ 인터넷을 이용한 수업을 할 때 음란물이나 폭력물 등의 비교육적인 내용의 프로그램으로부터 아동을 보호할 방법이 아직은 없다.
④ 프로그램의 제작과정과 품질을 관리할 수 있는 제고적 장치가 없기 때문에 비효율적이고 비효과적인 프로그램을 접할 수 있는 문제가 있다. 많은 프로그램들은 자칫 답만을 외우거나 기계적으로 답을 찾는 연습을 시키는 것들이 있을 수 있으며, 이들을 교사가 적절히 선정하지 않거나 잘 활용하지 않으면 아동들의 창의성 개발이나 문제해결력을 키우는 데 방해가 될 수도 있다.

3 동기이론

1) 동기의 이해

(1) 동기의 정의

동기(motive)란 일반적으로 개인으로 하여금 어떤 목표를 추구하도록 행동을 이끌어가게 하는 내적 추동상태라고 한다. 다시 말해 어떤 목표를 향해서 행동을 시작하게 하는 내적 과정이다. 즉, 개체가 어떤 일정한 형식의 행동을 하려는 태세이다(Martire, 1953). 개체로 하여금 주어진 일을 하게 하며 적당한 활동을 통해 그것을 끝마치게 하는 개체의 조건이라 하였다(McCow). 또한 개체 내에서 어떤 목표를 향해 행동을 방향 짓는 것(Morgan & King, 1971)이라 하였다. 지금까지의 설명을 요약하여 보면 행동을 활성화시키고 방향 짓는 그 무엇(Woolfolk, 1990)이라 할 수 있다.

동기는 다음과 같이 일차적 동기와 이차적 동기로 분류될 수 있다. 생리적 욕구(일차적 동기, primary motives)는 생득적인 것으로 후천적 학습에 의하지 않고, 성격적 욕구(이차적 동기, secondary motives)는 경험에 의해 후천적으로 학습된 결과이다.

따라서 사람들의 모든 행동은 동기와 관련되어 있다고 할 수 있으며, 일단 동기가 생기게 되면 행동이 발생하는데, 이때의 행동은 반드시 방향을 가지고 진행된다. 이렇게 볼 때 동기란 유기체로 하여금 행동을 하게 만드는 원동력이라 할 수 있다.

(2) 동기의 기능

동기의 기능에는 발생적 기능, 지향적 기능, 선택적 기능 등으로 구분된다.

첫째, 발생적 기능이란 행동을 촉발시키는 시발적 기능이라고 볼 수 있다. 일차적 동기가 발생하여 행동을 유인하고, 이차적 동기인 칭찬이나 힐책에 따라 행동이 발생된다. 어떠한 동기가 발생하면 목표 달성 시까지 긴장상태가 계속되며, 그 목표에 도달하게 되었을 때에야 긴장은 해소된다.

둘째, 지향적 기능이란 행동의 방향을 결정하는 기능으로써 학습의 목표를 지향해서 학습태도를 가지게 한다. 사람들이 선택한 반응이 동기의 긴장을 해소시켜 자신에게 만족감을 줄 때는 그에 따라 일정한 방향을 향하여 행동하게 된다.

셋째, 선택적 기능이란 인간의 행동은 가치지향적이고 선택적이기 때문에 인간의 행동은 동기에 의하여 어떻게 반응하면 효과적인가 하는 것을 고려하여 선택적으로 행동하게 된다. 동기의 종류는 매우 다양하다. 이를 분류하는 방법은 일반적으로 배고픔, 목마름, 성 충동과 같은 생리적 욕구를 일차적 동기 또는 추동(drive)이라고 하고, 호기심, 인정 욕구, 공격성과 같이 학습에 의해 획득된 동기를 이차적 동기 또는 학습된 동기(learned motives)라고 일컫는다. 이를 좀 더 상세히 기술하면 다음과 같다.

추동(drive)은 대부분의 경우 인간의 생물적인 요구에 한정되어 사용되므로 기, 갈, 성, 공복 등과 직결되어 일어나는 것으로 보아야 할 것이다. 즉, 생물체가 생명을 유지하기 위하여 필요한 유기적인 요구이다.

요구(need)는 이는 유기체에게 안정을 가져오게 하기 위하여 필요한 어떤 조건이다. 만일 필요한 조건이 내·외적 상황에 의하여 결핍되었을 때 유기체에게 불안이 조성된다. 요구는 어떤 종류의 행동을 일으키게 하는 데 작용하고 또 어떤 행동으로 유기체를 몰아넣는 조건이라고 할 수 있다. 달리 보면 유기체에 있어서 요구조건이란 어떤 생물학적인 상태나 조건에서 만족되지 못한 상태, 즉 어떤 조건의 결핍상태라고 할 수 있다.

유인(incentive)은 때로 유인자극이라고도 하는데, 유기체의 행동을 유지하고 방향 지어 줄 수 있는 물건이나 장면 또는 활동이라 할 수 있다. 그러나 그러한 물건은 어느 한순간에는 유인자극이 되었다가도 다음 순간에는 그렇지 않게 될 수 있다. 또한 한때는 유기체를 유인하던 정적(positive)인 유인자극이 다음에는 거부하는 부적(negative)인 자극이 될 수도 있다. 이와 같은 대상이나 목표의 유의성에 따른 행동은 접근, 회피, 우회적 접근 등으로 다양하게 나타나게 된다. 이렇게 볼 때 요구는 유기체가 필요한 어떤 조건의 결핍상태이며, 이와 같은 결핍이 일어날 때에 유기체 내에 일어나는 에너지 상태를 추동이라 하고, 유인은 그와 같은 요구를 충족시키는 사물, 즉 목표가 된다.

(3) 동기와 욕구

동기는 기아, 갈증, 성욕 등과 같이 생물학적 욕구로부터, 가치관이나 사회적 환경과 관련된 보다 복잡한 소유욕에 이르기까지 광범위하게 유발된다. 매슬로우는 이와 같은 요구가 일단 만족되면 그것은 이미 행동 발생의 원인으로써 역할을 하지 않는다고 보며, 아주 강한 욕구가 충족되었을 때를 욕구충족(need satisfaction)이라고 한다.

욕구는 원하는 무엇인가가 실제로 결핍되었거나 혹은 결핍되었다고 느끼는 것이다. 이와 관련하여 다음과 같은 몇 가지 개념을 살펴볼 수 있다.

① 욕구만족의 저지

욕구만족은 저지되는 일이 있다. 이러한 경우에는 욕구의 강도가 저하되는데, 그것은 저지를 받는 시초단계에서 그 강한 욕구를 충족시키기 위해 욕구저지에 대하여 대처해 나가려는 행동을 취하는 경향이 있다. 즉, 사람은 목표를 달성할 수 있는 방법을 찾기 위하여 저지에 의해서 생긴 긴장을 해소하는 방법을 여러 가지로 찾는 활동을 취한다. 이를 대처행동(coping behavior)이라고 하며, 이는 합리적인 문제해결의 활동이다.

② 욕구불만

욕구의 만족이 내적 원인이나 외적 원인에 의해서 방해되는 상태, 즉 목표달성이 실패하거나 방해되는 경우에 욕구불만(frustration)의 상태가 된다. 이러한 현상은 개인의 외적 환경이 원인이 되어 일어나기보다는 오히려 그 개인의 내적 상태가 원인이 되어 일어난다고 할 수 있다. 계속해서 목표달성이 저지되고 욕구불만의 상태가 발전되면, 여러 가지 형태의 비합리적인 행동이 발생하게 된다. 예를 들어, 욕구불만이 강해지면 공격적인 행동을 하게 되며, 공격적인 행동이 격해지면 적의나 분노의 감정이 일어나며 파괴적 행동으로 표현되는 수가 있다. 이것에 관하여 여러 가지 모양으로 나타나는 적의와 분노의 현상을 증명한 최초의 사람은 프로이트였다. 공격적인 행동(aggressive behavior)은 가능한 한 욕구불만이라고 생각되는 사물이나 사람에 대하여 자기의 적대감정을 직접적으로 표시하려고 한다(이경화 외, 2003).

2) 동기이론

학습을 설명하기 위한 많은 노력들이 계속되어 왔다. 행동주의의 대표적인 학자인 스키너는 강화이론을 통해 학습을 자극과 반응의 과정에서의 강화로 보았으며, 그 이후 인지심리학의 등장으로 많은 학자가 학습을 동기 측면에서 살펴보려는 시도를 하였다.

이 동기이론의 바탕에는 기대(expectancy), 즉 학습행동에 대한 결과 또는 성패에 대한 개인의 태도가 실제 혹은 후속되는 사건에 인과적 영향력을 가지고 있다는 믿음이 있다(Reigeluth, 1983). 이러한 기대, 즉 행동의 결과 또는 성패에 대한 개인의 태도에 대한 여러 연구가 있으며, 이를 나타내는 개념도 학자에 따라 다양하다.

동기유발(motivation)이란 단순히 행동의 내적 상태뿐만 아니라 행동을 활성화시키기 위해 가해지는 처치까지도 포함한다. 학습에서의 동기유발은 어떤 행동의 근원이 되는 힘인 동기를 학습자에게 분기시킴을 말한다. 학습에 작용하는 동기를 학습동기(learning motive), 성취동기(achievement motive)라고 하며, 학습자가 그 학습에 대한 의욕을 가지고 학습활동을 전개하는 힘을 말한다.

(1) 행동주의적 관점에서의 동기이론 – 강화이론

행동주의적 관점에서 보면, 행동이 시발되고 지속되는 동기유발은 칭찬이나 보상과 같은 강화인자에 의해 행동이 강화(reinforcement)되는 현상이다. 즉, 강화와 동기유발은 동일한 현상이 된다. 강화가 강화인자(reinforcers)에 의해서 이루어지므로 동기유발 또한 강화인자에 의해서 이루어진다. 따라서 행동주의적 동기유발은 강화인자에 의존하게 된다. 예를 들어, 초등학생의 경우에는 교사의 인정이나 칭찬, 사탕이나 과자, 놀이와 컴퓨터게임과 같은 오락 등의 강화인자가 효과적이며, 중 · 고등학생의 경우에는 좋은 성적, 과제에 대한 교사의 좋은 반응, 교사의 개별적인 관심 등이 학교에서의 동기유발에 도움이 된다. 이와 같은 강화인자를 사용하는 행동주의 접근의 동기유발은 외재적 동기유발과 관련된다.

(2) 인지주의적 관점에서의 동기이론

인지이론에 의하면 현상세계가 적용하는 방식의 질서, 예측성 그리고 이해에 대한 욕구는 동기를 유발시킨다. 피아제의 인지발달이론에 의하면 우리가 가지고 있는 기존의 인지도식(schemata)이 현상을 설명하는 데 부적합할 때 그 도식을 수정하고자 하는 동기가 유발되고, 도식 수정과정의 발달을 가져오게 된다. 다시 말해, 학습자가 인지갈등을 일으킬 때

현상의 질서와 이해를 추구하려는 성향으로 인해 동기가 유발된다는 것이다. 인지이론에 의한 동기유발에는 인지갈등이 중요한 역할을 한다. 인지갈등을 해소하여 이해하려는 성향이 동기를 유발하기 때문이다. 인지갈등을 해소하려는 욕구, 곧 이해하려는 욕구는 내발적 동기유발과 관련된다.

(3) 반두라의 자기효능감

자기효능감(self-efficacy)은 사회학습이론의 중요한 요소로서 반두라가 개념을 발달시키고 정교화시켰다. 자기효능감은 인간의 사고, 동기, 행위를 관장하는 데 있어 핵심적인 역할을 한다. 학습자가 어떤 과업을 성공적으로 할 수 있다는 자신에 대한 인식이다. 즉, 이런 자기효능감은 긍정적인 정신적 경험으로, 동기유발을 촉진시키는 중요한 요인이다.

자기효능감이란 행동을 계획하고 수행하는 것에 투입되는 노력을 성공적으로 이끄는 신념이다(Bandura, 1997). 다른 말로, 개인이 특별한 상황에서 자신의 행동능력에 대한 믿음을 말한다. 높은 자기효능감은 특정한 행동을 수행할 수 있다는 강한 신념을 반영하는 데 반해, 낮은 효능감은 그런 행동을 수행하기 어렵거나 할 수 없다는 신념을 반영하는 것이다. 또한 자기효능감은 인간이 느끼는 감정, 사고, 행동의 방법에 영향을 미치며, 이러한 과정들은 개별적으로 작동하는 것이 아니라 함께 상호작용한다(박영신 외, 2001; Bandura, 1997). 한 가지 분야의 효능감이 높다고 해서 다른 분야에서도 마찬가지로 높은 것은 아니므로(DiClemente, 1986) 행동의 장면마다 매우 다른 양상을 보이는 다면적인 현상(multifaceted phenomenon)이라고 할 수 있다(Bandura, 1997). 효능감은 크게 두 가지로 나누어 볼 수 있는데, 개인효능감과 집단효능감이다. 개인효능감은 행동실행능력에 대한 개인의 믿음과 관련이 있으며, 집단효능감은 특정 목적을 성취하기 위하여 필요한 총체적인 행동에 대한 집단의 신념이다. 이러한 자기효능감은 단순히 '할 수 있다'라는 믿음뿐 아니라 실제적이고 세부적인 능력과 기술을 포함하는 의미이다(박영신 외, 2001). 자기효능감의 하위변인으로는 자기조절효능감, 학업성취효능감, 관계효능감, 교사효능감 등 40여 가지의 측정도구가 있다.

반두라는 이러한 자기효능감 이론은 성취경험, 대리경험, 언어적 설득, 정서적 각성(생리적 각성) 등의 네 가지 요소에 의해 영향을 받아 형성된다고 지적하였다. 이러한 네 가지 정보적 근원 중에 성취경험이 효능감의 형성에 가장 큰 영향을 미친다. 성취경험은 효능감을 형성하고, 실패경험은 효능감을 훼손한다고 하였다.

① 성취경험

목표를 달성하기 위한 시도에서 비롯된 성공과 실패에 대한 과거 경험은 자기효능감의 가장 중요한 결정요인이다.

② 대리경험

타인의 성과와 실패를 목격하는 것은 유사한 상황에서 개인의 유능감을 평가하기 위한 비교 근거를 제공한다. 다시 말하면, 개인의 관찰 경험이 자기효능감의 중요한 결정요인이 된다는 것이다.

③ 언어적 설득

타인으로부터 어떤 과제를 숙달할 수 있는지 혹은 숙달할 수 없는지에 관해 듣는 것은 역시 자기효능감을 증가 혹은 감소시킬 수 있다. 비록 그러한 언어적 설득의 효과가 약하지만 자기효능감의 결정요인으로서 작용한다.

④ 정서적 각성

개인의 자기효능감은 어떤 주어진 수행상황에서 개인이 느끼는 정서적 각성의 정도와 질에 의해 영향을 받는다. 개인이 느끼는 불안의 정도는 어려움, 스트레스, 그리고 어떤 과제가 나타내는 지속성의 지각된 정도에 대한 중요한 정보를 제공한다. 매우 높은 불안 수준은 개인이 매우 잘 한다고 느끼지 못하는 것을 알려 준다.

3) 와이너의 귀인이론(attribution theory)

로터(Rotter, 1966)의 통제소재는 강화(좋은 결과)에 대한 통제 영향력과 관계된 개인적 기대이다. 이에 따르면 좋은 학점, 친구, 승진과 같은 강화들이 개인의 노력에서 기인한다고 생각하는 사람은 내적 지향적(internally oriented)인 사람이고, 반대로 그러한 강화는 자신의 노력과는 무관하며, 상황과 관계된 문제들, 즉 운이나 외부권력자의 결정 등에 의한 것이라고 생각하는 사람은 외부 지향적(externally oriented)인 사람이다. 그러나 로터의 통제소재는 같은 소재의 귀인인 노력과 능력에서 다른 행동의 결과가 나타나는 것에 대한 설명이 어려워지자 와이너(Weiner, 1974)는 이 통제소재 개념을 더 넓게 확장하고 통합하여 귀인이론(attributional theory)을 만들었다.

귀인(attribution)이란 '어떤 사태나 결과물에 대한 지각된 원인'으로 사람들이 그들의 행동결과에 대한 "왜?"라는 질문에 대답하는 것(Keller, 1979)으로 정의된다. 그러므로 귀인이론은 "행동 성패의 원인이 무엇인가?"에 대한 대답을 찾는 사람들의 성향(본질)을 연구하고, 더 나아가 그러한 원인을 귀속시키는 성향(본질)과 후속행동 간의 관계를 밝히고자 하는 동기이론이다.

(1) 귀인의 요소

학습자에게 "그러한 학습 결과의 원인은 무엇 때문인가?"라고 물으면, 학습자는 주로 자신들의 ① 능력(ability), ② 노력(effort), ③ 과제 난이도(task difficulty), ④ 운(luck)을 이용하여 그 원인을 설명하려 한다(Rotter, 1966; Weiner, 1979). 와이너(1979)는 이러한 네 가지 귀인의 유형을 다음 귀인의 특성에 따라 세 가지 차원에서 확인하였다.

표 13-2 와이너의 귀인 유형

	통제 가능		통제 불가능	
	안정	불안정	안정	불안정
내적	자신의 안정된 노력	자신의 불안정된 노력	자신의 능력	자신의 능력에 대한 변동, 피로, 기분
외적	타인의 안정된 노력	타인의 불안정된 노력	타인의 능력 과제 난이도	타인의 능력에 대한 변동, 피로, 기분, 운

출처: Adapted form Weiner, B.(1979). A theory of motivation for some classroom experience. Journal of Educational Psychology, 71, 3-25.

(2) 귀인이론의 특성

와이너(1979)가 확인한 귀인의 특성은 원인 소재, 안정성, 통제성이다.

첫째, 원인의 소재(locus of causation)란 행동의 결과, 즉 성공과 실패의 원인을 자신의 내부의 것인지 아니면 외부의 것인지로 지각하는 특성이다. 이것은 가장 일반적으로 적용되는 기준으로써 이에 따르면 능력, 노력, 기분 등은 내적 소재의 특성을 가지고 있으며, 과제의 난이도, 운, 타인의 도움 등은 외적 소재 특성의 귀인이다.

둘째, 안정성(stability)이란 행동의 결과에 대한 원인을 시간의 경과나 상황의 변화 등에도 비교적 항상성을 유지하는 안정적인 것인지 아니면 변화하는 불안정한 것인지 지각하는 특성으로, 이에 따르면 능력이나 과제난이도는 안정적인 특성의 귀인이고, 노력, 운 등은 불안정한 특성을 가진 귀인이다.

셋째, 통제성(controllability)이란 원인이 자신에 의해 통제 가능 여부에 대한 특성이다. 그래서 노력은 통제 가능한 특성의 귀인이고, 능력, 과제난이도, 운은 통제 불가능한 특성의 귀인으로 귀결된다.

와이너(1979)는 학습자가 자신의 행동의 결과를 어떤 유형의 귀인에 귀속시키느냐에 따라 경험하게 되는 정서가 달라지고 앞으로의 성취행동에 대한 기대, 즉 성취기대 또한 달라진다고 하였다. 즉 능력이나 노력과 같은 내적 귀인을 가지는 학습자는 성공에 대해 자존심과 자긍심을 느끼고, 실패에 대해서는 수치심을 경험하게 된다. 또한 노력과 같은 통제 가능한 요인으로 자신의 성공을 귀인하는 학습자는 자긍심을 가지게 되고 미래에 대한 성취기대도 높아져 후속 학습에 노력은 더 기울이게 된다. 그리고 비록 실패를 하여 죄책감을 경험하더라도 여전히 노력하려는 마음을 유지한다는 점에서 긍정적인 경험으로 생각될 수 있다. 이와는 반대로 능력이나 운 또는 과제난이도와 같은 통제 불가능 요인으로 귀인하는 학습자는 성공을 하더라도 감사함과 다행스러움 정도만을 느끼며, 실패하였을 때는 학습에 대한 무력감을 가지게 되어 성공을 위한 노력을 하지 않으며, 결국은 학습에 대한 동기를 잃게 된다. 그리고 비록 성공을 하더라도 그것을 자신의 능력에 귀인하는 학습자는 더 노력을 하려는 동기화가 되지 않기 때문에 자신의 능력보다 낮은 수준의 성취를 하게 된다.

4) 맥클레랜드의 성취동기

성취동기란 도전적이고 어려운 과제를 성취함으로써 만족을 얻으려고 하는 의욕 또는 성취하려고 하는 동기라고 정의할 수 있다. 일반적으로 어떤 일을 성공적으로 완수하거나 성공할 것이라는 느낌이 생기게 되면, 성취의 동기를 충족하려고 노력하게 되거나 가치와 목표추구 활동을 계속하게 된다. 성취동기는 머레이(Murray)에 의해 소개된 인간 동기체계 중의 한 요인으로 맥클레랜드(McClelland)와 연구진에 의해 널리 보급되었다. 성취하고자 하는 동기로써의 성취동기가 높은 사람들은 다음과 같은 행동 특성을 보인다.

① 과업지향성이 있으므로 자기능력에 비해서 다소 어렵고 도전적인 가치가 있는 과업에 관심을 갖는 한편, 성취결과에 대한 보상보다 성취과정이나 성취능력을 과시하는 데 흥미를 갖는다.

② 적절한 모험성이 있으므로 능력과 기능의 한계 내에서 적절한 곤란과 모험심이 있는 과업을 선택하며 흥미를 갖는다.

③ 자신감이 있으므로 성취 가능성의 한도 내에서 자신의 능력을 검토해서 자신을 갖는 실천가이다.

④ 정열적이고 혁신적인 활동이 있다. 따라서 자신의 능력 한도 내에서 어떤 과업에 대해서도 열중하며 새롭고 도전적인 과제에 흥미를 갖는다. 그리고 항상 새로운 문제나 도전적인 가치가 있는 일을 찾는다.

⑤ 자기책임감이 강하므로 자신이 성취한 성공과 실패를 타인에게 전가시키지 않는 한편, 자유와 책임이 허용되지 않는 일에는 흥미를 느끼지 않는다.

⑥ 결과에 대한 지식을 추구하므로 결과에 대한 지식 그 자체를 목표로 삼지 않고 성취활동을 평가하는 수단으로 생각한다.

⑦ 미래지향적이므로 미래의 성취과업과 이에 대한 만족을 기대하면서 현재의 고통이나 갈등과 계속 싸워나간다.

5) 동기유발 방안

(1) 학습자의 학습 동기유발

① 스스로 자신의 미래를 그려보게 하기

학습에 대한 흥미를 느끼도록 하기 위해서는 스스로 자신의 미래를 그려보는 일이 우선되어야 한다. 미래의 자신에 대한 꿈을 키우다 보면 구체적인 목표가 생기고 목표를 위해 어떻게 준비를 해야겠다는 생각은 자연스럽게 학습동기를 심어줄 수 있다.

② 아이의 수준 파악

아이가 가장 좋아하거나 싫어하는 과목은 무엇인지, 그 이유는 무엇인지, 노력해도 잘 안 되는 과목은 무엇인지 살펴보고 대화를 통해 해결책을 찾는 일이 바람직하다.

③ 성취감을 맛보기

아이가 성취감을 맛보려면 적절한 학습 목표와 분량이 어느 정도인지 파악을 한 뒤 조금씩 늘려나가도록 지도해야 한다. 그러면 아이들의 자신감과 도전정신도 함께 자라나게 된다.

(2) 학습 동기의 증진

① 성공적인 경험을 많이 하도록 하기

아이로 하여금 성공적인 경험을 갖도록 하는 것은 이전에 성공했던 일에 대해서 더 많은 관심을 갖고 잘 할 수 있도록 한다.

② 스스로 자기통제 경험을 하도록 도움

학습과 관련된 자신의 상황, 감정, 성공 경험 등이 외부 요인에 의해 통제되는 것이 아니라 스스로 상황을 통제할 수 있다고 느낄 때, 자존심이 높아지고 학습에 대해 계속적인 통제력을 가지려고 노력하게 된다.

③ 정서적인 적응을 도움

불안, 우울, 혼란감과 같은 정서적인 상태는 학습에 영향을 미치게 된다. 학습 동기를 높이려면 이러한 부정적인 정서를 아이가 이겨내고 적응할 수 있도록 돕는 것이 중요하다.

④ 신체적인 건강관리를 도움

학습과 관련된 효율적인 정보처리가 일어나려면 아이가 정서적으로 안정되어 있을 뿐 아니라 신체적으로도 건강해야 한다.

⑤ 부정적인 환경에 대처하도록 도움

학습자의 학습 동기를 저해하는 부정적인 환경요인으로는 지나치게 어려운 학습 내용을 무시한 채 학교 학습이 계속 진행된다는 것, 학습 분위기가 지나치게 경쟁적인 것, 친구나 교사와의 관계가 소원한 것, 학습 분위기가 지나치게 경쟁적인 것, 부모의 성취 압력이 지나치게 높은 것

등이 있다. 학습동기를 높이려면 이러한 부정적인 환경요인을 제거하거나 아이가 그러한 환경에 대처하는 방안을 습득하도록 도와주어야 한다.

(3) 교사의 역할의 중요성

① 교사의 열정과 관심

로도우스키와 제인스(Wlodkowski & Jaynes, 1990)에 의하면 교사는 가르치는 내용이 중요하다는 사실을 끊임없이 학생들과 의사소통하는 것을 교사의 열정이라 하였고, 콜린스(Collins, 1978)는 교사는 언어적 행동과 비언어적 행동 모두를 사용하여 자신의 열정을 학생들에게 전달해야 한다고 하였다. 베텐코트 등(Bettencourt et al., 1983)은 자신의 열정을 학생들에게 전달하려는 여러 가지 방법이 사전에 고안되고 계획되는 경우 교사의 열정은 증가하고, 그 결과 학생들의 수업 참여를 증진시킨다고 하였다.

또한 교사의 온정과 감정이입이 중요하다고 강조한 크로머(Cromer, 1984)는 학생들은 교사가 자신들에게 보여주는 관심을 가장 가치 있는 교사 특성으로 생각한다며 교사와 학생 간의 관계성이 중요함을 강조하였다. 로저스(Rogers, 1961, 1969)는 교사들에게 중요한 것은 무엇보다도 '인간적인' 측면임을 강조하였고, 로도우스키와 제인스(1990)는 효과적이고 동기화된 교사는 공감 능력을 지닌다고 하였다. 머레이(Murray, 1983)는 긍정적인 태도를 보이는 학생과 가장 강하게 연결되는 교사 특성으로는 온정과 감정이입, 그리고 친밀감이라고 하였으며, 교사와 학생 간의 관계가 부정적인 학급은 상대적으로 낮은 성취를 보이고 초등학교 수준의 어린 학생조차도 교사의 온정에 대한 수준을 정확하게 인식한다고 하였다. 온정과 감정이입은 민감하고 섬세한 정서적 측면으로 학생들과 연결되며 긍정적인 학생의 태도와 밀접하게 관련을 갖기 때문에 교사는 자신의 온정과 감정이입에 특별한 관심을 가져야 함을 알 수 있다.

쉬어가기 한 번에 한 사람

–마더 테레사–

난 결코 대중을 구원하려고 하지 않는다.
난 다만 한 개인을 바라볼 뿐이다.
난 한 번에 단지 한 사람만을 사랑할 수 있다.
한 번에 단지 한 사람만을 껴안을 수 있다.
단지 한 사람, 한 사람,
한 사람씩 만나.
따라서 당신도 시작하고 나도 시작하는 것이다.
난 한 사람을 붙잡는다.
만일 내가 그 사람을 붙잡지 않았다면
난 4만 2천 명을 붙잡지 못했을 것이다.
모든 노력은 단지 바다에 붓는 한 방울 물과 같다.
하지만 만일 내가 그 한 방울의 물을 붓지 않았다면
바다는 그 한 방울만큼 줄어들 것이다.
당신에게도 마찬가지다.
당신 가족에게도.
당신이 다니는 교회에서도 마찬가지다.
단지 시작하는 것이다.
한 번에 한 사람씩.

② 교사의 기대: 자성적 예언

굿과 브로피(Good & Brophy, 1991)는 자성예언을 통하여 교사가 학생에 대한 기대 수준에 근거하여 학생을 판단하며, 그러한 판단에 근거하여 학생을 대하는 것을 연구하였다. 유치원부터 초등학교 2학년까지 특정한 학습에 대한 종단연구는 실제적인 아이들의 능력에 상관없이 교사가 처음에 갖는 편견에 근거하여 학생을 판단한다는 연구 결과로 나타났다. 이와 관련하여 브로피(1987)는 우수한 학생을 배출하는 교사와 그렇지 않은 교사를 구분하는 중요한 변인은 학생들이 학습할 수 있다고 믿는 교사의 기대가 중요하다고 하였다. 교사의 말과 행동을 약 10초 정도 관찰하게 하면 그 교사가 우수아와 열등아에 대해 어떠한 식으로 말을 하는지, 혹은 어떤 학생이 그 교사에게 어느 정도로 사랑받고 있는지를 아주 어린 학생이라도 정확하게 알아낼 수 있다고 하며, 학생들에게 동기를 부여하고 효과적인 학업 성취를 이루도록 도와주기 위해서는 편견을 배제하는 일이 무엇보다도 중요하다는 점을 시사한다. 유능한 교사가 되기 위해 학생들의 동기를 정확히 이해하고 적절하게 대처함으로써 긍정적으로 적극적인 교실 풍토를 형성할 수 있도록 노력해야 하는 것이다.

쉬어가기

피그말리온 효과는 로젠탈(Rosenthal, Robert) 효과, 자성적 예언, 자기충족적 예언이라고도 한다. 그리스 신화에 나오는 조각가 피그말리온의 이름에서 유래한 심리학 용어이다. 조각가였던 피그말리온은 아름다운 여인상을 조각하고, 그 여인상을 진심으로 사랑하게 된다. 여신(女神) 아프로디테(로마 신화의 비너스)는 그의 사랑에 감동하여 여인상에게 생명을 주었다. 이처럼 타인의 기대나 관심으로 인해 능률이 오르거나 결과가 좋아지는 현상을 말한다.

심리학에서는 타인이 나를 존중하고, 나에게 기대하면 그 기대에 부응하기 위해 노력한다는 의미이다. 특히 교육심리학에서는 교사의 관심이 학생에게 긍정적인 영향을 미치는 심리적 요인이 된다.

1968년 하버드대학교 사회심리학과 교수인 로젠탈(Rosenthal, Robert)과 미국에서 20년 이상 초등학교 교장을 지낸 제이콥슨(Jacobson, Lenore)은 미국 샌프란시스코의 한 초등학교에서 전교생을 대상으로 지능검사를 한 후 검사 결과와 상관없이 무작위로 한 반에서 20% 정도의 학생을 뽑았다. 그 학생들의 명단을 교사에게 주면서 '지적능력이나 학업 성취의 향상 가능성이 높은 학생들'이라고 믿게 했다. 8개월 후 이전과 같은 지능검사를 다시 실시했는데, 그 결과 명단에 속한 학생들은 다른 학생들보다 평균 점수가 높게 나왔다. 뿐만 아니라 학교 성적도 크게 향상되었다. 명단에 오른 학생들에 대한 교사의 기대와 격려가 중요한 요인이었다. 이 연구 결과는 교사가 학생에게 거는 기대가 실제로 학생의 성적 향상에 효과를 미친다는 것을 입증했다.

출처: 다음백과 https://100.daum.net/encyclopedia/view/43XXX9300940

(4) 학습동기 증진을 위한 전략

① 어떤 활동에 대한 유인가로서 보상을 제공하는 방법

어떤 틀이 있는 과제, 특정한 기술을 숙달하는 것을 목표로 하는 과제, 수행의 속도나 양과 관련된 과제에 보다 효과적으로 사용한다.

- 적당한 노력을 하였을 때 보상을 받을 수 있는 기회가 있다고 믿는 학생에게는 효과적인 동인이 될 수 있으나 자아효능감이 부족한 학생에게는 오히려 좌절감을 일으킴으로써 역효과를 발생

② 지식이 삶에 적용되는 것에 관심을 갖게 함

학생들이 학교에서 가르치는 지식과 기술이 학교 밖 그들의 삶에 적용되는 것에 관심을 갖게 함으로써 학생들이 학문적인 활동에 대하여 거부감을 가지게 하는 것보다 가치 있는 것이라고 인식할 수 있도록 도와야 한다.

③ 학생들의 흥미에 맞는 과제의 선정

뉴스나 학생들의 문화에서 이슈가 되는 사람들이나 유행 또는 사건을 수업 중 예로 사용하거나 학습한 것을 적용하는 데 활용 가능하다.

④ 새롭고 다양한 방법으로 과제 제공

형식, 내용, 매체 사용을 다양하게 하여 학생들에게 새로운 과제를 제공하려는 노력이 필요하다.

⑤ 학생들의 반응과 피드백이 충분히 일어날 수 있는 기회 제공

대부분의 학생은 교사 또는 타인과 상호작용하거나 교구를 조작하는 것과 같이 활발한 반응이 오가는 활동을 선호한다. 학생들은 활발한 반응이 허용되고 후속되는 반응으로 이끌어 주는 피드백을 즉시 받을 수 있는 과제를 즐긴다.

⑥ 내적 동기 전략의 주의점

내적 동기가 학생들의 학급활동에 대한 즐거움을 증가시켜 주지만 그것이 학생들이 가르침을 받는 내용이나 기술의 학습에 대한 동기를 증가시켜 주지는 않는다.

- 내적 동기 전략도 학습에 대한 동기를 자극하는 전략이 필요함

학습정리

1. 학습이란 경험의 결과이며, 일관된 행동 또는 행동잠재력의 영속적인 변화로 정의
2. 지능이란 고등사고력, 추리능력, 적응능력, 잠재능력, 종합능력이라는 학습에서의 능력적인 요소로 정의
3. 다중지능이론: 기존의 IQ 검사를 부정하고 다섯 개의 영역–음악적 영역, 공간적 영역, 신체·운동적 영역, 대인관계 영역, 개인이해 영역–을 추가할 것을 주장하고 기존은 언어와 논리력을 추가하여 8가지 요인으로 인간의 정신을 설명함
4. 동기란 일반적으로 개인으로 하여금 어떤 목표를 추구하도록 행동을 이끌어가게 하는 내적 추동상태, 어떤 목표를 향해서 행동을 시작하게 하는 내적 과정. 발생적 기능, 지향적 기능, 선택적 기능이 있음
5. 반두라의 자기효능감: 어떤 과업을 성공적으로 할 수 있다는 자신에 대한 인식. 행동을 계획하고 수행하는 것에 투입되는 노력을 성공적으로 이끄는 신념. 자기효능감의 요소: 성공경험, 대리경험, 언어적 설득, 정서적 각성

생각해보기

1. 성공적인 사람의 요소는 무엇인지 생각해 보시오.
2. 학습과 습관의 차이점은 무엇인가?
3. 자신의 삶의 동기에 대해 생각해 보고 토론해 보시오.

맺음말

4차 산업혁명시대의 사회환경에 대한 이해와 대처

최근 들어 우리가 사는 사회환경은 "4차 산업혁명의 시대"로의 진입이 시작되었다. 4차 산업혁명시대 하면 떠오르는 단어가 무엇인가? 스마트 공장과 기계, 사물인터넷, 협업로봇, 3D 테크놀로지……. 새로운 차원의 생산성 향상을 위한 기술이 산업계에서 활발히 논의되고 있다. "제2의 기계시대"라고 일컫고 "로봇"의 시대라고도 한다(이동규, 2018). 로봇(robot)이라는 단어는 1921년 체코의 카렐 차페크가 쓴 희곡에서 처음 등장했고, 그 후 인류는 자동적으로 기계에 관심을 갖게 되었다. 1930년대 미국의 대공황 때는 잡지와 신문에 로봇이 전쟁을 수행하고 범죄를 저지르며, 노동자를 대체하고 심지어 권투선수로도 활약하는 기사들이 실린 바 있으며, 약 100여 년 전에 이미 사람들은 로봇에 대한 두려움을 갖고 있었던 것으로 보인다. 1941년에 로봇공학이라는 말이 처음 등장했고, 유명한 '로봇 3원칙'이 제시되기도 했다. 과거에는 기술발달이 좌절감을 불러일으킬 만큼 더디게 이루어졌던 때도 있었으나, 어느 시점부터 급격하게 기술이 도약을 하게 되었고 인공지능에서 자율주행자동차와 로봇공학에 이르기까지 예전에는 상상조차 하지 못했던 컴퓨터들의 등장을 실제로 목격하고 있는 것이다.

최근에는 "빅데이터"로 인해 모든 정보에 대한 속도가 더 빨라졌다. 첨단기술의 대명사이자 4차 산업혁명의 근원지로 불리고 인공지능을 가능케 한 주역이다. 빅데이터는 모바일 데이터를 대량으로 수집하면서 모바일 마케팅 분야에서 폭풍의 중심이 되었다. 빅데이터는 최근 인류가 찾아낸 보고와도 같다. 하지만 빅데이터는 숨겨진 문제가 있다. 불투명성과 확장성으로 사실 개인에게는 공정성보다는 사회통제로써의 의미가 더 크고 피해의 악순환을 가져올 수도 있다.

4차 산업시대에 영향력이 큰 단어는 “가상공간”이라고 할 수 있다. 가상공간(cyberspace)이라는 용어는 가상현실, 인공현실, 가상세계, 인공환경 등의 용어와 혼용되고 있다. 통신망으로 연결된 컴퓨터나 스마트폰을 이용하여 상호 간에 정보나 메시지 등을 주고받고, 눈에 안 보이는 활동공간이나 영역으로써 장소나 물질에 기초한 현실세계와 구분되는 공간을 의미한다. 그러므로 가상세계는 컴퓨터가 만들어낸 생활공간이라고 할 수 있다. 이러한 가상공간의 특성을 살펴보면 첫째, 가상공간은 물리적 제한이 없다. 둘째, 가상공간은 끊임없이 변화하고 발전한다. 셋째, 현실적 제한을 받지 않으며 인간의 오감으로 체험할 수 있다. 넷째, 가상공간을 구성하는 모든 부분은 상호작용하는 생활공간이다. 다섯째, 가상공간은 고도의 편집성과 조작성을 가진다. 여섯째, 가상공간은 공동사회와 이익사회 모두를 포함하는 총체적 생활공간이다(롤랜드버거, 2017). 한편 가상공간이 인간행동에 미치는 영향은 무엇일까? 스마트폰의 보급과 SNS (Social Network Service)의 발전이 이루어지면서 가상공간의 변화는 더욱 커지고 인간의 삶에 대한 영향력 또한 심화되고 있다. 긍정적인 영향으로는 정보교환과 공유의 촉진, 소속감 강화와 안정된 정체성의 형성, 정서적 유대 등이다. 부정적인 측면으로는 객관적 자아형성의 어려움, 몰인간화 현상, 은닉성에 따른 책임회피, 범죄의 이용, 정보의 독점 등으로 정리할 수 있다.

이렇듯이 급변하는 사회환경에서 사회복지 및 교육복지의 실천을 어떻게 준비하고 대처전략을 세워 나가야 할지 준비하고 대처방안이 마련되면 또다시 정보통신과 로봇 및 기후 변화는 벌써 저만큼 달아나고 있을지도 모른다. 이러는 동안 복지의 사각지대에서 삶의 무거운 짐을 진 사람들은 더욱 힘들게 삶을 영위해 나가야 하는 상황이 악순환될 수 있을지도 모른다는 생각이다. 부익부 빈익빈의 경제 용어는 사회복지와 교육복지에서도 같은 상황이 이루어질지도 모른다는 끔찍한 생각이 든다. 사람을 세우고 살리고 키우는 복지와 관련된 일을 사명감으로 알며, 열심히 일하는 사람들이 보람을 느끼고 자신의 일에 가치를 중요하게 여길 수 있도록 미래사회를 예측하고 대비하는 자세와 실제적인 전략과 정책이 필요하다고 본다.

인간행동과 사회환경이라는 대주제를 놓고 사람과 사회를 이해하고 고민해 보고 탐색해 보는 시간이 되었길 바란다. 한 학기의 기초 학문을 익히며 그저 스쳐 지나가는 지식을 모은 시간이 아니라 삶의 지혜를 모아 보는 시간이 되었길 바란다.

참고문헌

강봉규(2006). 심리검사의 이론과 기법. 서울: 동문사.

강인애(1999). 구성주의 학습이론에 대한 고찰. 서울: 초등우리교육.

고명석 외(2022). 현대사회의 문제. 서울: 동문사.

고명석, 이정숙, 황춘화, 최연진(2018). 인간행동과 사회환경. 서울: 동문사.

구혜영(2017). 인간행동과 사회환경. 서울: 신정.

국가법령정보센터 www.law.go.kr

국회입법조사처 www.nars.go.kr

권대훈(2009). 교육심리학의 이론과 실제. 서울: 학지사.

권중돈(2014). 인간행동과 사회환경 이론과 실천. 서울: 학지사.

김계현 외(2009). 학교상담과 생활지도. 서울: 학지사.

김광웅 외(2012). 유아교육심리학. 서울: 창지사.

김명희(1996). 다중지능(MI) 이론에 기초한 열린교육의 수행평가에 관한 연구(교과교육 공동연구보고서, RR-96). 한국교원대학교 교과교육연구소.

김아영(2003). 교실에서의 동기. 교육심리연구, 17(1), 5-36.

김유숙 외(2008). 자기실현과 정신건강. 서울: 학지사.

김윤배(2023). 다문화가족의 이해. 서울: 동문사.

김종일, 엄명용, 최경구(2006). 사회문제론. 서울: 청목출판사.

김지현(1998). 피아제와 비고츠키 이론의 쟁점에 관한 교육학적 해석. 교육원리연구, 3(1), 197-238.

김충기(2003). 진로교육과 진로상담. 서울: 동문사.

김충기(2006). 교육심리학. 서울: 동문사.

노수희(2022). 인간행동과 사회환경. 서울: 동문사.

노안영 외(2012). 성격심리학. 서울: 학지사.

롤랜드버거, 김정희, 조원영 역(2018). 4차 산업혁명: 이미 와 있는 미래. 경기: 다산 3.0.

문은식 외(2008). 교육심리학. 경기: 공동체.

민영순(2004). 교육심리학. 서울: 문음사.

박성익 외(2011). 교육방법의 교육공학적 이해. 서울: 교육과학사.

박아청(2007). 성격심리학의 이해. 서울: 교육과학사.

박영신, 김의철, 양계민 역(2001). 자기효능감과 인간행동. 서울: 교육과학사.

박천응(2015). **다문화 교육의 탄생**. 서울: 국경없는마을 출판사.

박휴용(2016). **다문화교육론**. 서울: 동문사.

백순근(2007). **학위논문 작성을 위한 교육연구 및 통계분석**. 서울: 교육과학사.

변영계(2007). **교수·학습 이론의 이해**. 서울: 학지사.

변영계, 김영환, 손미(2009). **교육방법 및 교육공학**. 서울: 학지사.

송명자(2006). **발달심리학**. 서울: 학지사.

송인섭 외(2008). **교육심리학**. 서울: 학지사.

신명희 외(2007). **교육심리학의 이해**. 서울: 학지사.

안창일 외(2008). **이상심리학**. 서울: 학지사.

양용칠(2000). **학습심리학**. 서울: 교육과학사.

여성가족부 www.mogef.go.kr

여성가족부(2016). 2015년 전국다문화가족실태조사.

여성가족부(2019). 2018년 전국다문화가족실태조사.

여성가족부(2022). 2021년 전국다문화가족실태조사.

오세진, 김용희, 김청송, 김형일, 신맹식, 양계민, 양돈규, 이요행, 이장한, 이재일, 정태연, 현주석(2014). **인간행동과 심리학**. 서울: 학지사.

우재현(1995). **임상교류분석(TA) 프로그램**. 대구: 정암서원. 사단법인 한국교류분석 협회.

유성이(2017). **인간행동과 사회환경**. 서울: 동문사.

육영해(1998). 구성주의의 본질적 측면에 대한 몇 가지 고찰. **교육학 연구, 36**(1).

윤길근 외(2009). **교육심리학**. 서울: 신정.

윤운성 외(2006). **생활지도와 상담**. 서울: 문음사.

윤치연, 이영순, 천성문(2004). **특수아 교육**. 서울: 동문사.

이경화 외(2003). **심리학의 이해**. 서울: 교육과학사.

이경화, 고진영, 최병연, 정미경, 박숙희(2010). **교육심리학**. 서울: 교육과학사.

이관용, 김기중 역(2006). **학습심리학-행동과 인지**. 서울: 교육과학사.

이덕희, 윤춘모, 조경자, 한현지, 홍인혜(2018). **아동권리와 복지**. 서울: 동문사.

이동우(2018). **미래를 읽는 기술**. 서울: 비지니스 북스.

이무석(2007). **정신분석에로의 초대**. 서울: 이유.

이부영(2008). **분석심리학-C. G. Jung의 인간심성론**. 서울: 일조각.

이부영(2010). **분석심리학의 탐구-그림자**. 경기: 한길사.

이성진 외(2003). **교육심리학**. 서울: 한국방송통신대학교출판부.

이우언, 윤경원, 안외자, 박선태, 최병태(2017). **인간행동과 사회환경**. 서울: 동문사.

이인정 외(2003). **인간행동과 사회환경**. 서울: 나남출판.

이장호 외(2008). **상담심리학의 기초**. 서울: 학지사.

이장호(2007). **상담심리학**. 서울: 박영사.

이해주 외(2006). **청소년 문제론**. 서울: 한국방송통신대학교출판부.

이훈구, 한종철, 정찬섭, 오경자, 한광희, 황상민, 김민식(2008). **인간행동의 이해**. 경기: 법문사.

임규혁(2007). **학교학습 효과를 위한 교육심리학**. 서울: 학지사.

임창제(2006). **교육심리학**. 서울: 학지사.

장선철(2008). **정신건강**. 서울: 동문사.

장수복 외(2021). **인간행동과 사회환경**. 서울: 동문사.

전윤식 외(2009). **교사를 위한 교육심리학**. 서울: 서현사.

정옥분(2008). **발달심리학-전 생애 인간발달**. 서울: 학지사.

정옥분(2010). **아동발달의 이해**. 서울: 학지사.

정종진(2003). **동기의 귀인이론과 학교학습**. 서울: 학지사.

조흥식 외(2010). **인간행동과 사회환경**. 서울: 학지사.

한국청소년개발원 편(2002). **청소년심리학**. 서울: 서원.

한상진(2000). **한국인의 심리**. 서울: 중앙대출판사.

한석규(2012). **사회심리학의 이해**. 서울: 학지사

한순미(1999). **비고츠키와 교육: 문화-역사적 접근**. 서울: 교육과학사.

한재희(2010). **상담패러다임의 이론과 실제**. 서울: 교육아카데미.

행정안전부 www.mois.go.kr

홍순정(1999). **지능과 창의성**. 경기: 양서원.

황정규, 이돈희, 김신일(2001). **교육학개론**. 서울: 교육과학사.

황해익(2000). **Vygotsky의 사회문화적 이론과 교육적 시사**. 황정규(편). 현대 교육심리학의 쟁점과 전망. 서울: 교육과학사.

Atkinson, R. C., & Shiffrin, R. M.(1968). Human Memory: A proposed System and Its Control Process. In K. W. Spence & J. T. Spence(Eds.), The *Psychology of Learning and Motivation* (Vol. 2, pp. 89-195). New York: Academic

Press INC.

Atkinson, R. L., Atkinson, R. C., Smith, E. E., & Bem, D. J.(1990). *Introduction to psychology*. San Diego: Harcourt Brace Jovanovich, Publishers.

Bandura, A.(1977). Self efficacy: Toward a unifying theory of behavioral change. *Psychological Review, 84*, 191-215.

Bandura, A.(1977). *Social learning theory*. Englewood-Cliffs, NJ: Prentice-Hall.

Basmajian, J. V.(1983). *Anatomical and physiological basis for biofeedback of autonomic regulation*. In J. V. Basmajian(Ed.). Biofeedback- principles and practice for clinicians. Baltimore, Md: Williams & Wilkins.

Bruner, J.(1996). *The culture of education*. Cambridge, MA: Harvard University.

Budzynski, T. H.(1983). *Biofeedback strategies in headache treatment*. In J. V. Basmajian, (Ed.). Biofeedback-principles and practice for clinicians. Baltimore, Md: Williams & Wilkins.

Campbell, R. & Monson, D.(1994). Building a goal-based scenario learning environment. Education Technology.

Choi. J. I. & Hannafin, M.(1995). Situated cognition and learning environments.

Collins, A. & Quillian, M.(1969). Retrieval time from semantic memory. *Journal of Verbal Learning and Verbal Behavior, 8*, 240-47.

Cronbach, L. J.(1990). *Essentials of psychological testing*. New York: Harper & Row, Publishers.

Darwin, C. T., Turvey, M. T., & Crowder, R. G.(1972). An auditory analogue of the Sperling partial procedure: Evidence for brief auditory storage. *Cognitive Psychology, 3*, 255-67.

Deweck, C S.(1975). The role of expectations and attributions in the alleviation of learned helplessness. *Journal of Personality and Psychology, 31*, 647-695.

Diener, C. I., & Dweck, C. S.(1980). Analysis of learned helplessness : The processing of success. *Journal of Personality and Social Psychology, 39*, 940-952.

Driscoll, M. P.(1999). *Psychology of Learning for Instruction*(2ed.). Massachusetts: A Pearson Education Company.

Duffy, T. M., & Jonassen, D. H.(1992). *Constructivism and the Technology of Instruction : A Conversation*. New York: Routledge.

Dusay(1972). Egograms

Eysenck, H. J.(1986). The theory of intelligence and psycho-physiology of cognition. In R. J. Sternberg(Ed.). Advances in the psychology of human intelligence, Vol 3. Hillsdale, NJ: Lawrence Erlbaum Associates, Publishers.

Gagne, R. M.(1970). *The Conditions of Learning*. New York: Reinhart and Winston.

Gardner, H.(1991). *The unschooled mind: How children think & how schools should teach*. New York: Basic Books.

Gardner, H.(1993). *Multiple intelligences: The theory in practice*. New York: Basic Books.

Gardner, H.(2000). *Intelligence reframed: Multiple intelligences for the 21st century*. New York: Basic Books.

Guilford, J. P.(1982). Cognitive psychology's ambiguities: Some suggested remedies. *Psychological Review, 89*, 48-59.

Hall, C. S., & Lindzey, G.(1978). *Theories of personality*. New York: John Wiley & Sons.

Hergenhahn, B. R.(1982). *An introduction to the theories of learning. Englewood Cliffs*. NJ: Prentice-Hall, Inc.

Hung, D.(2001). Design Principles for Web-based Learning: Implications from Vygotskian Thought. *Educational Technology, 41*(3), 33-41.

Kaplan, R. M., & Saccuzzo, D. P.(1993). *Psychological testing: Principles, applications, and issues*. Belmont, CA: Brooks/Cole Publishing Company, Inc.

Keller, J. M.(1979). Motivation and Instructional design: A theoretical perspectives. *Journal of Instructional Development, 2*(4), 26-34.

Keller, J. M., Goldman, J. A., & Sutterer J. R.(1978) Locus of control in relation to academic attitudes and performance in a personalized system of instruction course. *Journal of Educational Psychology, 79*, 414-421.

Lefrancois, G. R.(1999). *Psychology for Teaching*(10ed.). Belmont: Wadsworth.

Lutz, J.(1994). *Instruction to learning and memory*. california: Brooks/Cole Publishing Company, a division of Wadsworth.

Murphy, K. R., & Davidshofer, C. O.(1991). *Psychological testing: Principles &*

applications. Englewood Cliffs. NJ: Prentice-Hall, Inc.

Myers, D. G.(1998). *Psychology*. New York: Worth Publishers.

Neisser, U.(1976). *Cognition and reality*. San Francisco: Freeman.

Rotter, J. B.(1966). Generalized expectancies for internal versus external control of reinforcement. Psychological Monographs, 80(Whole No. 609).

Schultz, D.(1990). *Theories of personality*. Pacific Grove, CA: Brooks/Cole Publishing Company.

Seligman, M. E.(1975). *Helplessness*. San Francisco: Freeman.

Skeels, H. M.(1938). Mental development of children in foster homes. *Journal of Counseling Psychology, 2*, 33-43.

Skinner, B. F.(1974). *About behaviorism*. New York: Alfred A. Knopf, Inc.

Steffe, L. P. & Gale, J.(1995). *Constructivism in education*. NJ: Lawrence Erlbaum; 조연주 외 2인 공역(1997). **구성주의와 교육**. 서울: 학지사.

Sternberg, R. J.(1985). *Instrumental and componential approaches to the nature and training of intelligence.* In J. W. Segal, S. F. Chipman, & R. Glaser(Ed.). Thinking and learning skills, Vol. 2. Hillsdale, NJ: Lawrence Erlbaum Associates, Inc.

Sternberg, R. J.(1994). *Intelligence.* In R. J. Sternberg(Ed.). Thinking and problem solving. San Diego, CA: Academic Press, Inc.

Sternberg, R. J.(1998). *In search of the human mind.* Fort Worth, TX: Harcourt Brace College Publishers.

Watson, J. B., & Rayner, R.(1920). Conditioned emotional reactions. *Journal of Experimental Psychology, 3*, 1-14.

Weiner, B.(1974)(Ed.). *Achievement motivation and attribution theory*. Morristown, N.J.: General Learning Press.

Weiner.(2002). Learning through video-based narrative within the cultural zone of proximal development. *International Journal of Instructional Media, 29*(1).

Zimbardo, P. G.(1992). *Psychology and life*. New York: HarperCollins Publishers Inc.

[내용]

[인명]

저자소개

유미림

동서울대학교 아동보육과 교수

탁수연

동서울대학교 아동보육과 겸임교수

김윤배

서영대학교 간호학과 교수

알기 쉬운 인간행동과 사회환경

초판 1쇄 인쇄 / 2024년 7월 25일
초판 1쇄 발행 / 2024년 7월 30일

•

공저자 / 유미림 · 탁수연 · 김윤배
발행인 / 이 중 수
발행처 / **동 문 사**

•

서울특별시 서대문구 홍제원 1길 12
(홍제동 137-8)
Tel: 02)736-3718(대), 736-3710, 3720
Fax: 02)736-3719
등록번호: 제9-17호
가격: 21,000원

•

ISBN: 979-11-6328-612-7 (93330)
E-mail: dong736@naver.com
www.dongmunsa.com